民族文化研究叢書 163

전사 자료를 통해 본
한국어 전설모음의 형성 과정

民族文化硏究叢書 163

전사 자료를 통해 본 한국어 전설모음의 형성 과정

허인영 지음

高麗大學校
民族文化硏究院

이 책은 용운장학재단이 한국학 연구의 발전과 신진 연구자의 연구성과 확산을 위해 지원하는 〈용운 한국학 연구교수 지원사업〉에 의하여 출판되었습니다.

머리말

사람이 자기가 어떻게 생겼는지를 알려면 어떻게 해야 할까. 거울과 같은 반사되는 물체를 들여다보거나, 다른 사람이 나를 보고 설명해주어야 할 것이다. 혼자서는 아무리 고민하더라도 내가 어떻게 생겼는지 정확히 알 수가 없다. 그런데 현대어 연구에는 직관이라는 거울이 존재하는 반면, 언어의 역사적인 변화에서는 그런 거울을 찾기 어렵다. 나는 한국어 말소리의 역사적 변화에 대한 관심을 가져온 이래로 거울의 역할을 할 수 있는 것이 한국인이 외국어를, 또는 외국인이 한국어를 듣고 적은 전사 자료(轉寫資料)가 아닐까 하는 생각을 해왔다.

이 책은 2021년 8월 고려대학교에 제출한 박사학위논문 「전사 자료를 통해 본 한국어 전설모음의 형성 과정」을 다듬은 것이다. 15세기부터 19세기까지 중세어의 하향이중모음들이 일본어-가나를 비롯한 여러 언어-문자를 사용한 전사 자료에서 어떻게 전사되어 있는지를 정리하였다. 이를 통하여 한국어에서 전설중모음이 형성되는 과정과 그 동인을 보다 구체적으로 기술하고자 하였다. 그 결과 한국어의 음 변화에도 범언어적인 경향과 유사한 음성적인 동인이 작용하였음을 확인할 수 있었다.

나는 2014년 8월 고려대학교에 제출한 석사학위논문 「「全一道人」의 한국어 복원과 음운론적 연구」의 끝부분에서 해당 연구가 “18세기 초 한국어라는 집을 「전일도인」이라는 색안경을 끼고 바라본 것과 같다. 색안경을 잘 갈고 닦는다면 집이 변화하는 모습을 더 확실하게 알 수 있을 것이다."라고 썼다. 이 책은 그 후 7년 동안 '색안경'을 더 넓은 시야에서 갈고 닦아본 결과이다. 이것은 마치 "흔들리는 배 위에서 건너편 배에 탄 사람의 초상화를 그리는" 것처럼 어려운 작업이지만, 누군가 꼭 해야 하는 일이라고 생각해서 이제까지 매달려 왔다.

전설중모음 형성에 대한 선행연구가 한글 문헌을 중심으로 이루어진 것은 한글 문헌이 가장 중요한 한국어사 자료인 만큼 당연한 일이다. 그러나 한글 표기만으로는 음 변화를 정확히 알기 어렵기 때문에 다른 언어 사용자가 한국어를 적은 전사 자료의 중요성이 부각된다. 기존에는 한글 문헌 자료의 중요성이 지나치게 강조된 나머지, 다른 유형의 자료들이 무시된 감이 없지 않다. 이 책에서는 한국인 연구자들에게 알려지지 않은 전사 자료들을 소개하고, 자료를 가능하면 있는 그대로 정확하게 정리하고 기술하고자 애썼다. 특정한 이론에 바탕을 둔 주장은 이론이 바뀌면 틀린 것이 되지만, 자료에 대한 기술은 영원히 남기 때문이다.

연구자의 길을 걷겠다는 뜻을 품은 뒤로 정말 많은 분들을 만나 많은 것을 배웠다. 지금의 내가 공부를 처음 시작할 때의 나보다 조금이라도 더 나아졌다면 그것은 모두 주변에서 따뜻하게 지켜보고 응원해 주신 분들 덕분이다. 특히 박사학위논문을 지도해 주신 장경준 선생님, 최호철 선생님, 이강민 선생님, 김유범 선생님, 박기영 선생님께 감사드린다. 지도교수이신 장경준 선생님으로부터는 자료를 진지하게 대하는 학문적인 엄격함과 학생을 대하는 따뜻한 인간미를 배웠다. 이제까지 교내·외에서 참여한 많은 공부모임과 동학들도 빼놓을 수 없다. 특히 한문훈독연구회는 전사 자료를 처음 접한 곳일 뿐만 아니라 이제까지 큰 감화를 주고 계신 오미영 선생님과 박진호 선생님을 만나뵙는 계기가 된 모임이기도 하다.

대학원에 입학한 지 얼마 되지 않았을 때부터 이제까지 변함없이 곁에서 나를 응원해 주는 유희정 선생에게는 아무리 고마움을 표해도 모자라다. 그가 없었다면 논문을 완성할 수 없었을 것이다. 그리고 어머니를 비롯한 사랑하는 가족들에게도 감사드린다. 항상 나를 응원하고 지지해 준 가족들 덕분에 힘을 얻어 여기까지 올 수 있었다. 마지막으로 빈틈이 많은 논문을 조금이나마 다듬어 세상에 펴낼 수 있게 해 주신 용운장학재단에 감사드린다.

2023년 1월

허인영

목 차

5. 전설모음 형성의 과정과 동인

6. 결 론

표 목차

제1장

서 론

1.1. 연구 목적

이 책은 전사 자료를 대상으로 한국어 전설모음의 형성 과정을 검토하여 그것이 어떻게 이루어졌고, 거기에 어떠한 동인이 작용하였는지 밝히는 것을 목적으로 한다. 한국어의 전설모음은 15세기에는 전설고모음 /ㅣ/밖에 존재하지 않았으나 그 이후에 현대로 오는 과정에서 이전에 없던 /ㅔ/, /ㅐ/와 같은 전설중모음이 생성되었다고 보는 것이 일반적이다. 전설모음의 형성은 음 변화의 일종인데, 음 변화는 항상 점진적으로 일어나며 한 환경에서 다른 환경으로 확산된다. 예컨대 처음에는 이중모음이었던 것이 특정한 환경에서 음성적으로 단모음으로 실현되다가 점차 다른 환경으로 퍼져나간다. 그리고 이러한 변화가 누적되어 임계점에 도달하면 전체 모음 체계에 변화가 일어나는 것이다. 한국어 전설모음의 형성 또한 이와 유사한 과정을 거쳤을 것으로 추정된다. 따라서 이 책의 목적은 전설모음의 형성을 중심으로 한국어의 모음 체계가 변화한 과정을 실증적으로 살피고, 이러한 음 변화를 야기한 동인을 파악하여 통시적인 변화를 정리하는 데 목적이 있다.

한국어사의 통설에서는 15세기 한국어에는 전설모음이 /ㅣ/밖에 존재하지 않았으며, 본래 하향이중모음이었던 /ㅔ/, /ㅐ/가 [əj], [aj]에서 [e], [ɛ]로 변하게 된 것은 18세기 후반 이후라고 한다(이기문 1972; 허웅 1985 등). 이 책이 던지는 질문은 두 가지이다. 하나는 15세기 한국어에 전설중모음이 존재하지 않았다면 그처럼 '불안정한' 체계가 어떻게 18세기 후반까지 유지될 수 있었는가 하는 것이고, 다른 하나는 15세기 이후 한국어에서 전설중모음은 어떤 과정을 거쳐서 형성되었는가 하는 것이다. 위에 제시한 이 책의 목적은 이 두 가지 질문에 답하기 위한 과정이라고 할 수 있다.

한국어의 모음 체계와 그 변화에 대해서는 근대적인 국어학 연구의 여명기부터 수많은 연구가 이루어져 왔으나, 아직도 해결되지 않은 문제가 적지 않다. 특히 모음의 음가가 변화하는 과정에 대한 설명은 연구자마다 견해가 상당히 다른데, 그 원인 중 하나는 훈민정음 창제 이후 한글 표기가 점차 고정되어 음가의 변화가 실시간으로 반영되지 못한다는 점이다. 하향이중모음과 그것이 변화한 결과물인 단모음이 모두 동일한 자모로 표기되다 보니 음성적으로 단모음으로 실현되기 시작하는 환경을 정확히 파악하기 어려운 것이다. 따라서 이중모음이 단모음화하는 과정을 거쳐 현대 한국어의 모음 체계가 형성되는 과정을 정확히 파악하기 위해서는 한글 자료 외에도 이용 가능한 자료를 모두 동원할 필요가 있다.

다른 모든 언어와 마찬가지로 한국어의 역사적 연구 또한 남아 있는 자료를 기반으로 하여 이루어질 수밖에 없다. 이때 사용되는 자료는 한국어 모어 화자가 남긴 금석문이나 문헌 자료인데 훈민정음 창제 이전에는 한자를 빌려서, 훈민정음 창제 이후에는 한글로 표기한 것이 대부분이다. 물론 이러한 자료들이 가장 양이 많고 또 한국어의 역사를 연구하는 데 있어 가장 중요한 자료임에는 틀림이 없으나, 후대로 갈수록 문자가 태생적으로 갖게 되는 보수성으로 인해 문자 표기가 음성의 변화를 제때 반영하지 못하게 되는 것도 분명한 사실이다.[1)]

이 점에서 이기문(1998: 12-13)의 다음 두 가지 지적은 문헌에 의한 언어사 연구, 특히 음운사 연구에 있어서 반드시 명심해야 할 사항이라고 하겠다.

> 문헌에 의한 연구에 있어서는 첫째, 문자의 幻影에 사로잡혀서는 안 된다. 가령 오늘날 사용되고 있는 문자들이 龍飛御天歌에도 사용되고 있다고 해서 그들의 가치(음가)도 오늘의 것과 동일했으리라고 생각해서는 안 된다. 문자의 가치는 언제나 동일하다는 전제는 성립되지 않기 때문이다. 둘째, 문자 표기는 일반적으로 보수적인 성향을 가지고 있음을 항상 명심할 필요가 있다. 문자 체계나 정서법은 고정화되는 경향이 있어서 그 문헌이 이루어진 때의 언어보다는 앞선 단계의 언어를 반영하는 것이 보통이다. 그러므로 각 문헌에 나오는 문자 체계와 정서법의 어느 부분이 擬古的인 것인가, 어느 부분이 당시의 실제 언어를 반영하는가를 판단하지 않으면 안 된다.

이처럼 음성 실현을 반영하는 문헌 자료가 부족한 상황에서 한국어를 외국 문자로 전사한 자료는 과거 한국어의 음성 실현을 파악하는

---

1) 송민(1986: 11)은 문자표기에 의존하는 음운론을 문헌음운론(textual phonology)이라 부르고, "文獻音韻論은 表記資料에 매달리는 도리밖에 없기 때문에 視覺的 表記體系를 통하여 聽覺的 音聲現實을 밝혀내는 節次를 밟게 된다. 이 때에 表記의 保守性은 音韻史的 視野를 흐리게 한다."라고 지적한 바 있다.

데 중요한 역할을 할 수 있을 것이다. 전근대 시기 한국어는 한자, 가나, 로마자 등의 문자로 전사되었는데, 이 가운데 가나로 전사된 자료는 양적인 측면에서 적지 않고, 질적으로도 어휘를 넘어 문장·이야기를 포함하는 자료도 있다. 시기 또한 17세기부터 20세기 초까지 걸쳐 있어 그 폭이 넓다. 무엇보다도 현실 음가를 반영하는 데에는 로마자와 같은 음소문자는 아니더라도 표음문자(表音文字)에 속하는 가나가 한자와 같은 표어문자(表語文字)보다 월등히 낫다. 이러한 한국어 – 가나 전사 자료의 중요성은 아무리 강조해도 지나치지 않다.[2)]

외국어를 한글로 전사한 자료 또한 과거 한국어의 음성 실현을 아는 데 중요한 역할을 할 수 있다. 그 가운데 한국어를 가나로 전사한 자료와 좋은 짝이 되는 것이 일본어를 한글로 전사한 자료이다. 전근대 시기에 만들어진 『이로파(伊路波)』, 『첩해신어(捷解新語)』, 『왜어유해(倭語類解)』 등의 일본어 학습서에서는 일본어가 한글로 전사되어 있다. 특히 두 차례에 걸쳐 개수(改修)된 『捷解新語』의 일본어–한글 전사에는 일본어의 변화가 반영되어 있어 오래전부터 일본어 음운사 연구의 자료로 활용되어 왔다. 한글은 음소문자인데다 일본어보다 많은 음운을 나타낼 수 있어 일본어의 음성적 특성도 잘 드러낼 수 있기 때문이다. 일본어 – 한글 전사 자료는 한국어 모음 체계의 변화를 살피는 데 있어서도 좋은 참고자료이다. 일본어에는 있었지만 한국어에는 없었던 전설중모음 전사에 쓰인 한글 자모의 변화를 통해 한국어 모음 음

2) 국어음운사 연구에서 한글 창제 이전 시기를 다룰 때에는 『雞林類事』 등의 한국어–한자 전사 자료가 귀중하게 다루어져 왔다. 이에 비해 상대적으로 한글 창제 이후 시기의 자료가 대부분인 가나 전사 자료에 대한 관심은 부족했다고 할 수 있다. 가나 전사 자료의 중요성에 대한 강조는 송민(1974, 1975, 1986, 2006) 참조.

가의 구체적인 변화를 엿볼 수 있기 때문이다.

언어는 항상 변화하지만, 특정한 변화가 언제, 왜 일어나는지는 정확히 알기 어렵다. 다만 특정한 변화가 어떤 환경에서 일어나기 쉬운지는 여러 언어에 대한 연구를 통하여 어느 정도 알려져 있다. 유사한 환경에서 특정한 변화가 동일하게 나타나는 것은 인간이 언어음을 산출하는 조음기관에 큰 차이가 없고, 인간이 서로 의사소통을 하는 맥락이 크게 다르지 않기 때문이다. 이는 동일과정설(uniformitarianism)의 원리라고도 할 수 있는데,[3] 이처럼 동일하게 작용하는 언어적 힘(linguistic force)에 의해 여러 언어에서 유사한 변화가 일어나는 한편, 각 언어가 사용되는 사회문화적 환경의 영향으로 세부적인 변화 양상에는 차이가 보이기도 한다. 이처럼 계통적·지역적으로 별다른 관련이 없는 언어들에서 나타나는 유사점과 차이점을 연구하는 언어학의 한 분야가 언어유형론이다. 기본적으로 언어유형론은 공시적인 연구이지만, 각 언어에서 나타나는 변화의 경로는 여러 시기, 여러 언어에서 반복해서 나타나므로 이런 것들이 한 언어의 특정한 변화를 연구하는 데 있어서 도움을 주기도 한다.

언어유형론적 관점에서 모음의 전설화를 연구한 Flemming(2003)은 설정(舌頂) 자음과 인접한 모음은 전설화되는 경향이 있다고 지적하였다. 여기에는 가장 적은 노력을 들여서 혓몸의 위치를 옮기려는 노력

---

3) 동일과정설은 본래 역사지질학 분야에서 사용되는 용어로, 현재 지구상에서 일어나는 변화가 과거에도 동일하게 일어났다는 가설이다. 동일과정설이라는 용어를 언어 연구에 도입한 것은 Labov(1974)이다. 그는 과거의 언어 사실을 이해하기 위한 한 가지의 방법으로 현재 우리 주변에 나타나고 있는 진행 중인 음성 변화 및 변이를 관찰하면서 작업 가설로 동일과정설을 채택하였다(최전승 1986: 3).

경제의 제약이 작용하는데, 이에 따라 설정 자음 뒤에서 후설 모음이 전설화되는 언어들이 존재한다. 이러한 관찰은 한국어의 전설단모음화에도 적용될 수 있다. 일본어 학습서에서 일본어의 모음 /e/를 적기 위해서는 주로 'ㅕ'나 'ㅖ'가 쓰이다가 'ㅔ'로 바뀌게 되는데, 'ㅔ'가 쓰이기 시작하는 환경은 /ㄷ/이나 /ㄴ/ 등 [+설정성] 자음 뒤이다. 한국어의 /ㅕ/를 가나로 전사한 자료에서도 [+설정성] 자음이 인접한 경우 'e'를 포함하는 가나로 적히는 비율이 높다. 이러한 양방향적인 양상은 모음의 전설화와 인접한 자음의 설정성이 공모(共謀)함을 보여준다. 이렇게 일반언어학과 언어유형론의 관점은 한국어 음운사 연구에 도입할 만한 상당히 유용한 도구라고 할 수 있다.

언어의 변화에는 언어 내적인 요인이 주된 작용을 하지만 언어 외적인 요인이 언어 변화를 가속하거나 지연시키는 일도 있다. 많은 언어에서 음 변화는 중앙어가 아닌 특정 방언에서 시작되어 확산되는 모습을 자주 보이는데, 한국어에서는 /ㄷ/의 구개화가 남부 방언에서 시작되어 북부로 확산되어 온 사실이 잘 알려져 있다. 한국어에서 하향이중모음이 전설단모음화하는 현상 또한 방언에서 먼저 일어났을 가능성이 높은데, 한글 문헌 이외의 자료에서도 그러한 경향성을 발견할 수 있다면 기존의 연구를 뒷받침하는 한편 이 책에서 한국어 모음의 변화 과정을 검토하고 설명하는 데에도 크게 기여할 것이다.

한국어의 음운 체계, 특히 모음 체계의 변화를 연구하는 데 있어 한일 양국에서 편찬된 전사 자료는 양질의 자료라고 할 수 있다. 이들 자료를 정밀하게 검토하면 한국어 모음 체계의 변화를 보다 실증적으로 파악할 수 있을 것이다. 이에 이 책에서는 모음 체계의 변화 중에서도 전설모음의 형성에 초점을 맞추고, 15-19세기에 편찬된 한국과 일본의 전사 자료를 주된 연구 자료로 삼아 모음 체계의 변화 과정을 검토한다. 또한 음 변화의 확산이 특정한 음운적 환경과 지리적 방언에서 출발하여 확산된다는 관점에서 변화의 동인을 파악하고, 한국어 외의 언어들에서 일어나는 유사한 변화를 참고하여 한국어 모음 체계의 변화에 대한 관견을 제시하고자 한다.

1.2. 연구사

근대적인 한국어사 연구가 시작된 이래 한국어 모음의 변화에서 가장 중요한 두 가지 주제는 /·/의 비음운화와 하향이중모음의 단모음화이다. /·/의 비음운화와 관련해서는 김완진(1963), 이기문(1972)를 거쳐 김완진(1978)에서 /ㅣ, ·, ㅡ, ㅗ, ㅏ, ㅜ, ㅓ/라는 단모음의 체계와 각 단모음의 음가에 대한 논의가 정리되었다. 그 뒤로 15세기 이후의 음운론에 대한 관심이 심화되면서 송민(1974, 1975, 1986)의 일련의 연구에서는 /·/의 비음운화 과정을 가나 전사 자료를 통하여 실증적으로 보여주고자 하였다. 나아가 한영균(1994)에서는 /·/의 비음운화와 깊은 관련이 있는 모음조화의 붕괴를 자세하게 다루었다.

이 책의 주제인 전설모음의 형성과 직접적인 관련이 있는 하향이중모음의 단모음화에 대한 연구는 15세기 하향이중모음의 음가에 대한 연구에서 시작하였다. 小倉進平(1923)과 Ramstedt(1928: 443)의 근대 이전 하향이중모음의 음가에 대한 소략한 언급을 시작으로, 이숭녕(1949, 1954), 허웅(1952)에서는 'ㅔ, ㅐ, ㅚ, ㅟ' 등의 음가가 15세기에는 현대어와 달랐다고 주장하였다. 중세 한국어 시기에 사용된 한글 자모

'ㅔ, ㆎ, ㅐ, ㅚ, ㅟ'의 음가가 현대 한국어와 동일하지 않다는 발견은 당시 한국어에 전설중모음이 존재하지 않는다는 깨달음으로 이어졌다. 이후에 공시적으로는 이들 모음의 성격, 통시적으로는 전설단모음화로 확장되어 수많은 연구가 이루어졌다.

이 모음들의 성격에 대해서는 크게 단모음+반모음 구조의 하향이중모음으로 보는 견해와 모음 둘이 결합한 복모음으로 보는 견해로 나뉜다. 하향이중모음으로 보는 견해에 대한 비판 가운데 가장 핵심적인 것은 중세한국어에서 'ㅔ, ㆎ, ㅐ, ㅚ, ㅟ'에는 ':게', ':뒤ㅎ'과 같이 상성이 표시된다는 사실이다. 중세어의 상성을 평성(저조)과 거성(고조)의 결합으로 본다면 후행 요소인 /ㅣ/를 성절성(成節性)이 없는 /j/가 아니라 모음인 /i/로 보아야 한다는 것이다. 이 책에서 이들 모음이 하향이중모음인지 복모음인지는 핵심적인 문제가 아니므로 자세한 논의는 생략하겠으나, ':말(語)' 등 단모음만을 지니고 있는 형태소에도 상성이 나타나므로 'ㅔ, ㆎ, ㅐ, ㅚ, ㅟ'를 하향이중모음으로 보는 일반적인 견해에도 큰 무리는 없다고 생각된다. 훈민정음의 표기 원칙에서 초성·중성·종성이 모여서 이루는 하나의 글자는 곧 음절을 나타내었으므로, 초성과 함께 하나의 글자로 표기되는 이들 모음은 하나의 모음으로 인식되었을 가능성이 높다.

하향이중모음, 특히 /ㅔ/와 /ㅐ/의 전설단모음화의 시기에 대한 추정은 연구자마다 차이는 있으나 대체로 18세기 말-19세기 초로 보는 것이 통설이다. 드물게 두 모음의 변화 시기에 대한 차이를 인정하는 견해도 있으나, 한글 문헌 자료의 혼기(混記)를 중심으로 한 연구에서는 /ㅔ/와 /ㅐ/의 변화 시기에 큰 차이가 없었다고 보는 경우가 많다. /ㅚ/와 /ㅟ/의 단모음화 시기에 대해서는 19세기 말-20세기 초라는 데에 의견이 모이고 있지만, 단모음 /ø/와 /y/를 거쳐 이중모음 /we/와 /wi/로 변하였는지, 그 반대인지, 아니면 두 방향으로 모두 변할 수 있었는지에 대해서는 여전히 의견이 분분하다. 최명옥(1982), 최전승(1987), 백두현(1992), 한영균(1995), 박정순(2014) 등에서는 방언을 대상으로 하향이중모음의 발달 과정을 다루었다. 여은지(2016)에서는 일부 하향이중모음의 전설단모음화에만 초점이 맞춰진 것을 비판하고 그 외의 다른 방향으로의 변화 양상을 아울러 검토하였다.

이제까지 하향이중모음의 변화에 대해서는 전설단모음화의 시기가 언제인지에 대한 추정과, 각 방언에서의 변화 양상에 대해 초점이 맞춰져 온 것으로 보인다. 그런데 전설단모음화의 시기를 언급할 때에는 해당 변화가 시작된 시기를 가리키는 것인지 아니면 해당 변화가 완료된 시기를 가리키는 것인지를 명확히 할 필요가 있다. 음 변화는 점진적으로 일어나므로, 어느 한 시기에 특정 환경에서 나타나기 시작한 현상이 해당 언어 전체로 확산되는 데에는 상당한 시간이 소요될 수밖에 없기 때문이다. 또한 여러 선행연구에서는 한글 문헌 자료를 면밀하게 검토하여 어떤 자모가 다른 자모와 교체되어 표기되는 예를 가지고 곧 단모음의 존재를 전제하는 경우가 적지 않았다. 그러나 진행 중인 음 변화에서 음성적인 단모음의 존재가 확인되었다고 하더라도 그것이 언제나 어떤 환경에서나 그렇게 실현되었다는 것까지 보장하지는 못한다. 다른 환경에서는 계속 하향이중모음으로 실현되고 있었을 가능성도 충분히 있기 때문이다.

한편 전설모음의 형성 과정을 해명하는 데 있어 중요한 것이 /ㅕ/와 /ㅖ/이다. /ㅕ/는 다른 j계 상향이중모음과 달리 기능부담량이 높고, /ㅖ/와 혼기되거나 많은 현대한국어 방언에서 '벼~베'와 같이 /ㅔ/로도 나타나는 등 특이한 양상을 보이기 때문이다. 서로 다른 핵모음을 지닌 [jə]와 [e]가 관련되는 현상은 특이하면서도 여러 방언에서 광범위하게 나타나므로 일찍부터 많은 관심을 받아 변화 과정에 대한 다양한 견해가 제시되었다(백두현 1992: 163). 정리하면, 하향반모음 /j/가 생겨난 뒤 핵모음을 전설적으로 만들고 탈락하는 것인지, 아니면 /ㅕ/가 곧장 /ㅔ/로 변할 수 있는지가 'ㅕ〉ㅔ' 변화를 바라보는 관점의 중요한 차이라고 할 수 있다. 그런데 이 변화가 다른 상향이중모음(/ㅑ, ㅛ, ㅠ/)보다 /ㅕ/에서 압도적으로 많이 일어난다는 사실은 이미 백두현(1992: 160)에서 지적한 바 있다. 따라서 /ㅕ/ 자체의 음성적 속성에 원인이 있을 가능성을 생각해 볼 필요가 있다. 이 점에서 /ㅕ/가 [je]에 가깝게 실현되었을 가능성을 지적한 김완진(1963/1971)이나 /ㅓ/의 전설성에 초점을 맞춘 백두현(1992)는 핵심에 다가갔다고 할 수 있다. 한편 전사 자료를 검토한 陳南澤(2003)은 /ㅕ/가 [je]로 전사되는 예를 근거로 'je 〉 e' 변화를 상정하였다. 이 문제에 대해서는 전사 자료와 한글 자료를 아울러 면밀히 검토할 필요가 있다.

이 책의 연구에 사용되는 주된 자료인 전사 자료에 대해서도 이제까지 적지 않은 연구가 이루어져 왔다. 한국과 일본의 전사 자료에 대한 연구는 한국인이 일본어를 전사한 자료에 대한 연구와 일본인이 한국어를 전사한 자료에 대한 연구로 크게 나눌 수 있다.

먼저 한국인이 일본어를 전사한 자료에 대한 연구는 '왜학서'라는 이름으로 주로 사역원에서 간행되거나 쓰인 『伊路波』, 『捷解新語』, 『倭語類解』, 『방언유석(方言類釋)』 등을 대상으로 이루어져 왔다. 이 가운데 한글로 표기된 일본어의 자료적 가치에 대해서는 한국보다는 일본 학계에서 먼저 그 중요성을 깨닫고 자료로 활용해 왔다. 특히 교토대학(京都大學)의 하마다 아쓰시(濱田敦), 야스다 아키라(安田章) 교수는 이전까지 포르투갈 가톨릭 선교사 자료에만 집중해 왔던 학계의 분위기에서 벗어나 1950년대부터 여러 종류의 일본어 학습서를 영인하고 해제를 작성하는 한편, 실제 일본어사 연구에서 이들 자료를 활용하여 濱田敦(1970), 安田章(1980)으로 대표되는 수많은 성과를 낸 바 있다. 전근대 시기 한국의 일본어 학습서와 일본의 한국어 학습서를 아울러 칭하는 '조선 자료(朝鮮資料)'라는 용어가 일본 학계에서 시민권을 얻게 된 것은 이들의 공로에 힘입은 것이다(이강민 1996ㄱ). 그 뒤로 수많은 연구가 있었으나 일본어의 한글 전사에 관심을 쏟은 연구로만 한정해도 『伊路波』를 다룬 河野六郎(1952)와 이기문(1965), 『捷解新語』를 다룬 Cho(1970), 여러 왜학서를 망라하여 다룬 趙堈熙(1999/2001), 李東郁(2004/2008) 등이 있다.

일본인이 한국어를 전사한 자료에 대한 연구 또한 한국보다는 일본에서 먼저 시작되었다. 오구라 신페이(小倉進平)의 일련의 연구에서 한국의 일본어 학습서를 비롯하여 일본의 한국어-가나 전사 자료에 대한 간략한 소개가 이루어졌다. 특히 小倉進平(1923)은 『와칸산사이즈에(和漢三才圖會)』(1712)에 실린 한국어 표제어 중에 '개(犬)'가 kai, '매(鷹)'가 mai로 표기된 사실을 지적하였는데, 이는 한국어 음운사 연구에서 가나 전사 자료에 대한 최초의 언급이라고 할 수 있다. 이후로도 일본어 학계가 중심이 되어 18세기까지의 자료뿐만 아니라 19세기 말 이후에 간행된 수많은 한국어-가나 전사 자료의 발굴 및 검토가 이루어져 왔다. 그러나 2000년대 이후로는 한국 학계에서도 전근대 시기와 근대의 한국어 학습서에 대한 관심이 높아지면서 다양한 가나 전사 자료에 대한 양질의 연구가 등장하였다. 18세기까지의 자료에 대해서는 安田

章(1964), 志部昭平(1988), 李康民(1993), 佐野三枝子(1996, 2001), 高橋誠司(1998), 鄭丞惠(2006), 辻星児(2007), 箕輪吉次(2007, 2008, 2011, 2012, 2013), 岸田文隆(1999, 2006, 2009, 2010, 2013, 2019), 박진완(2010), 허인영(2014, 2015ㄱ, 2015ㄴ, 2016) 등이, 19세기 말 이후의 자료에 대해서는 山田寬人(1998, 2004), 박기영(2005), 成玧妸(2008), 이강민(2004, 2015) 등의 연구가 있다.

이상의 전사 자료와 관련된 연구는 크게 세 시기로 나누어 볼 수 있다. 먼저 제1기는 1950-1980년대로, 『젠이치도진(全一道人)』 등 일본의 한국어 학습서에 대한 연구도 진행되었으나, 전반적으로 확인하기 쉬운 간본의 형태로 남아 있는 『捷解新語』 등 한국의 일본어 학습서를 중심으로 자료 소개와 연구가 진행되었다. 이 과정에서 많은 자료가 영인되어 연구자들에게 편의를 제공해 주었고, 전사 자료에 대한 연구가 본격화되기 시작하였다. 제2기는 1990-2000년대로, 한국에서도 전사 자료에 대한 관심이 생기기 시작하였고 일본에서 학위를 받은 연구자들이 주로 일본어-한글 전사 자료를 중심으로 많은 성과를 내었다. 다만 한국어와 일본어 전사 자료를 함께 다룬 연구는 거의 없었다. 제3기는 2000년대 이후로, 한국어-가나 전사 자료에 대한 연구가 늘어나면서 새로운 전사 자료의 발굴과 함께 각각의 전사 자료에 대한 개별 연구가 심화되었으나 일본어와 한국어 전사 자료를 아울러 다루면서 새로운 지견을 펼친 연구는 여전히 많다고 하기 어렵다.

전사 자료와 관련한 많은 연구가 있으나, 한국어 음운사 연구에서 전사 자료를 적극적으로 다루거나 활용한 연구는 김완진(1957, 1963), 이기문(1965, 1988), 송민(1974, 1975, 1986), 佐野三枝子(1996, 2001), 高橋誠司(1998), 陳南澤(2003), 박기영(2005), 허인영(2014) 정도에 불과하다.

특히 일본어-한글 전사 자료와 한국어-가나 전사 자료를 아울러 다룬 연구는 陳南澤(2003)이 유일하다. 이는 일본어로 된 자료를 적극적으로 해석하여 한국어 음운사 연구에 활용할 만한 일본어 지식을 갖춘 한국어 연구자가 부족해서일 것이다. 그러나 일본어와 한국어 전사 자료를 함께 다루었을 때 비로소 올바르게 이해할 수 있는 현상이 있다. 이 책의 연구 주제인 전설모음의 형성 또한 그러한 현상 중 하나이다.

이제까지 이루어진 연구는 한국어 모음 체계 변화의 많은 부분을 해명하였고 전사 자료의 전체상을 파악하는 데 일조했으나 문제가 없는 것은 아니다. 이 책의 방향을 잡는 데 있어서 무엇이 선행연구의 문제점인지 올바르게 인식하는 것은 대단히 중요하다. 이 책에서 기존 연구의 문제점으로 파악한 것은 다음과 같다.

기존의 모음 체계 변화에 대한 연구는 한글 문헌 자료에만 의존한 탓에 음성 실현에 대해서는 중세어와 현대어라는 '시작'과 '끝'만을 알 수 있었다. 따라서 그 중간의 변화 과정은 한글 표기상의 혼기나 /ㅣ/ 역행동화 등 한글 표기로 드러나는 정보에 의존하여 채울 수밖에 없었다. 예컨대 /ㅐ/가 [aj]에서 [ɛ]로 언제 변하게 되었는지, 또는 [ɛj]와 같은 변이음으로 실현되던 시기가 언제인지에 대해서는 연구자마다 추정이 크게 달라지는 경우가 많을 수밖에 없었다. 물론 /ㅣ/ 역행동화가 두드러지게 늘어나는 것은 18세기 이후의 일인 만큼 해당 시기에 단모음화가 완성됐다고 보는 견해에도 일리는 있다. 이기문(1972)를 비롯하여 기존의 많은 연구에서는 이중모음의 단모음화로 /ɛ/와 /e/가 확립된 뒤에야 /ㅣ/ 역행동화가 일어날 수 있다고 보았다. 그러나 최전승(1986) 이후 한국어의 /ㅣ/ 역행동화는 1차적으로 /j/를 선행 음절

뒤에 삽입하는 현상이라는 주장이 힘을 얻게 되면서, /ㅣ/ 역행동화가 곧 전설중모음의 확립을 전제한다는 고정관념은 깨지게 되었다. 음변화는 점진적인 현상이기 때문에 /ㅐ/와 /ㅔ/가 위치한 환경에 따라 음성적으로 다르게 실현되었을 가능성은 존재할 수밖에 없다. 그리고 이러한 음성 실현을 파악하기 위해서는 전사 자료의 힘을 빌려야 할 것이다.

전근대 일본어·한국어 학습서 연구에서 한국어사 연구자들이 일본의 한국어 학습서를 다룰 때에는 한국어 부분의 음운·어휘·문법상의 특징이나 오류를 중심으로 다루었고, 일본어사 연구자들이 한국의 일본어 학습서를 다룰 때에는 일본어 부분의 음운·어휘·문법상의 특징이나 오류를 주로 다루었다. 이는 각 연구자들의 전공으로 인한 부득이한 제약이지만, 그로 인하여 가나로 전사된 한국어나 한글로 전사된 일본어에 대한 연구는 상대적으로 부족하였다. 전사 자료에 대한 연구에서도 두 언어 중 한쪽만을 다루었기 때문에 생기는 불균형으로 인하여 잘못된 설명을 하는 경우가 있었다.

예컨대 일본어-한글 전사 자료를 전반적으로 다룬 趙堈熙(1999/2001), 李東郁(2004/2008)의 연구는 일본어-한글 전사의 전체상과 자료별 특징을 파악하는 데 상당한 성과를 거두었으나, 일본어 /e/의 전사에 'ㅕ'와 'ㅖ'가 함께 쓰이는 현상을 해명하기 위해 일본어나 한국어 음운사적으로 무리한 가정을 하는 등 한국어-가나 전사 자료를 고려하지 않아 생긴 문제가 적지 않다.

한편, 한국어-가나 전사 자료를 다룬 연구에서는 가나 전사에 대응하는 한국어 문장이 한글로 제시되어 있지 않아 연구자 개인이 한국어 복원문을 작성한 경우가 있는데, 그 과정에서 전사 자료를 오독하여 잘못 복원한 경우가 종종 있다.

(1)

ㄱ. 消息 クツテキラン トチラ [kuʧekiran toʧira]

(그쳐기란 뜨지라) 〈韓042〉

ㄴ. 分付 ウツサラミ ハインドリヤ アム マリラト ニルノン ゴシラ

〈韓053〉

[utsarami haindorja amu marirato nirunon gosira]

(웃사라미 하인ᄃᆞ려 아무 마리라도 니르ᄂᆞᆫ 거시라)

金文姬(2018: 251)에서는 「간고오보에가키(韓語覺書)」를 다루면서 (1ㄱ)을 '不詳'으로 처리하였으나, '聲息 긔쳑 […] 或 消息'〈동문유해(同文類解) 下:56〉을 참고하면 '기척'을 뜻하는 '긔쳑'에서 /ㅣ/가 탈락한 단어임을 알 수 있다.[4] 또 (1ㄴ)에서 'ハインドリヤ [haindorja]'를 '하인들이야'라고 복원하였으나 'リヤ'에 한 단위로 읽어야 하는 호선(弧線)이 그어져 있는 것을 고려하면 'ᄃᆞ려'로 복원하는 것이 옳다.

자료에 가나 전사와 함께 한글 표기가 실려 있는 경우에도, 실수로 잘못 파악하거나 기입되어 있는 한글 표기를 전적으로 신뢰해서 문제가 생기기도 한다. 陳南澤(2003: 172-173)에서는 『全一道人』에서 /게/를 'ケイ'로 전사하였다고 하여 '게얼리 ケイヲルリ'의 예를 들었으나, 실제로는 'コイヲルリ'로 전사되어 있다. 그리고 /헤/, /에/를 'フイ [huj]', 'ウイ [uj]'로 전사한 예로 처격형 '돌희 トルフイ [tolhuj]'와

4) 제주도 방언에 '기척'을 뜻하는 '그적'이 있는 것이 참고된다.

'유도(兪島)의셔 ユトウイシヤ [jutoujsja]'를 들었다. 그러나 이것은 가나 전사 오른쪽에 한글 방훈(傍訓)으로 '돌헤'와 '유도에'가 적혀 있는 것에 이끌린 것으로, 한국어 복원은 '돌희'와 '유도의셔'로 하는 것이 옳다. 현대 한국어에서 속격조사를 '의'로 표기하고 [에]로 발음하는 것과는 반대의 현상이 이 시기 한국어에 존재했던 것이다. 따라서 가나 전사를 한국어로 복원할 때에는 일차적으로 가나 전사를 대상으로 해야 하며, 한글 표기가 병기되어 있다고 해도 거기에 전적으로 의지해서는 곤란하다(허인영 2015ㄴ 참조).

이 책에서는 /ㅓ, ㅕ, ㅖ/와 /ㅔ, ㆎ, ㅐ, ㅚ, ㅟ/ 등의 모음을 대상으로 하여, 15세기부터 19세기 초까지 편찬된 전사 자료에서의 전사 양상을 검토하고, 이를 통해 한국어에 발생한 모음의 음가 변화를 살핀다. 전사 자료는 크게 일본어-한글 전사 자료와 한국어-가나 전사 자료로 나누되, 일본어-한글 전사 자료는 문헌별로, 한국어-가나 전사 자료는 모음별로 나누어 검토한다. 각 모음의 전사 양상에서 환경에 따라 세부적인 차이가 있으면 그 차이가 발생하는 음운적·형태적 환경을 구별하여 검토한다. 그 결과를 바탕으로 하여 한국어에서 전설모음이 형성되는 과정과 동인을 확인하고, 한국어 모음 체계의 변화를 정리하고자 한다. 이를 통하여 한국어에서 전설모음이 형성되는 과정을 보다 실증적으로 제시할 수 있을 것이다.

1.3. 논의 구성

이 책은 한국어 음운사에서 모음 체계의 변화를 다룬 대부분의 선행연구와 달리 한글 문헌 자료가 아닌 전사 자료를 주된 연구 자료로 사용한다. 따라서 먼저 전사 자료를 대상으로 한 연구 방법을 명확히 한 뒤, 전사 자료를 체계적으로 분류하고 자료를 선정할 필요가 있다. 그렇게 한 다음에야 자료의 구체적인 분석에 들어갈 수 있다.

제2장에서는 우선 전사 자료를 활용한 연구 방법을 확립하고, 다음으로 연구 자료인 전사 자료에 대하여 상세히 소개한다. 먼저 대역 자료를 표기의 성격에 따라 분류할 수 있음을 확인하고, 전사 자료는 그 가운데 어디에 속하는지를 파악한다. 그리고 자료의 현실성과 지역성에 대해 검토한 뒤, 이 책에서 사용하는 자료를 간략히 소개한다.

제3장에서는 일본어 전사 자료를 대상으로 하여 일본어 모음 /e/의 전사 양상을 살펴본다. 이 책에서 파악한 15-19세기 한국어 모음 체계의 중요한 변화는 /ㅕ/의 후설화와 /ㅔ/의 전설단모음화인데, 이를 확인하기 위해서는 먼저 일본어 /e/의 전사를 살펴볼 필요가 있다. 따라서 일본어의 /e/를 적기 위해 사용되는 한국어 모음이 /ㅕ/, /ㅖ/에서 /ㅔ/로 변화하는 과정을 세기별로, 문헌별로 나누어 검토한다.

제4장에서는 한국어 전사 자료를 대상으로 하여 한국어 전설모음의 형성 과정을 모음별로 검토한다. 먼저 한국어-가나 전사 자료에서 모음 /ㅓ/, /ㅖ/, /ㅕ/ 그리고 /ㅔ/, /ㆎ/, /ㅐ/, /ㅚ/, /ㅟ/가 각각 어떻게 전사되었는지 그 양상을 살펴본다. /ㅓ/, /ㅖ/, /ㅕ/는 /ㅓ/의 후설화와 관련이 있고, /ㅔ/는 /ㅓ/의 후설화 이후 가장 먼저 형성된 전설중모음으로 한국어 모음 체계의 변화에서 중요한 역할을 하였다. 그 밖에 /ㆎ/, /ㅐ/, /ㅚ/ 등에 대해서는 이 책에서 다루는 자료에서 일부 전설단모음화의 단초를 찾을 수 있다.

제5장에서는 제3장과 제4장에서 검토한 일본어 및 한국어 전사 자

료의 전사 양상을 바탕으로 하여 한국어에서 전설모음이 새롭게 형성되면서 모음 체계가 변화하는 과정을 기술한다. 이어 전설모음 형성에 작용한 동인을 몇 가지로 나누어 제시한다. 이 과정에서는 기타 외국어 전사 자료를 참고하여 한글 문헌 자료에 기반한 선행연구를 면밀히 재검토한다.

제6장에서는 이제까지 검토한 내용을 요약하고, 이 책에서 확인한 한국어 모음의 변화 과정이 어떠한 의의를 갖는지를 제시한다. 마지막으로 남은 문제를 제시하고 마무리한다.

제2장
연구 방법과 자료

2.1. 연구 방법

이 책에서는 15세기 말부터 19세기 초까지 한국어 모음 체계에 발생한 변화를 전설모음의 형성에 초점을 맞추어 살펴본다. 15세기 말 이후를 연구의 대상으로 하는 것은 자료상의 한계 때문이다. 한국어 음운사에서 전설모음의 형성은 하향이중모음의 전설단모음화를 중심으로 일어났으며, 음성적인 변화가 점진적으로 누적된 결과이다. 따라서 각 하향이중모음이 어떠한 음가로 실현되었는지를 역사적으로 살피는 작업이 우선되어야 한다. 그러나 차자표기 자료는 기본적으로 음절 단위의 표기법을 사용하므로 음성 실현을 반영하기는 어렵다. 15세기 중엽 이후의 한글 자료는 한국어 음운을 충실하게 기록하고 있으나 음성 실현까지는 알기 어렵다. 이러한 문제를 해결하기 위해 이 책에서는 한국어 음운의 음성 실현을 비교적 충실하게 반영하는 전사 자료를 대상으로 삼아 연구를 진행한다. 전사 자료, 특히 한국어와 일본어 학습서는 20세기 초까지 계속 간행되었으나, 근대에 간행된 학습서는 그 양이 지나치게 많고, 그중에는 전사(轉寫)가 아닌 전자(轉字)적인 성격을 띤 문헌도 산재해 있어 문헌별로 연구 대상 모음을 전수조사하는 이 책의 방법론을 적용하기에는 무리가 있다.

연구를 진행하는 데 있어서는 연구 목표를 성취하기 위해 적절한 자료가 무엇인지 고민하고, 그에 따라 자료를 적절하게 취사선택하여 사용할 필요가 있다. 이 책에서는 중앙어에서 발생한 전설모음의 형성 과정을 확인하기 위해 일본어를 한글로 표기하거나 한국어를 가나로 표기한 자료를 주된 연구 자료로 삼는다. 전사 자료를 이용한 연구의 한계에 대해서는 이미 여러 선행연구에서 지적한 바 있다. 일본어와 한국어 전사 자료를 주된 연구 자료로 사용하는 이 책의 연구 또한 전사 자료를 이용한 연구가 갖는 근본적인 한계에서 벗어날 수 없다. 일반적으로 전사 자료는 대상 언어를 청취하여 옮겨 적었을 것으로 생각된다. 그러나 그 과정에서 언제나 모어의 간섭이 일어나기 마련이다. 또한 전자(轉字)적인 특성을 보이는 문헌도 있다. 일본어-한글 전사 자료와 달리 한국어-가나 전사 자료는 필사 자료가 많으므로 필사 과정에서 오류가 생겨났을 가능성도 염두에 둘 필요가 있다. 따라서 전사 자료를 해석한 결과가 움직일 수 없는 절대적이고 확실한 결론이라고 단정하지 않는다. 이 책의 검토 결과는 기존의 한글 문헌 자료에 대한 연구를 통하여 정립되어 있는 전설모음의 형성 시기와 과정에 대한 설명을 보완하는 역할을 한다는 것을 전제하고 연구를 진행할 것이다.

전사 자료를 연구 자료로 사용하는 데 있어서는 두 가지 해결해야 할 문제가 있다. 하나는 연구에 사용되는 자료의 표기가 전자(轉字, transliteration)인지 전사(轉寫, transcription)인지 확인하는 것이고, 다른 하나는 해당 자료의 예외적인 표기가 한국어의 음성적 변이나 변화를 반영하는 것인지 아니면 일본어의 한계로 인해 나타난 것인지를 확인하는 것이다. 먼저 전자와 전사의 구별은 시대에 따라 차이를 보인다. 즉, 전근대 시기의 자료에서는 발음을 충실히 반영하는 전사적인 경향이 강한 반면, 19-20세기로 가면 갈수록 상대적으로 전자적인 표기 방식의 비율이 늘어난다. 다음의 예를 보자.

(2)

ㄱ. 일본어 /^{m}b, ^{n}d/ 표기의 변화: ‘ㅁ$ㅂ, ㄴ$ㄷ’ 〉 ‘ㅁㅂ, ㄴㄷ’

ㄴ. 일본어 /e/ 표기의 변화: ‘ㅕ, ㅖ’ 〉 ‘ㅖ’ 〉 ‘ㅖ’, ‘ㅔ’

ㄷ. 『니치고루이카이(日語類解)』(1912)

: 去年(きよねん) [kjoneɴ] - 기요넨

明年(みようねん) [mjoːneɴ] - 미요우넨

전근대 시기 일본어의 비음성(鼻音性)을 동반하는 유성 자음인 탁음(濁音)을 전사할 때, 일본어 학습서류 자료에서는 비음인 ‘ㅁ, ㄴ’을 종성에 표기하고 파열음인 ‘ㅂ, ㄷ’을 초성에 표기하는 방식이 주류를 차지하였으나, 점차 두 가지 자모를 하나의 초성으로 적는 ‘ㅁㅂ, ㄴㄷ’과 같은 방식의 비중이 늘어나게 된다. 이것은 일본어 탁음이 지닌 비음성을 한글로 표기하였다는 점에서 발음을 옮긴 전사적인 표기이지만, 종성과 초성으로 분리된 두 개의 자모로 표기하다가 하나의 초성 자모로 합쳐서 표기하는 방식이 늘어났다는 점에서는 일본어의 한 음소(탁음 자음)를 한 자리의 한글 자모와 대응시키려고 하는 전자적인 표기 경향과 관련이 있다. 또한 일본어의 모음 /e/를 한글로 표기할 때에도 15-17세기 중반까지의 자료에서는 ‘ㅕ’와 ‘ㅖ’를 함께 사용하는데, 이것은 음성적 환경에 따라 달라지는 청각적 인상의 차이를 반영하는 것으로 일본어 /e/ 자체의 문제가 아니라 한국어 /ㅕ/의 음가가 환경에 따라 [je]와 [jə]로 달랐기 때문에 일어난 현상이다. 18세기 후반 이후의 일본어 학습서류에서 /e/를 표기하는 자모는 'ㅖ'로 통일되는데, 이는 일본어 모음 음소 /e/와 한글 자모 /ㅖ/를 일대일로 대응시키려는 전자적인 경향과 관련되는 것이다. 다만 비슷한 시기의 다른 자료에서 'ㅖ'와 함께 'ㅔ'가 쓰이는 것은 당시 한국어의 음운 체계에서 /ㅔ/의 전설단모음화가 상당히 진행되었음을 보여주는 것이다. 이처럼 전근대 시기의 자료에서는 점차 전자적인 경향도 나타나기는 하지만 원칙적으로 발음을 있는 그대로 표기하려는 전사적인 표기를 보여준다. 반면 20세기 초의 일본어 학습서 중에는 (2ㄷ)과 같이 가능하면 일본어의 가나 한 글자에 한국어의 한 음절을 대응시키려는 경향을 보여주는 것들이 있다. 이는 근대적인 언어학 지식을 습득한 편찬자가 전자적인 표기를 고수한 것으로, 전근대 시기의 자료에서는 이러한 전자 표기 방식이 보이지 않는다. 이러한 양상은 한국어 학습서류 자료에서도 마찬가지로 나타난다.

(3)

ㄱ. 한국어 /ㅕ/의 표기 변화: e, yo 〉 yo, ya

ㄴ. 『닛칸에이산고쿠타이와(日韓英三國對話)』(1892)의
/ㅐ/, /ㅔ/ 표기: ai, oi

전근대 시기 한국어 전사 자료에서 한국어의 /ㅕ/를 전사하기 위해서는 일본어 표기는 e와 yo가 함께 쓰여 한국어 /ㅕ/가 환경에 따라

음성 실현이 [je]와 [jə]로 차이가 있었음을 보여준다. 그런데 점차 시기가 내려갈수록 yo나 ya로 전사되는 경향이 늘어나는데, 이는 /ㅕ/의 후설화를 보여주는 것이다. 따라서 전근대 시기 한국어 학습서의 표기는 상당히 전사적인 경향을 띠고 있음을 알 수 있다. 그런데 19세기 말에 간행된 다국어 학습서인 『日韓英三國對話』(1892)에서는 한국어의 /ㅐ/와 /ㅔ/를 가나로 표기할 때 거의 항상 ai와 oi를 사용하는 모습을 보인다. 19세기 말은 이미 /ㅔ/의 전설단모음화가 완료되고 /ㅐ/의 전설단모음화도 상당히 진행된 시기인데, 이때까지도 ai, oi와 같이 하향이중모음에 해당하는 가나 표기를 고수하는 것은 매우 전자적인 표기 경향을 나타낸다고 볼 수밖에 없다. 반면에 이처럼 하나의 한글 자모에 하나의 가나 표기가 대응하는 고도로 전자적인 표기는 전근대 시기의 한국어 전사 자료에서는 거의 보이지 않는다. 따라서 이 책에서는 전사적 경향이 강한 전근대 시기의 전사 자료를 주된 연구 자료로 삼는 것이다.

다음으로 전사 자료에서 보이는 표기가 한국어의 음성적 변이나 변화를 반영하는 것인지, 아니면 일본어 음운 체계의 제약에 기인한 부득이한 표기인지를 확인하는 문제이다. 이 문제는 일본어보다 음소 목록이나 음절 구조가 다양한 한국어 화자가 일본어를 전사한 자료에서보다는, 한국어보다 상대적으로 빈곤한 음소 목록과 음절 구조를 지닌 일본어 화자가 한국어를 전사한 자료에서 더 잘 드러난다. 한국어-가나 전사 자료는 한국어에 비해 음소의 개수가 적은 일본어를 표기하는 데 쓰이는 가나로 한국어를 적은 것이라는 태생적인 문제점이 있다. 자음에 대해서는 평음·경음·격음의 구별이 원칙적으로 불가능하고, 모음의 경우 단모음만 고려해도 한국어의 7개에서 10개의 모음을 일본어의 5개 모음과 대응시켜야 하는 것이다. 이 때문에 자음의 경음화나 격음화, 구개화나 원순모음화 등 일본어의 음운 체계 내에서는 변별이 되지 않는 현상에 대한 연구는 근본적으로 불가능하다. 다음 예를 보자.

(4)
ㄱ. [물/믈]ㄱ에　　　ムルコヲイ [mulkooj] 〈全31〉
ㄴ. 아[돌/들]　　　アトル [atol] 〈全19〉

(4ㄱ)은 '川のほとり(강 부근)'라는 일본어 대역문을 보면 '물가'의 뜻임을 알 수 있지만, 'ムル [mul]'이라는 가나 전사만으로는 해당 가나가 나타내고자 한 한국어 음절이 '물'인지 '믈'인지 알 수 없다. 이 당시 한글 문헌 자료에서도 '물'과 '믈'이 혼재되어 나타나기 때문에, 가나 전사를 통해서는 '믈'의 원순모음화가 일어난 것을 반영한 표기인지 아닌지 단정 지을 수 없는 것이다. 한편 (4ㄴ)은 일본어 대역문 '子(아들)'을 참고하면 '아들'을 적은 것임은 알 수 있지만, 'トル [tol]'이라는 가나 전사만으로는 그것이 '돌'인지 '들'인지 알기 어렵다. 이 당시 일본어에는 [tu]라는 음절이 존재하지 않기 때문에, 이 자료에서는 'ᄃᆞ'과 '드'을 적기 위해 모두 'ト [to]'를 사용하였기 때문이다. 또한 이 당시 한글 문헌 자료에서도 '아돌'과 '아들'이 함께 나타나고, 이 자료의 전반적인 가나 전사를 검토하면 당시 제2음절 이하에서 /·/의 비음운화가 완전히 끝난 것으로 보기는 어렵다(허인영 2014: 81-83). 따라서 이러한 표기는 한국어의 음운 변화를 반영하는 것이라기보다는 일본어 음운 체계의 내재적인 문제로 인한 부득이한 표기이며, 이러한

문제를 탐구하기 위해서는 전사 자료가 적절하다고 하기 어렵다.

그러나 음운사 연구의 문제들 가운데 전사 자료를 활용할 수 있는 것이 전혀 없는 것은 아니다. 앞서 살펴본 것과 달리 몇몇 문제의 경우에는 한국인이 한국어를 한글로 적은 경우에는 알 수 없는 여러 음성적인 정보를 얻을 수 있다. 그리고 이를 통하여 기존의 한글 자료 중심의 음운사 연구에서는 구체적으로 확인하기 어려웠던 환경에 따른 한국어 음성의 실현 양상을 상당히 정밀하게 확인할 수 있다. 다음의 예를 보자.

(5)

ㄱ. 에냥(彦陽) ヲイニヤギ [ojnjaŋ] 〈尊8〉

ㄴ. 에미[母] ヲイミ [ojmi] 〈語114〉

ㄷ. 괴기[肉] コイギイ [kojgiː] 〈長199〉

이상은 16세기부터 19세기까지의 한국어-가나 전사 자료에서 나타나는 /ㅣ/ 역행동화 또는 /j/ 첨가의 예를 보인 것이다. '언양'과 같은 한자어에도 /ㅑ/의 선행 음절에 /j/가 첨가되고, '어미', '고기'와 같은 고유어에도 /ㅣ/의 선행 음절에 /j/가 첨가되었음을 가나 전사를 통하여 알 수 있다. 최전승(1986)을 비롯한 기존의 선행연구에서도 한글 문헌 자료의 표기에 대한 면밀한 검토를 통하여 후설모음이 전설모음으로 바뀌는 이른바 움라우트 이전의 1차적인 /j/ 첨가가 일어났음을 밝힌 바 있다. 그러나 한글 표기만으로는 /j/가 첨가된 것인지 [e]나 [ø] 같은 단모음으로 실현되었는지 단정지을 수 없으나, 가나 전사를 통하여 /j/가 첨가되었음을 보다 분명히 알 수 있는 것이다. 다른 예를 하나 더 보자.

(6)

ㄱ. 상(〈샹)(常)해　　サムハイ [saŋhai] 〈交327〉

ㄴ. 순풍(슌풍)[順風]이　　スンプウギ [sunpu:ŋi] 〈交328〉

ㄷ. 쟝수(〈쟝슈)[長壽]　　チヤムスウ [ʧaŋsu:] 〈交326〉

ㄹ. 셰(〈세)[三]　　シヤウイ [ʃo:i] 〈長107〉

ㅁ. 여셔(〈여서)[六]　　ヨシヨ [joʃo] 〈長110〉

ㅂ. 울샨부(〈울산부)(蔚山府)　　ヲルシヤウブ [olʃaubu] 〈見2〉

ㅅ. 셔런(〈서런)[三十]　　シヤアラン [ʃa:ran] 〈見11〉

18세기 후반부터 19세기 전반까지 한글 문헌 자료에서는 '샤, 셔, 쇼, 슈'와 '사, 서, 소, 수'가 혼기되는 현상이 나타난다. 이에 대해 여러 선행연구에서는 /ㅅ/이 /ㅈ/과 마찬가지로 치경에서 치경경구개로 조음위치가 이동했다가 중부 방언의 경우 다시 치경 위치로 돌아왔고, '샤, 셔, 쇼, 슈'와 '사, 서, 소, 수'의 혼기는 이러한 조음위치 변화를 반영한다고 해석하였다. 그러나 박기영(2005), 김한별(2014) 등에서는 이러한 표기가 실제 음성적 변화를 반영한 것이 아니라 /ㅅ/ 뒤에서 /j/가 탈락하는 현상에 대한 과도교정 표기라고 해석한 바 있다. (6)의 예는 이러한 해석을 지지해 주는 것이다. 『고린스치(交隣須知)』[애스턴-C16]의 예인 (6ㄱ-ㄷ)은 /ㅅjV/였던 단어가 /ㅅV/로 표기되고, 남부 방언을 반영하는 자료로 볼 수 있는 『나가사키초센후도키(長崎朝鮮風土記)』와 『조센진미키키가키(朝鮮人見聞書)』의 예인 (6ㄹ-ㅅ)은 /ㅅV/였던 단어가 /ㅅjV/로 표기되는 모습을 보인다. 이것은 19세기 전반기 한국어에서 '/ㅅjV/ 〉 /ㅅV/' 변화와 함께 '/ㅅV/ 〉 /ㅅjV/' 변화가 방언에 따라 서로 달리 일어났을 가능성을 보여주는 것이다. 이러한 음성적 변화는 한글 문헌 자료의 혼기만으로는 추정만 가능할 뿐이지만, 가나 전사 자료를 통하여 뒷받침을 얻는다면 보다 자신 있게 주장할 수 있을 것이다. 이처럼 가나 전사 자료가 한국어 음운사 연구에 기여할 수 있는 바는 적지 않다.

일본어의 모음이 5개여서 한국어에 비해 그 개수가 적다는 것은 단점이지만, 이러한 단점은 거꾸로 장점이 될 수 있다. 일본어의 5모음은 9세기부터 줄곧 안정적으로 유지되므로, 한국어 모음의 변화를 파악하는 데 있어서 상당히 일관된 기준으로 사용될 수 있다. 특히 이 책의 연구 대상인 전설모음의 형성과 관련해서는 오랫동안 유지되고 있는 일본어의 /e/의 존재가 한국어의 특정 모음이 전설적으로 실현되었는지 여부를 파악하는 일종의 바로미터로 사용될 수 있다. 예컨대 한글로 'ᄃᆡ'로 표기되는 음절의 모음인 /ㆎ/는 18세기에 이미 /ㅐ/로 합류하였을 것이라고 생각하는 것이 일반적이다. 그러나 대표적으로 /ㆎ/라는 모음을 갖는 의존명사 'ᄃᆡ'는 현대한국어에서 '대'가 아닌 '데'로 표기되며, 기원적으로 'ᄃᆡ'를 갖는 여러 연결어미도 '-ㄴ데'로 표기된다. 이는 /ㆎ/가 모든 환경에서 /ㅐ/로 합류한 것이 아니라 일부 환경에서는 [e]로 변화한 경우도 있었음을 암시하는 것이다. 실제로 한국어-가나 전사 자료를 살펴보면, /ᄃᆡ/의 모음 전사는 환경에 따라 어두에서는 주로 ai로 나타나 /ㅐ/로의 합류를 보여주지만 비어두, 특히 /ㄷ/ 뒤에서는 e로 전사되는 경우가 적지 않다. 이것은 비어두 /ᄃᆡ/의 모음 /ㆎ/가 일찍부터 [e]로 변화하였음을 보여주는 한편, /ᄃᆡ/에서 기원한 형태소가 현대한국어에서 '데'로 표기되는 이유를 알려주는 것이다. 이러한 구체적인 음성 실현은 /e/를 지닌 일본어 사용자가 한국어를 전사하지 않았다면 알 수 없는 것이다. 이러한 점을 고려하면 한국어-가나 전사 자료는 한국어의 특정한 모음이 전설적으로 실현되었는지 여부를 알기 위한 최적의 자료라고 할 수 있다. 따라서 이 책에서는 모음의 변화, 특히 전설모음의 형성에 초점을 맞춤으로써 일본어와 관련된 전사 자료의 장점을 최대한으로 살리고자 하였다.

또한 이 책은 중앙어의 변화를 연구 대상으로 삼는다. 모음 체계는 방언에 따라 적지 않은 차이가 있다. 중세 한국어의 하향이중모음은 한국어의 모든 방언에서 전설단모음으로 변하였으나 대부분의 방언에서는 /ㅔ/와 /ㅐ/가 합류하였고, 방언에 따라서는 /ㅔ/가 /ㅣ/로 상승하는 등 서로 다르게 변화하는 모습을 보인다. 이러한 변화에 대한 연구도 중요하며 반드시 이루어져야 할 것이나, 현존하는 전사 자료, 특히 15·16세기와 17·18세기 전반기에 편찬된 것들은 대체로 중앙에서 편찬되었거나 격식적인 중앙어를 반영하는 것들이므로 방언에서의 역사적인 변화는 살펴보기 어렵다. 따라서 이 책에서는 자료상의 연속성이 확보되는 중앙어의 역사적인 변화를 검토한다.

구체적인 연구 대상은 중앙어의 모음 가운데 /ㅓ, ㅖ, ㅕ, ㅔ, ㆎ, ㅐ, ㅚ, ㅟ/의 전사에서 확인되는 변화이다. 한국어 모음에 일어난 변화 가운데 /·/의 비음운화는 다루지 않는다. /·/의 비음운화는 이 책의 주제인 전설모음의 형성과 관련되기는 하지만 서로 필연적인 관계를 맺고 있지는 않기 때문이다. 여러 선행연구에서는 /·/가 모음추이에 의해 밀려나 소실된 뒤에 전설의 빈 공간을 메우기 위해 /ㅔ/, /ㅐ/가 전설단모음화되었다고 보았다(이기문 1972). 그러나 /·/가 밀려난 자리가 후설 중저모음의 공간이었다면 오히려 안정된 자리를 차지하게 되므로 체계 밖으로 밀려나갈 필요는 없다(백두현 1992: 272). 또한 모음추이 가설은 김주원(1993) 이후 Vovin(2000), 고성연(Ko 2013, 2018; 2020), 고경재(2017, 2022) 등의 본격적인 비판이 이어져 이제는 설 자리를 거의 잃었다고 할 수 있다. 특히 /·/가 남아 있는 제주 방언에서도 /ㅔ/, /ㅐ/는 전설중모음으로 존재하고 있다는 점에서 /·/의 비음운화와 하향이중모음의 전설단모음화가 필연적인 관계에 있다고 보기는 어렵다. 따라서 이 책에서는 모음의 전설적 실현과 관련이 있는 /ㅓ/, /ㅖ/, /ㅕ/ 등의 모음과, 직접적으로 일부 모음이 전설화한 /ㅔ/, /ᆡ/, /ㅐ/, /ㅚ/, /ㅟ/를 연구 대상으로 검토하는 것이다.

나아가 이 책에서는 전사 자료의 한계를 극복하기 위해 자료의 다양화를 추구하였다. 먼저 비교적 중앙어와 관련이 깊은 15-19세기의 일본어 학습서와 한국어 학습서를 주요 자료로 삼았다. 이것들은 '학습서류 자료'라고 부를 수 있는데, 언어 습득을 통한 의사소통 달성이라는 목표로 인해 본질적으로 중앙어 지향적인 성격을 지니고 있다.

이와 함께 방언을 반영한 것으로 생각되는 문헌도 검토하였다. 한국어-가나 전사 자료의 경우 일본에 방문했던 통신사 일행이나 일본 해안에 표착한 표류민을 통하여 들은 한국어를 기록한 문헌들이 남아 있다. 이것들은 '견문록류 자료'라고 부를 수 있는데, 견문록류 자료는 학습서류 자료보다 전사의 정밀성이나 반영된 언어의 격식성은 떨어지지만 그만큼 구어적인 표현이나 방언형을 상대적으로 많이 반영하고 있어 이 책의 연구 목적을 달성하는 데 상당히 유용한 자료로 쓰일 수 있다. 또한 자료를 검토해 보면 학습서류 자료에서는 나중에 나타나는 변화가 견문록류 자료에서는 선구적으로 나타나기도 하고, 학습서류 자료의 특이한 전사 양상이 견문록류 자료에서는 보다 확산되는 모습을 보이기도 한다. 따라서 이러한 전사 자료의 성격 차이를 염두에 두고 두 유형의 자료를 분리해서 다루면 여러 가지 이점이 있다. 이 책에서 한국어-가나 전사 자료를 학습서류 자료와 견문록류 자료의 둘로 나눈 것은 이러한 차이를 염두에 둔 것이다.

중앙어를 연구 대상으로 하면서도 방언을 반영하는 문헌을 포함한 것은 언어 변화가 방언에서 먼저 일어난다는 이 책의 연구 가설과 관련된다. 자음의 구개화와 같은 음 변화가 방언에서 시작되어 확산되었다는 사실은 잘 알려져 있는데, 한국어 전설모음의 형성 과정에서도 유사한 양상이 확인된다. 따라서 방언이 반영된 문헌도 검토 대상에 포함하되, 구체적인 해석에 있어서는 자료의 성격을 고려하여 중앙어의 변화를 중심으로 하였다. 이처럼 상보적인 자료를 함께 다룸으로써 음운 변화의 단초가 방언 자료에서는 선구적으로 나타남을 보여 한국어 전설모음의 형성 과정을 설명하는 데 있어 설득력을 더하고자 하였다. 나아가 이제까지 전사 자료를 활용한 연구에서는 적극적으로 이용되지 않았던 기타 외국어의 한글 전사 자료도 보조적으로 참고함으로써 전사 자료에서 나타나는 음성에 대한 인식이 같은 시기 한국어 화자들에게 존재했음을 보이고자 하였다.

전사 자료를 검토할 때에는 각 문자 표기에 대응하는 어형을 복원하고, 그것을 바탕으로 연구 대상 모음이 문헌에 출현한 사례 전체를 확인하는 방식을 취하였다. 음소는 언어 사용자의 머릿속에서 추상화된 단위로, 실제 언어에서는 해당 음소의 음운적·형태적 환경(어두·비어두, 고유어·한자어 등)에 따라 음성적으로 다양하게 변동하며 음운 변화에서도 환경에 따라 변화 속도에 차이를 보인다. 이러한 음성적 변동을 파악하기 위해서는 특정한 모음 음소가 개별 문헌에서 나타나는 환경을 모두 조사하여 전사 양상을 검토해야 한다. 개별 문헌들에서 검토가 완료되면 자료의 유형과 시기에 따라 귀납적인 일반화를 할 수 있다. 즉 전사 자료를 통해 전설모음 형성의 구체적인 과정을 이해하기 위해서는 경향성만 설명하거나 몇몇 인상적인 예만 제시할 것이 아니라, 전체 사례에서의 분포를 실제 수치로 보여주는 작업이 필요하다. 그러한 작업을 통해서만 하향이중모음이 전설단모음으로 실현되기 시작한 환경이 어떤 것인지 명확히 알 수 있기 때문이다.

	A	B	C	D	E
1	번호	출전	가나	복원	한자
1058	1057	43	ハ*イ	ᄇᆡ	
1059	1058	43	ムンドク	문득	
1060	1059	43	ス丶ロ	스스로	
1061	1060	43	ヘ*ナンハヤ	펴난ᄒᆞ여	便安
1062	1061	43	フ*イニ	부이니	夫人
1063	1062	43	サルキル丶	살기를	
1064	1063	43	ヲツコ	엇고	
1065	1064	43	ソシヨギ	소숑이	蘇頌
1066	1065	43	ス#トハン	ᄯᅩᄒᆞᆫ	
1067	1066	43	ムヤグハヤ	무양ᄒᆞ여	無恙

[그림 1] 『全一道人』의 병렬 말뭉치 구축 예

이 책에서는 각각의 전사 자료에 대한 병렬 말뭉치를 구축하여 1차적인 검토 대상으로 삼았다. 『捷解新語』·『倭語類解』·『方言類釋』 등의 일본어-한글 전사 자료는 국립국어원의 '역사자료 정비사업'(2014-2016, 2018) 결과물(언해문만 입력되어 있음)의 내용 분절을 바탕으로 영인본을 참고하여 일본어의 한글 표기를 입력하고, 가나 표기가 함께 있는 자료는 가나도 입력하였다. 『全一道人』·『조센고야쿠(朝鮮語譯)』 등의 한국어-가나 전사 자료는 선행연구를 검토하여 영인과 활자화 여부를 확인하였다. 활자화가 된 자료는 먼저 활자화된 결과물을 입력하였다. 활자화가 된 경우에도 대응하는 한국어 복원문이 함께 제시된 경우가 있고 가나 표기만 있는 경우가 있는데, 후자의 경우 필자의 한국어 복원문을 구축하였다. 영인본이나 온라인으로 이미지를 확인할 수 있는 경우에는 입력한 내용과 이미지를 대조하면서 활자화나 한국어 복원문에 오류가 있으면 수정하였다.

이렇게 구축된 병렬 말뭉치는 어절별로 분리하여 스프레드시트(마이크로소프트 엑셀) 형식으로 변환하였다. 어절별로 분리한 이유는 한국어의 모음 음소가 나타나는 환경을 조사할 때 어두 및 비어두 여부를 파악하기 쉽게 하기 위해서이다. '번(番)', '적' 등 주로 선행 어절과 하나의 음운 단위로 실현되는 의존명사의 경우 어두가 아닌 비어두로 처리하였다. 각각의 분리된 어절이 한자어인 경우 해당하는 한자가 무엇인지 옆칸에 입력하였다. 이것은 해당 어절의 고유어/한자어 여부를 파악하기 쉽게 하기 위해서이다.

본격적인 논의에 앞서 이 책에서 사용하는 부호와 용례를 인용하는 방식을 정리해 두기로 한다. 자료에 사용된 가나와 한글을 문장 속에서 보일 때 가나는 로마자로 변환하여, 한글은 ' ' 안에 나타내었다. 가나와 한글 표기가 표상하는 일본어와 한국어의 음운을 보일 때에는 / / 안에 로마자와 한글로 나타내었다. 음운이 아닌 음성을 보일 때에는 [ ] 안에 국제음성기호(IPA)로 나타내었다.

이 책에서는 어절 단위로 용례를 제시하는 것을 원칙으로 하되, 필요한 경우 앞뒤 맥락을 추가하였다. 전사에 사용된 한자와 가나·한글은 그대로 나타내었다. 일본어 전사 자료의 용례는 다음과 같이 제시하였다.

(7)

ㄱ. 矢櫃 [ja^{m}bitu]　　也音非梁(야음비도) 〈日本行錄〉

ㄴ. 更 [kasanete]　　가사네데 〈上:27a〉

ㄷ. イチエン [itʃijeɴ]　　이치옌 〈原刊本 2:2b〉

일본어 단어에 대응하는 한자 표기가 있으면 그것을 먼저 나타내고 [ ] 안에 해당하는 일본어 음성을 제시하였다. 대응하는 한자 표기가 없으면 가나 표기를 제시하고 [ ] 안에 해당하는 일본어 음성을 제시하였다. 그리고 오른쪽에는 대응하는 한자나 한글 전사를 보이고, 한자 전사의 경우 ( ) 안에 해당 한자 전사의 한국한자음을 한글로 나타내었다. 출전은 제일 오른쪽에 〈 〉 안에 나타내었다. 일본어 전사 자료는 각 자료별로 연구가 진행되므로 필요한 경우가 아니면 따로 문헌명을 명시하지 않았다. 한국어-가나 전사 자료의 예는 다음과 같이 제시하였다.

(8)

ㄱ. 거풀로　　コッフ*ルロ [kop^{h}ulro] 〈全56〉

ㄴ. 거:즛　　コウツツ [koːʦut] 〈全47〉

먼저 한국어 복원문을 어절 단위로 왼쪽에 나타내고, 오른쪽에 해당하는 가나 표기와 음성 표기를 나타내었다. 가장 오른쪽에는 출전을 〈 〉 안에 제시하되, 2.4절에 제시한 자료의 약칭을 사용하였다.

가나 표기는 일본어를 잘 알면 읽기 쉽지만, 일본어에 익숙하지 않으면 실제로 어떤 한국어 발음을 표기하려고 한 것인지 알기 어렵다는 단점이 있다. 따라서 이 책에서는 가나 표기를 그대로 제시하되, 오른쪽 [ ] 안에 음성 표기를 나타내어 독자의 이해를 돕고자 하였다. [ ] 안의 음성 표기는 가나를 그대로 옮긴 것이 아니고, 한국어 복원문을 고려하여 전사자가 옮기려고 한 한국어의 발음을 나타낸 것이다. [ ] 안에 음성 표기를 할 때에는 ① 음절 말 환경에 쓰인 'bu, ru, ku, mu, gu'는 각각 [−p, −l, −k, −m, −ŋ]에 대응시켰다. ② 가나 '−i'와 'y−'의 연쇄는 [−j−]에, 가나 '−u'와 'w−'의 연쇄는 [−w−]에 대응시켰다. ③ 일부 전사 자료에서 사용되는 삼점(三點)은 '*'로, 호선(弧線)은 밑줄로 나타내었다. 호선이 연속될 경우에는 '.'으로 구별하였다.

마지막으로 한글 문헌 자료를 인용할 때에는 다음과 같이 제시하였다.

(9) 太子ᄂᆞᆫ <u>:거즛:말</u> 몯ᄒᆞ시ᄂᆞᆫ 거시니
(夫太子法不應妄語 〈釋迦譜 卷3〉) 〈석보상절 6:10b〉

예문이 길어 중략할 때는 '[…]'를 사용하고, 성조를 나타낼 때에는 글자 왼쪽에 '·'(거성)과 ':'(상성)을 사용하였다. 한문 원문은 언해문 오른쪽 ( ) 안에, 출전은 제일 오른쪽 〈 〉 안에 나타내었다.

이 책에서 시대를 언급할 때에는 한국어학계와 일본어학계의 시대 구분에 사용되는 용어가 일치하지 않는 데에서 오는 오해의 소지를 없애고[1)] 기술상의 편의를 위하여 학계에서 통용되는 '중세', '근

1) 예컨대 김문희(2020)의 제목은 "근대 일본의 한어학습서 개관"인데, 처음 학술대회에서 발표되었을 때(2020. 1. 11. 국어사학회)의 제목은 "倭學書 概觀: 近世期日朝対訳資料를 중심으로"였다. 이 사례는 한국과 일본의 학계에서 사용되는 용어의 괴리를 단적

대', '개화기/개항기/근대 이행기' 등의 용어를 사용하지 않았다. 대신 '15·16세기', '17·18세기', '19세기'와 같이 자료가 편찬된 세기를 명시하였다.[2)]

2.2. 전사 자료의 특성

2.2.1. 전사 자료의 정의와 분류

일본에서는 일찍부터 외국인에 의한 일본어 전사 자료가 연구되어 왔다. 일본 학자들은 일본어사의 연구 자료를 내국인에 의한 '국내 자료'와 외국인에 의한 '외국 자료'로 나누고, 한국에서 만들어진 『捷解新語』, 『倭語類解』 등의 일본어 학습서를 '조선 자료(朝鮮資料)'라고 지칭하였다. 이후 연구가 심화되면서 일본에서 만들어진 한국어 학습서까지 아울러 조선 자료에 포괄하게 되었다. 이에 대해서는 濱田敦

으로 보여준다. 물론 서로 다른 언어의 시대 구분에 사용되는 용어가 반드시 같아야 할 필요는 없지만, '근대'라는 용어 자체에는 그 밖에도 문제가 적지 않다.

2) 이 책의 주제와는 관련이 없으므로 더 자세히 논의하지 않겠으나, '근대'라는 용어는 국어사 연구와 국어사학 연구에서 '17-19세기'와 '19세기 말-20세기 초'로 서로 다른 시기를 가리키며, 국어사 연구의 이러한 '근대' 용어의 특수한 사용은 역사학이나 문학 등 인접 학문의 '근대'와 불일치하여 학문적 고립을 초래한다는 문제가 있다(고영진 2013; 김병문 2013; 이상혁 2014; 안예리 2019: 41). 따라서 시대 구분에 사용되는 용어, 특히 '근대'와 '개화기'에 대해서는 보다 많은 고민이 필요하다.
필자는 문현수·허인영(2018), 허인영·전은경(2019) 등에서 '17-19세기 전반'을 '근세(近世)'로 부를 것을 제안한 바 있다. 이러한 명명은 '근세'와 '근대'가 한자의 뜻만으로 보면 유의어라는 점에서 이상하게 생각될 수도 있으나, '근대'가 갖는 보편성과 세계사적인 함의를 생각하면 사실상 둘은 다른 단어이다. 서양사에서 'early modern'과 '(late) modern'을 구별하고 있고, 이 단어들을 일본과 중국에서 '近世'와 '近代'(중국에서는 '現代'로도)로 옮기므로 한자 번역어의 보편성 또한 확보할 수 있을 것이다.

(1970: 37)의 다음 언급을 참고할 수 있다.

> '조선 자료'란, 일본어의, 특히 역사적 연구에 도움이 될 만한 자료 가운데 '조선'에 관련된 것을 추려 내어 가리키는 것인데, 그것들은 단지 그 외부적 형식에 있어서뿐만 아니라 내부적 본질에 있어서도 공통된 성격을 지녀 하나의 부류를 이루고 있다고 인정되는 것이다. 여기에서 일부러 폭넓게 '조선에 관련된'이라고 한 것은, 그것들이 반드시 조선 땅에서 조선 사람의 손에 의해 만들어진 일본어 학습서뿐 아니라, 일본에서 일본인의 손에 의해 만들어진, 즉 조선어 학습서 등까지도 포함하려는 의도에 다름 아니다.[3)]

"일본어의 역사적 연구에 도움이 될 만한 자료"라는 표현에서도 알 수 있듯이, 일본 학계에서는 일본어사 연구의 입장에서 일본어 학습서와 한국어 학습서 자료를 함께 묶고 있다. 그러나 한국어사 연구의 입장에서 이들 자료를 이용하려고 한다면 '조선 자료'라는 분류만으로는 부족하다.

일본어 음운사와 한국어 음운사 양 측면에서 한국의 일본어 학습서와 일본의 조선어 학습서를 모두 다룬 陳南澤(2003: 3)에서는 "조선에 관련된" '조선 자료'라는 濱田敦(1970)의 개념은 받아들이면서도, 한국

---

3) 「朝鮮資料」とは、日本語の、特に歴史的研究に役立つべき資料の中、「朝鮮」にかかわるものをとり出して指すものであるが、それらは、単に、その外部的形式においてのみならず、内部的本質においても、共通した性格をもって、一つの類をなしていると認められるものである。ここで、わざわざ広く「朝鮮にかかわる」と云ったのは、それらが、必ずしも、朝鮮の地において朝鮮の人の手によってつくられた日本語学習書のみでなく、日本で、日本人の手によってつくられた、つまり、朝鮮語学習書などをも含めようとお意図に外ならない。

인의 '일본어 학습서'는 '조선 자료'로, 일본인의 '한국어 학습서'는 '일본 자료'로 나누었다. 이렇게 되면 광의의 '조선 자료' 안에 다시 협의의 '조선 자료'와 '일본 자료'가 공존하는 분류체계가 되어 버린다. 한편 편무진(2001)은 시기의 측면에서 근대 이전과 이후를 나누어, 조선 시대에 성립된 '조선 자료'와 구별되는 '한국 자료'를 설정하였다. 즉, "19세기말에서부터 20세기 중엽에 걸쳐 한국과 일본에서 편찬된 兩國語의 學習書로서, 對譯 形式의 本文이나 例文을 가지는 문헌자료"를 광의의 '한국 자료', "개화기 이후 일제시대에 편찬된 韓國人을 위한 日語學習書 중에서 對譯의 本文이나 例文을 가지는 문헌자료"를 협의의 '한국 자료'라고 한 것이다. 이 또한 '한국 자료' 안에 한국인의 일본어 학습서와 일본인의 한국어 학습서가 공존하는 체계가 되는 문제는 陳南澤(2003)과 동일하다.

기존의 '조선 자료'라는 용어의 가장 큰 문제점은 일본어 중심적인 관점에서 명명되었다는 것이다. 나아가 '조선 자료'나 '일본 자료'로 나누는 것만으로는 자료의 제작 주체, 대상 언어, 표기 문자 등이 구별되지 않는다. 이 책에서는 한국인이 편찬한 일본어 학습서와 일본인이 편찬한 한국어 학습서를 주요 자료로 사용하지만, 그 밖에도 류큐어나 영어·스페인어·네덜란드어 등을 한글로 적은 자료도 보조적으로 사용하기 때문에 더 심각한 문제가 된다. 이러한 문제점을 해결하기 위해서는 연구에 사용되는 자료의 정의와 분류를 원점에서 재고할 필요가 있다.

언어사 연구에 사용되는 문헌 자료는 기본적으로 모어 화자가 자신에게 친숙한 문자를 사용하여 표기한 것, 즉 '국내 자료'가 중심이 된다. 중국어사에서는 중국인이 한자로 중국어를 적은 자료, 일본어사에서는 일본인이 한자와 가나로 일본어를 적은 자료, 한국어사에서는 한국인이 한자와 한글로 한국어를 적은 자료가 각 언어 연구의 가장 기초가 된다. 그러나 음운사 연구에서는 자국 문자 표기만으로는 충분히 그 음가를 알기 어렵다. 문자 언어는 보수적이기 때문에 근본적으로 표어문자(表語文字)인 한자는 물론이고, 표음문자라 하더라도 기본적으로 음소 층위를 반영하는 한글로 표기된 한국어나 가나로 표기된 일본어 자료는 음성 언어와 동떨어지거나 음성적인 세부 사항을 반영하지 못하는 경우가 많다. 이러한 한계를 극복하기 위해 '외국 자료'가 도움이 될 수 있다.

대개 하나의 문자로 표기되는 국내 자료와 달리 외국 자료는 둘 이상의 언어가 관여하는 만큼 더 많은 경우의 수가 존재한다. 외국어 단어나 문장을 그에 대응하는 자국어 표현과 함께 제시한 자료는 흔히 '대역 자료'라고 불리는데, 크게 세 부류로 나눌 수 있다.

① 외국어 단어·문장을 해당 외국 문자와 자국 문자로 함께 표기한 자료
② 외국어 단어·문장을 자국 문자로만 표기한 자료
③ 외국어 단어·문장을 해당 외국 문자로만 표기한 자료

이 세 가지 가운데 이 책의 연구 대상이 되는 것은 ①과 ②에 해당하는 자료인데, 이것들을 함께 묶어 '전사 자료'라고 부를 수 있다. 전사 자료로 취급하기 위해서는 외국어의 발음을 자국 문자로 표기했다는 것이 전제가 된다. 전사 자료는 편찬 주체·대상 언어·표기 문자라는 세 가지 기준을 이용하여 다음과 같이 나눌 수 있다.

[표 2-1] 전사 자료의 분류 예시

유형	편찬 주체	대상 언어	표기 문자	자료명
①	조선인	일본어	가나·한글	『捷解新語』
②	조선인	일본어	한자	『海東諸國紀』
②	일본인	조선어	가나	『全一道人』
②	일본인	조선어	가나	『朝鮮人見聞書』
②	조선인	스페인어	한글	『書永篇』

이들 전사 자료는 대역 자료이므로 대상 언어 외에 독자에게 친숙한 언어로 된 부분도 포함되어 있다. 『捷解新語』에는 한국어 대역문이 한자·한글로, 『全一道人』에는 일본어 대역문이 가나·한자로 표기되어 있고 『朝鮮人見聞書』에는 일본어 단어 뜻이 가나·한자로, 『주영편(書永篇)』에는 스페인어 단어 뜻이 한자로 표기되어 있다. 그러나 『해동제국기(海東諸國紀)』와 같이 지명을 전사한 자료는 지명 그 자체가 표기 대상이자 의미를 지니는 요소이므로 대역에 해당하는 요소는 존재하지 않는다.

이 책에서 주된 연구 대상으로 삼은 자료는 한국인이 일본어를 한글로 전사한 자료(일본어-한글 전사 자료)와 일본인이 한국어를 가나로 전사한 자료(한국어-가나 전사 자료)이다. 그중에서도 한국인과 일본인이 일본어나 한국어를 학습하기 위해 편찬한 학습서류 자료가 중심이 되고, 한국·일본에 체류하는 과정에서 듣게 된 어휘나 표류민에게 들은 한국어를 기록한 일본 체류 기록이나 견문록류 자료는 2차 자료가 된다. 그 밖에 류큐어나 스페인어, 영어 등의 외국어를 한글로 전사한 기타 외국어 전사 자료가 보조 자료로 사용된다.

2.2.2. 전사 자료의 현실성

전사 자료를 사용한 연구에서 항상 문제가 되는 것은 외국 문자 표기가 현실 발음을 반영하고 있는지 아니면 전자(轉字)에 불과한지 하는 문제이다. 이는 한국어의 가나 표기뿐만 아니라 일본어의 한글 표기에도 제기할 수 있는 문제로, 전사 자료를 활용한 연구에서는 완전히 해결할 수 없는 영원한 딜레마라고 할 수 있다. 그러나 전근대 시기의 자료는 여러 가지 측면에서 전사에 가까운 특성을 보이는 것이 대부분이다. 예컨대 『이로파(伊路波)』, 『捷解新語』 등의 일본어 한글 표기 자료는 오래전부터 같은 시기 일본어의 음성 실현을 파악하는 데 있어서 중요한 자료로 취급되어 왔다.

한국어-가나 전사 자료의 현실성에 대해서는 송민(1986, 2006), 高橋誠司(1998), 허인영(2014) 등에서 언급한 바 있다. 한국어-가나 전사 자료에 대한 흔한 오해 중 하나는 이미 존재하는 한글 텍스트를 가나로 전자한 것에 불과한 것이 아닌가 하는 의심일 것이다. 그러나 가나 전사 자료는 한국어 음성 실현을 충실히 전사하는 경우가 많다. 여러 자료 가운데 전사적인 성격이 강한 『全一道人』에서 특징적인 예를 들어 살펴보도록 한다.

(10)

ㄱ. 가니	カニ [kani] 〈全56〉
ㄱ'. 글 쓴 것을	クル スン ゴスル [kul sun gosul] 〈全53〉
ㄴ. 더러온	トロヲン [toroon] 〈全29〉
ㄴ'. 흔 돌이	ハン ダリ [han dari] 〈全56〉
ㄷ. 빈를	ハ*イルル [pairul] 〈全45〉

ㄷ'. 감동훈 배라　カムトグハン バイラ [kamtoŋhan baira] 〈全43〉

ㄹ. 누워　ドワ [^{d}nuwa] 〈全54〉

ㄹ'. 누워　ヌ*ワ [^{d}nuwa] 〈全77〉

(10ㄱ-ㄷ)에서는 폐쇄음의 전사가 어두에서는 무성음(p, t, k)으로, 비음 뒤에서는 유성음(b, d, g)으로 다르게 나타난다. 이는 당시 일본어의 폐쇄음이 갖고 있던 비음성에 기인한 것으로,[4] 비음 뒤의 폐쇄음이 (비음성을 띤) 유성음으로 실현되는 것이 가나 전사에 반영된 것이다. (10ㄹ)은 한국어의 어두 /ㄴ/을 d-나 ^{d}n-로 전사한 예이다. 이는 송민(1986: 37-39)에서 지적하였듯이 한국어 화자의 음성 산출 및 지각과 관련된 것이다. 즉, 한국어에서 어두의 /ㄴ/은 비음성이 상당히 약하므로 일본어의 유성 폐쇄음처럼 인식하여 d-로 전사하거나, 일본어의 /n/만큼은 아니어도 비음성이 있다고 느껴지면 ^{d}n-로 전사한 것으로 생각된다(허인영 2014: 65-66).

(11)

ㄱ. 치우리이다　チウリイダ [ʧiuriida] 〈全18〉

ㄴ. 죽어지이다　ツコチイダ [ʦukoʧiida] 〈全48〉

ㄷ. 아니ᄒᆞ여이다　アニハヤイダ [anihajaida] 〈全49〉

ㄹ. ᄒᆞᄂᆞ이다　ハノイダ [hanoida] 〈全79〉

ㅁ. 갚으리이다　カッフ*リイダ [kap^{h}uriida] 〈全86〉

ㅂ. 죽이다　ツキタ [ʦukita] 〈全52〉

---

4) 이 당시 일본어의 유성파열음(특히 /g/와 /d/)은 어느 정도 비음성을 띠고 있었던 것으로 생각된다. 이에 대해서는 진남택(2003ㄱ, ㄴ) 참조.

ㅅ. ᄒᆞ리다　　　　　　　　ハリタ [harita] 〈全54〉

ㅇ. 어지다　　　　　　　　ヲチタ [oʧita] 〈全60〉

(11)은 모음 /ㅣ/가 종결어미 '-다'에 선행하는 예들이다. 이 가운데 (11ㄱ-ㅁ)은 기원적으로 청자대우법 선어말어미 '-이-'로 소급되는 '-이-'를 포함하는 것들이고, (11ㅂ-ㅇ)은 어간에 /ㅣ/를 포함하거나, 어간 말음 /ㄹ/이 탈락한 결과 '-다' 앞에 /ㅣ/를 갖게 된 것들이다. 전자는 모두 -ida로, 후자는 모두 -ita로 전사되어 있다. 청자대우법 선어말어미 '-이-'에 포함된 /ㆁ/이 한글 표기에서는 사라졌지만, 그 비음성은 이 시기까지도 잔존하고 있었기 때문에 후행하는 /다/의 초성 또한 비음성을 띠게 된 것이다(허인영 2014: 54-55). 이러한 음성적 특성은 폐쇄음의 유성성(내지 비음성)을 음소 층위에서 변별하는 일본어 사용자가 아니면 포착할 수 없는 것이다.

문법 층위에서도 가나 전사 자료의 현실성 내지 구어성은 충실하다. 실제로 그 당시의 한국어 화자와 접촉을 통하여 청취한 것이 아니고 책을 통해 익히거나 베껴 가나로 전자했을 뿐이라면 나타나기 어려운 표현도 나오기 때문이다. 예컨대 'ᄒᆡ'는 현대어의 '해'로 이어지는 'ᄒᆞ야'의 다른 형태로, 한글 문헌 자료에는 16세기 언간에 처음 3번 출현한 이후 19세기 말 이전에는 거의 출현하지 않는다. 그러나 가나 전사 자료에는 아래와 같이 서로 다른 문헌에서 'ハイ [haj]'로 전사된 것을 볼 수 있다.

『陰德記』(17세기 초)

ㄱ. 간슈(看守)ᄒᆡ라 カンシユハイラ [kanʃuhajra] 〈367〉

ㄴ. 깅(羹) 힉라 カギ ハイラ [kaŋ hajra] 〈217〉

ㄷ. 교슈(敎授)힉라 ギヨシウハイラ [gjoʃuhajra] 〈290〉

『朝鮮語譯』(1750 필사)

ㄱ. 아모져로나 미봉(彌縫)힉셔 나죵의 뉘웃븜이 업게 ᄒᆞᄋᆸ소 〈20〉

アモテ*ロナ 彌縫{ミボグ}ハイシヤ ナシ*ヨグイ ドヨツフ*ミヲブカイ ハヲブソ

[amoʧerona miboŋhajʃa naʒoŋuj ^{n}dojotpumi opkaj haopso]

ㄴ. ᄇᆞᆯ셔 期年이 되여 오래지 아니힉셔 써나 가시게 되여시니 〈45〉

ホ*ルセ 期年ニ トヤ ヲライチ アニハイシヤ ス#トナ カシカイトヤシニ

[polʃe -ni toja orajʧi anihajʃa stona kaʃikaj tojaʃini]

『朝鮮物語』(1750) : 싯고(洗) 힉라 シツコ ハイラ [ʃitko hajra] 〈262〉

16세기 언간의 예 : 자내 날 향힉 ᄆᆞᄋᆞ믈 엇디 가지며 나는 자내 향힉 ᄆᆞᄋᆞ믈 엇디 가지던고 〈1586 이응태묘 출토 언간 7〉

『인토쿠키(陰德記)』는 17세기 전반기, 『朝鮮語譯』는 18세기 전반기, 『조센모노가타리(朝鮮物語)』는 1750년에 성립된 자료이다. 이처럼 19세기 말 이전 한글 자료에서는 거의 나타나지 않는 표현이 가나 전사 자료에서는 서로 다른 시기의 자료들에서 여러 번 나타난다. 뿐만 아니라 견문록류 자료에는 통신사 일행이나 표류민을 만나 기록한 한국어가 많은데, 그 안에는 2.2.3절에서 다룰 방언형이 상당수 수록되어 있다. 방언형 또한 현실성의 측면에서는 규범적 어형에 얽매이지 않고 들리는 대로 현실 언어를 기록하였다는 방증이 될 수 있다.

어떤 자료가 전자 자료인지 전사 자료인지는 이분법적으로 나눌 수 있는 것이 아니고 연속선상에 놓여 있는 것이다. 예컨대 가나로 한국어의 발음을 가능한 한 그대로 옮겨 적은 『全一道人』은 전사의 극단에 가까운 자료라고 할 수 있고, 가나 표기를 한글로 일대일 변환한 자료가 있다면 그것은 전자의 극단에 가깝다고 할 수 있다. 따라서 자료를 선정하는 단계에서 전자보다는 현실 발음을 전사한 것으로 생각되는 자료를 선택할 필요가 있다. 이 책에서 다루는 15-19세기에 편찬된 일본어와 한국어 전사 자료는 현실 발음을 충실히 반영하는 것으로 인정받고 있다. 근대 이후에 편찬된 일본어나 한국어 학습서는 근대적인 문법 의식에 따라 규범적인 표기를 채택한 경우가 있으나,[5] 전사 자료는 편찬 당시의 목표 언어 음성을 가능하면 충실히 반영한 것으로 보인다.

2.2.3. 전사 자료의 지역성

문헌 자료를 사용한 언어사 연구에서 중요한 문제 중 하나는 해당 자료가 반영하는 지역어가 어떤 것인지 하는 문제이다. 이는 국내 자료에서든 전사 자료에서든 반드시 선결되어야 하는 문제임이 틀림없다. 먼저 이 책에서 주된 자료로 사용하는 일본어·한국어 학습서는

---

5) 35-36쪽에서 다루었듯이 『日韓英三國對話』(1892)의 가나 표기가 전자적인 성격이 강하다는 것은 박기영(2005: 20)에서 지적된 바 있다. 『倭語類解』를 개편해서 간행한 金澤庄三郎의 『日語類解』 (1912)는 '去年(きよねん)'을 '기요넨'(실제 발음은 [kjoneɴ]), '명년(みようねん)'을 '미요우넨'(실제 발음은 [mjo:neɴ])으로 표기하는 식으로 철저하게 가나를 한글로 전자하는 방식을 채택하였다.

표준어 내지 공통어의 습득을 염두에 두고 편찬되는 경우가 많다고 가정할 수 있다.

전근대 시기 한국의 일본어 학습서는 대체로 중앙에서 편찬되었지만, 조선 후기에는 일본과의 통교가 전적으로 부산의 왜관을 통해서 이루어졌다. 이를 근거로 일본어 학습서의 일본어-한글 전사에서 풀기 어려운 문제가 나타날 경우 동남 방언의 영향을 의심하는 연구가 적지 않았다(土井洋一 외 1959). 그러나 李元植(1984: 74)에서 소개한 일본인과 한국인 역관 간의 대화를 살펴보면, 한국에서 사용하는 일본어 학습서(『捷解新語』)의 문제점을 지적받았는데도 "이것은 에도(江戸)의 말을 베껴쓴 것으로 여기에 틀리는 일은 결코 없고, 당신네가 말하는 것은 쓰시마의 말이어서 대체로 사투리이다. 에도의 말을 모르고서 어떻게 이 말[일본어 학습서]을 판별할 수 있는가?"라고 대꾸하는 내용이 나온다. 『捷解新語』가 에도어를 반영하는지의 여부와는 별개로, 당시 일본어 역관들이 방언이 아닌 중앙어 습득을 강하게 지향하였음을 알 수 있다.

전근대 시기 일본의 한국어 학습서 또한 모두 쓰시마를 중심으로 편찬되었다는 점에서 동남 방언이 반영된 것이 아닌가 하는 의심을 받기 쉽다. 조선과 일본의 통교는 부산의 왜관과 쓰시마를 거점으로 이루어졌기 때문이다. 전근대 시기의 대표적인 한국어 학습서인 『全一道人』도 왜관에서 완성되었다. 그러나 기본적으로 왜관은 폐쇄된 공간으로, 원칙적으로 왜관에 파견된 일본인은 조선인과 접촉하는 것이 금지되었다(田代和生 2011). 따라서 일본인 통사가 주로 한국어를 습득하는 대상은 왜관에 파견된 역관들이었다.

『全一道人』의 편찬자인 아메노모리 호슈(雨森芳洲)는 「고토바케이

코노모노시타테키로쿠(詞稽古之者仕立記錄)」에 왜관에서 한국어를 학습한 과정을 기록하면서 "매일 언덕 아래(坂之下)에 가서 (한국어를) 배우고, 비 오는 날에는 문을 지키는 軍官 또는 通事를 불러 배웠다"(関西大学東西学術研究所編 1982: 308)라고 하였다. 여기서 '언덕 아래'는 역관들의 숙소가 있는 초량 왜관 입구를 가리킨다(泉澄一 1997: 199). 이 밖에 『간소히토리고토(閑窓獨言)』에는 "(雨森芳洲가 한국어 학습을 위해 왜관에 머무를 때) 吳インギ(ingi)라는 사람이 서울에서 내려와 언덕 아래 오래 머물렀는데, (雨森芳洲가) 친히 사귀시고 조선말은 주로 그 사람에게 배우셨다"(泉澄一 1997: 199에서 재인용)라는 기록이 있다. 泉澄一(1997)에서는 잠정적으로 이 '吳インギ'를 1702년 별차판사(別差判事)로 동래부(東萊府)에 부임한 오인의(吳引儀)로 추정하였다.[6] 米谷均(1991)에서는 「호슈센세이쿠주(芳洲先生口授)」(1744, 芳洲會 소장)에 김태경(金泰敬), 이명수(李明叟) 등의 조선인과 함께 吳引儀가 등장하는 사실을 지적하였다.

이 당시 일본인들의 역관을 통한 한국어 학습 양상을 고려하면 한국어 학습서가 부산의 왜관과 교류하는 쓰시마를 중심으로 편찬되었다고 하여 반드시 동남 방언을 반영하였다고 단정 지을 수는 없다. 이러한 주장이 성립하려면 왜관에 파견되어 있던 모든 역관이 동남 방언 화자였다고 해야 할 텐데, 그렇게 주장하기는 어려울 것이다. 가나 전사 양상을 살펴보아도 분명하게 방언을 반영하는 것으로 생각되는 예는 한국어 학습서에서는 찾아보기 어렵다.

분명히 방언을 반영하는 예는 통신사 일행에게서 한국어 어휘를 수

---

6) 雨森芳洲가 한국어 학습을 위해 왜관에 체류한 기간은 1703년 9월-1705년 11월이므로 두 사람은 같은 시기에 왜관에 머물렀을 가능성이 높다.

집한 전사 자료나 일본에 표착해 온 표류민을 대상으로 한 전사 자료, 즉 견문록류 자료에서 잘 드러난다. 이 책에서 다루는 견문록류 자료에서 방언이 반영된 어휘를 자료별로 일부만 제시하면 다음과 같다.

『陰德記』: 마노래(마노라), 셩(형), 놀(노[櫓]), 방에(방어), 셰(혀), 쇼근(효근), 무겨라(먹여라), 글발(글월), 치븐가(추운가), 더븐가(더운가), 붓그러버(부끄러워), 앗가븐(아까운)

『朝鮮人來朝義式』: 셔(혀), ᄯᅦᆨ(떡), 누부(누이), ᄆᆞᆮ누부(맏누이), 아시(아우), 무싀(무), 사무랍다(사납다)

『和漢三才圖會』: 아시(아우), 링에(잉어), 오정에(오징어), 붕에(붕어), 미치(멸치)

『朝鮮物語』: 바당(바다), 남(나무), 에미(어미), 셩(형), 링에(잉어), 오정에(오징어), 붕에(붕어)

『朝鮮通言國字』: 청에(청어), 녀슌(예순), 짐대(돛대), 몰고피(모레), 몽침(베개), 수끼(숯), 애비(아비), 눈떠부리(눈썹)

『朝鮮口聞書』: 더븐(더운) 물, 누브라(누워라), 바당(바다)

『津島日記』: 가스나(계집애), ᄇᆡᆺ구모(배꼽), 즁바리(종지), 담바쌈비(담배쌈지), 탕긴(탕건), 망긴(망건)

『朝鮮聞見錄』: 슈끼(숯), 어만(어머니), 떽(떡), 무싀(무), 지령(간장)

『朝鮮人見聞書』: 셰(혀), 샹볼때기(볼), ᄇᆡ구모(배꼽), 팔때기(팔), 복셩치(복사뼈), 화리(화로)

이처럼 한국어-가나 전사 자료 가운데 견문록류에는 명백한 방언형, 특히 남부 방언으로 볼 수 있는 어휘가 적지 않게 나타난다. 반면에 학습서류에서는 방언형이 아예 나타나지 않는 것은 아니지만 그 비중이 전체 분량에 비하면 거의 없다시피 하고, 'ㅂ' 불규칙이나 'ㅅ' 불규칙 용언이 정칙으로 실현되는 예도 거의 없다는 점에서 강한 중앙어 지향성을 확인할 수 있다. 이 책에서 학습서류 자료와 견문록류 자료를 나누어 검토하는 것은 이러한 차이가 있기 때문이다.

2.3. 일본어 전사 자료

2.3.1. 학습서류

조선시대에 편찬된 일본어-한글 전사 자료는 모두 통역관 양성기관인 사역원(司譯院)에서 교과서로 쓰이기 위해 만들어졌거나, 정식으로 역과 시험에 교과서로 쓰이지는 않았더라도 사역원과 관련된 사람들이 편찬한 것이다. 초창기의 일본어 학습서와 관련하여 정광(2017: 491-514)을 참고하여 정리하면 다음과 같다.

사역원에 왜학이 처음 설치된 것은 1415년(태종14) 10월인데, 이 당시에는 일본어에 능숙한 학생이 많지 않았고 교재도 변변히 없었던 듯하다. 『조선왕조실록』 세종 12년 3월조에는 다음과 같은 11종의 교재가 제시되어 있다.

> 消息, 書格, <u>伊路波</u>, 本草, 童子教, 老乞大, 議論, 通信, 庭訓往來, 鳩養物語, 雜語

『경국대전(經國大典)』에는 역과 왜학과 관련한 사자(寫字)의 출제서로 위의 11가지에 더하여 '應永記, 雜筆, 富士' 등 3가지가 추가되어 있다. 이 책들은 모두 무로마치(室町) 중엽 이전에 일본에서 아동 교육용으로 사용되던 훈몽서(訓蒙書)로, 왜학 설치 직후 마땅한 교과서가 없는 상황에서는 일단 외국의 아동용 학습서를 입수하여 사용할 수밖에 없었을 것이다. 다만 '노걸대'는 중국어로 된 것을 번역하여 사용하였을 가능성이 높다.

(1) 『이로파(伊路波)』(1492)

서(序)·발(跋)이 없어 편찬자가 누구인지는 알 수 없으나, 역과 왜학 부문의 과시서(科試書)로 이름이 올라가 있는 『伊路波』와 같은 책이라고 생각된다. "弘治五年秋八月　日"이라는 간기로부터 1492년에 간행되었음을 알 수 있다. 활자본으로 모두 22장인데, 처음 4장은 "伊路波(四體字母各四十七字)로 가나를 적고 그 아래에 한글 음주를 달았고, 나머지 18장은 "伊路波(合用言語格)"으로 일본어 서간문의 예를 제시하였으나 한글 음주는 보이지 않는다. 이 책은 15세기에 간행된 역학서 가운데 현재 전해지는 유일한 것이다.

(2) 『청해신어(捷解新語)』(원간본 1676·개수본 1748·중간본 1781)

임진왜란 이후 그때까지 쓰이고 있던 왜학서가 실제 일본어 학습에 도움이 되지 않는다는 것을 깨닫고 당시의 일본어를 반영하는 학습서로 편찬된 것이 강우성(康遇聖, 1581-?)의 『捷解新語』이다. 제목 그대로 '새로운 일본어를 빨리 배우는' 책인 『捷解新語』가 간행된 뒤로 사역원의 왜학은 전적으로 이 책에 의거하였다고 하여도 과언이 아니다.

『捷解新語』는 1676년에 원간본이 나오고 난 뒤 1748년과 1762년,

두 차례의 개수가 행해졌다.[7] 1차 개수본의 내용은 원간본과 크게 다르지 않으나, 내용에 어느 정도 변화가 있었다. 2차 개수본의 내용은 1781년에 간행된 중간본으로 확인할 수 있는데, 내용이 수정되는 한편 권10 마지막에 '오십음도(五十音圖)'가 추가되고 한글 음주에도 통일성을 기하는 변화가 있었다.

(3) 『방언유석(方言類釋)』(1778)

『方言類釋』은 4권 2책의 필사본으로, 따로 간행된 적은 없으나 서명응(徐命膺, 1716-1787)의 문집인 『보만재잉간(保晩齋剩簡)』의 제24, 25책으로 전한다. 중국어-한국어-만주어-몽골어-일본어 등 5개 언어의 어휘를 의미에 따라 배열해 놓은 분류 어휘집이다. 이 책은 서명응의 주관하에 한학 역관 홍명복(洪命福)을 비롯하여 청어·몽어·왜어 역관들이 관여하여 편집되었고, 1778년(정조 2)에 『규장운서(奎章韻書)』와 함께 진헌되었으나 4년이 지나도록 간행되지 못하였다. 이후 원고를 간직하고 있던 서명응이 서문을 붙여 자신의 문집에 수록한 것으로 보인다. 이 책의 권수제는 '方言類釋'인데, 현재 전해지는 필사본에는 '類'가 '集'이나 '輯'으로 고쳐져 있다.

(4) 『왜어유해(倭語類解)』(1780년대)

『倭語類解』는 2권 2책의 목판본으로, 간기가 없어 정확한 간행연대

7) 『捷解新語』의 원간본은 1676년에 간행되었으나, 초고 일부의 완성은 그보다 몇십 년 이른 17세기 초, 즉 1610년대로 보는 것이 일반적이다. 원간본 간행 당시 강우성의 생존 여부는 알려져 있지 않으나, 살아 있었다고 하여도 96세의 고령이기 때문에 간행에 직접 관여했을 가능성은 거의 없다. 2차 개수본은 현존하는 것이 없으나, 1781년의 중간본이 1762년 2차 개수본을 중간한 것으로 알려져 있다.

는 알기 어렵다. 현전본 『倭語類解』의 하권 끝에는 한정수(韓廷脩) 등 편찬에 참여한 역관의 이름이 나열되어 있다. 그들의 역과 합격연대 가운데 가장 늦은 시기는 1783년이고, 『倭語類解』를 인용하고 있는 『三學譯語』는 1789년에 간행되었으므로, 이 책의 간행 시기는 1783년에서 1789년 사이로 추정하는 것이 타당할 것이다.

2.3.2. 일본 체류 기록

통신사 등 공식적인 임무를 띠고 사신으로 일본에 다녀온 이들이 남긴 전사 자료는 陳南澤(2003)에서 '일본기행자료'라는 명칭으로 다루어진 바 있다. 그러나 이들 자료 중에는 임진왜란 당시 일본에 피랍되었던 한국인이 남긴 기록 가운데 일본의 지명을 한글로 표기한 것도 포함되어 있어 이러한 자료들까지 '기행'이라는 이름으로 묶는 것은 적절하지 않다. 따라서 이 책에서는 이들 자료를 일본어 전사 자료 가운데 중앙에서 간행되어 표기가 정제된 학습서와 대비하여 '일본 체류 기록'이라는 명칭으로 분류한다.

(1) 『일본행록(日本行錄)』(1420)

회례사(回禮使)로 일본에 다녀온 송희경(宋希璟, 1376-1446)이 일본에서 보고 들은 경험을 한시의 형식으로 기록한 것으로, 조선 초기의 중요한 일본 관련 자료 가운데 하나이다. 이 책에는 27곳의 일본 지명이 한자로 표기되어 있는데, 그 발음은 한국한자음에 따른 것으로 보인다(中村栄孝 1932). 일본어의 'to'를 나타내기 위해 '梁(돌)', 'kosi'를 나타내기 위해 '串(곶)' 등의 훈가자(訓假字)를 사용하였다는 것이 특징이다.

(2) 『해동제국기(海東諸國紀)』(1471)

조선 초기의 학자인 신숙주(申叔舟, 1417-1475)는 1443년 통신사의 서장관(書狀官)으로 일본에 방문한 적이 있다. 그 뒤 성종(成宗)의 명을 받아 일본과 류큐에 관한 책을 편찬하여 1471년에 간행하였는데, 그것이 『海東諸國紀』이다. 이 책에는 약 199여 곳의 쓰시마 지명이 한자로 표기되어 있는데, 그 발음은 한국한자음에 따른 것으로 생각된다(강신항 2003; 심보경 2007). 저자인 신숙주는 『훈민정음(訓民正音)』·『동국정운(東國正韻)』의 편찬에 참가하였고 지금은 전해지지 않는 『사성통고(四聲通攷)』라는 운서(韻書)를 편찬할 정도로 뛰어난 언어학자인데, 이러한 사실은 이 책의 지명 전사에 신빙성을 더한다.

(3) 일본 포로 실기(實記)

임진왜란 당시 수많은 조선인들이 포로가 되어 일본에 끌려갔는데, 이 가운데 전쟁이 끝난 뒤 조선으로 돌아온 이들이 남긴 기록을 일본 포로 실기라고 한다. 여러 기록이 전해지고 있으나 이 책에서 다루는 것은 『간양록(看羊錄)』(1656)과 『정유피란기(丁酉避難記)』(1613 편집)이다. 『看羊錄』은 조선 중기의 문신인 강항(姜沆, 1567-1618)이 1597년 정유재란 때 일본에 끌려가 억류되어 있다가 1600년 조선에 귀환한 뒤 정리한 기록을 제자들이 1656년에 간행한 것이다. 『丁酉避難記』는 정호인(鄭好仁, 1579-?)이 1597년에 포로가 되어 일본에 끌려가 1599년에 귀환할 때까지의 기록으로 저자 친필본이 전해진다. 두 책에는 일본 각지의 지명이 한글로 기록되어 있는데, 조금씩 다른 부분이 있어 비교할 수 있다.

(4) 통신사 기록

조선은 건국 직후부터 일본과의 관계를 원만히 유지하기 위해 여러 차례 사신을 파견하였는데, 조선 전기에는 앞서 소개한 『日本行錄』과 『海東諸國紀』 정도를 제외하면 기록이 별로 없다. 16세기 말 임진왜란 이후 국교가 단절되어 있다가, 1607년의 포로 송환을 위한 회답사(回答使)를 시작으로 1811년까지 총 열두 차례의 통신사가 일본에 파견되어 교류를 지속하였다. 이렇게 일본에 다녀온 사신들은 대부분 기록을 남겼는데, 이 기록 중 대부분은 『해행총재(海行摠載)』에 실려 있다. 통신사 기록에 수록된 일본어 어휘는 일본의 지명이 대부분이며, 일부 지명 이외의 일본어 어휘도 있다.

2.4. 한국어 전사 자료

현재 전해지는 한국어 전사 자료는 크게 일본에서 한국어를 학습하기 위해 만들어진 학습서류와 한국과 관련된 정보를 전하는 문헌에 그 일부로서 한국어 단어나 문장을 기록한 견문록류가 있다. 물론 자료적으로는 학습서류 쪽이 더 높은 가치를 지니고 있으나, 견문록류 또한 보조적인 자료로 활용할 수 있다.

2.4.1. 학습서류

조선과 일본 사이의 통교(通交)는 쓰시마를 통하였으므로, 일본에서 한국어 교육과 한국어 학습서 편찬이 가장 일찍부터 이루어진 곳도 쓰시마이다. 현재 전해지는 전근대 시기 일본의 한국어 학습서는 거의

다 쓰시마에서 만들어진 것이다.

일본에서 체계적인 한국어 교육의 효시는 쓰시마의 번유(藩儒)인 아메노모리 호슈(雨森芳洲, 1668-1755)이다. 그는 쓰시마에 부임하여 한국과의 외교에 참여하면서 한국어 학습의 필요성을 느끼게 되었고, 1703-1705년 동안 왜관에 머무르면서 늦은 나이에도 한국어를 상당한 수준으로 습득하였다. 이후 그는 쓰시마에서 조선과 관련된 여러 가지 일을 처리하면서 경험을 쌓고, 1720년에는 통역관을 양성하기 위한 계획서를 번에 제출하였다. 이러한 노력으로 인해 1727년에는 쓰시마의 이즈하라(嚴原)에 통사(通詞) 양성소인 '한어사(韓語司)'가 설립된다.

이후 메이지(明治) 초기에 신정부가 대 조선 외교를 직접 관장하게 되면서 1872년에는 한어사가 폐지되고 '한어학소(韓語學所)'가 설치되었으나 이듬해 폐지되고, 부산에 '초량관어학소(草梁館語學所)'가 신설되어 1880년까지 유지되었다. 이처럼 쓰시마에서는 200년 가까운 시간 동안 체계적으로 한국어 교육이 이루어지면서 많은 한국어 학습서가 편찬되었다. 이 가운데 이 책의 연구 자료가 되는 가나로 한국어를 전사한 문헌은 다음과 같다.

(1) 『젠이치도진(全一道人)』(1729) [약칭: 全]

『全一道人』은 에도(江戸)시대 초기의 유학자인 雨森芳洲가 편찬한 한국어 학습서이다. 이 자료의 가장 큰 특징은 한국어 문장을 한글이 아닌 가나로 표기했다는 점이다. 어휘나 단문보다 상위 층위인 이야기가 가나로 전사되어 있으므로 형태소의 결합에 의해 나타나는 다양한 음성 실현을 자세히 관찰할 수 있다.

(2) 『조센고야쿠(朝鮮語譯)』(1750 필사) [약칭: 譯]

일본의 유학자인 핫토리 난카쿠(服部南郭, 1683-1759)가 1750년에 필사한 책이다. 이 책은 총 3권으로 되어 있는데, 권1과 권2는 쓰시마의 통사가 조선과의 외교에서 사용할 만한 대화문을 모아놓은 것으로 『인어대방(隣語大方)』과 그 내용이 유사하다.[8] 한편 권3은 신라 말의 학자 최치원의 허구적 일대기를 다룬 소설 『최고운전(崔孤雲傳)』으로 그 성격이 판이하다.

세 권 모두 한국어와 일본어의 대역으로 이루어져 있으나, 권1만 한국어가 가타카나와 한자로 표기되어 있고, 권2와 권3은 한글과 한자로 표기되어 있다. 따라서 전사 자료를 활용하는 이 책에서 사용 가능한 부분은 한국어를 가타카나로 표기한 권1로 한정된다.

(3) 「간고오보에가키(韓語覺書)」(18세기 전반) [약칭: 韓]

쓰시마역사민속자료관에 소장되어 있는 『信使并譯官聘問之次第』의 뒷부분에 실려 있는 것이다. 저자 미상. 89개의 한국어 단어와 문장이 기록되어 있다. 이 책의 앞부분에는 일본 측에서 조선 측에 보낸 한문 서간과 일본어 번역문, 통신사 및 연관사의 명단이 연대순으로 실려 있다. 마지막으로 실려 있는 통신사의 연대가 1696년(元祿9)이기 때문에, 18세기 초에 쓰여졌을 가능성이 높다(金文姬 2018).

---

8) 『朝鮮語譯』과 일본에 현전하는 『隣語大方』 諸本과의 관련성에 대해서는 岸田文隆(2006, 2009)를 참조. 조선간본 『隣語大方』과의 관련성에 대해서는 정승혜(2009ㄴ)을 참조.

(4) 『부쓰메이(物名)』(18세기 후반?) [약칭: 物]

저자 미상. 430개의 한국어 단어와 30개의 한국어 문장이 한글 없이 가타카나로 기록되어 있다. 대역 일본어는 한자와 가타카나로 표기되어 있다. 李康民(1993)에서 자료의 성립과 가나 전사에 대한 면밀한 검토를 행하였다. 陳南澤(2003)에서는 /·/의 비음운화 측면에서 『全一道人』보다 이후의 특징이 보인다고 보았다.

(5) 『고린스치(交隣須知)』[애스턴-C16]
(애스턴문고본, 19세기 초?) [약칭: 交]

저자 미상. 88개의 한국어 문장이 한글로 표기되어 있고, 오른쪽에 가타카나로 발음이 전사되어 있다. 『交隣須知』의 이본은 대단히 많지만 그 가운데 한국어가 가나로 전사가 되어 있는 것은 이것뿐이다. 陳南澤(2003)에서는 『物名』보다 이후의 특징이 보인다고 추정하였다.

(6) 『고와(講話)』(가기야역사관(鍵屋歷史館)본, 1784)

『講話』는 에도·메이지시대에 쓰시마나 사쓰마에서 편찬되어 조선어 통사들의 교재로 쓰인 한국어 교과서로 현재 4종의 이본이 전한다. 이 가운데 가기야역사관본은 18세기 후반의 대통사인 오다 이쿠고로(小田幾五郎)가 직접 본문을 수정하고 가필한 흔적이 남아 있다. 한국어는 한글로 표기되어 있지만 일부 행간에 한국어 본문의 발음을 나타내기 위한 가나 표기와 기호가 사용되어 있는데, 이는 당시의 음가를 아는 데 있어서 소중한 자료이다(許秀美 2018, 2020).

2.4.2. 견문록류

한국어-가나 전사 자료 가운데에는 학습서가 아닌 것도 있다. 자료의 성격상 한국인을 만나 한국어를 직접 듣고 적은 것과, 간접적으로 전해 듣거나 다른 책에 실린 내용을 옮겨 적은 것이 해당된다. 이러한 종류의 자료를 箕輪吉次(2011)에서는 순수한 한국어 학습 관련서가 아니라는 의미에서 '통속서(通俗書)'라는 명칭으로 지칭한 바 있다. 이 책에서는 이들 자료가 한국인과의 직간접적인 접촉을 통하여 성립하였다는 것을 보다 분명히 드러내기 위해 '견문록류'라는 명칭으로 지칭하기로 한다.

(1) 『손카이토카이닛키(尊海渡海日記)』(1539) [약칭: 尊]

1539년, 대장경을 구하기 위해 조선에 다녀온 히로시마(廣島) 혼간지(本願寺)의 승려 손카이(尊海, ?-1549)가 남긴 기행문이다. 본문은 조선에 다녀올 때 얻었다고 하는 병풍 뒷면에 적혀 있는데, 한문체로 쓰여진 최고(最古)의 조선 기행문으로 알려져 있다. 30개의 지명을 비롯한 한국어 어휘가 가타카나로 적혀 있어 16세기 한국어 발음을 엿볼 수 있는 귀중한 자료이다.

(2) 『인토쿠키(陰德記)』(1660 이전) [약칭: 陰]

임진왜란의 기록을 담은 책으로, 1660년 이전에 성립된 것으로 생각된다. 전 81권 중 권76에 실려 있는 「고마코토바노코토(高麗詞之事)」에는 임진왜란 당시 학습하였다고 하는 369개의 단어와 표현이 실려 있다. 성립 당시에는 이미 임진왜란으로부터 시간이 많이 지나 있었으므로 오기(誤記)나 오사(誤寫)가 곳곳에 있는 듯하나, 전반적으로 동남 방언의 특징을 보여준다는 데에 의견이 일치한다.

(3) 『조센진라이초기시키(朝鮮人來朝義式)』(1711) [약칭: 來]

1711년에 기쿠야 시치로베(菊屋七郎兵衛)가 간행한 책으로, 본래는 『朝鮮諸言古事』와 『朝鮮人行列』이라는 별개의 책을 개편한 것으로 추정된다. 이 책에는 통신사 일행이 남긴 한글로 된 감사의 글과 조선의 노래가 각각 2수 실려 있고, 「朝鮮詞」라는 제목 아래에 한국어 단어가 109개 실려 있다. 이 책에 실린 내용은 통신사행에 참여한 쓰시마의 통사(通詞)로부터 제공받았을 가능성이 높다.

(4) 『와칸산사이즈에(和漢三才圖會)』(1712) [약칭: 和]

일본의 의사 데라시마 료안(寺島良安, 1654-?)이 명나라의 백과사전인 『삼재도회(三才圖會)』를 참고하여 집필한 삽화가 들어간 백과사전으로, 일본에서 만들어진 백과사전류의 효시라고 할 수 있다. 이 가운데 권13에 실려 있는 「異國人物朝鮮國語」 조에 112개의 한자 표제어에 대하여 오른쪽에 가나, 밑에 한자로 해당하는 한국어 단어의 발음이 전사되어 있다.

(5) 『조센모노가타리(朝鮮物語)』(1750) [약칭: 語]

기무라 리에몬(木村理右衛門)이 지은 조선의 풍물과 지리에 대한 소개서이다. 권5에 실려 있는 「朝鮮の國語(조선의 국어)」에 298개의 한자 표제어에 대하여 아래쪽에 가타카나로 한국어를 기록하였다. 이 단어들 중에는 『和漢三才圖會』에 실려 있는 단어와 겹치는 것이 있다.

(6) 『조센쓰신시잇코자모쿠(朝鮮通信使一行座目)』(1764) [약칭: 座]

1764년에 일본을 방문한 통신사 일행의 성명이나 관직명의 한자에 가나로 음을 달아놓은 것이다(李元植 1984: 85-86). 한자어밖에 없다는 단점은 있으나, 기록된 연대가 분명하다는 점에서 의의가 있다.

(7) 『조센쓰겐코쿠지(朝鮮通言國字)』(1786) [약칭: 通]

이 책은 '조선에서 통용되는 말의 가나 표기'라는 뜻으로, 여러 한국어 단어와 함께 표류민과 대화할 때 쓰일 법한 문장이 함께 실려 있다. 제시된 예문 중에 1782년에 이와미(石見, 현재의 시마네(島根)현 서부)에 표류해 온 강원도 삼척의 백성들과의 대화로 추정되는 문장이 있어 해당 사건과 관련하여 성립하였다고 생각된다. 다만 가나 전사에 쓰시마의 전통적인 표기가 보이므로 쓰시마와 관련된 이가 작성한 것으로 보인다.

(8) 『조센쿠치키키가키(朝鮮口聞書)』(18세기 말?) [약칭: 口]

이 책은 東田多四郎라는 쓰시마의 한국어 통사가 편찬한 것으로, 그는 1760년 무렵부터 1800년 무렵까지 쓰시마와 부산의 왜관, 나가사키 등에서 활동한 것으로 보인다. 이 책에는 일본어 단어나 문장을 제시하고 그에 대응하는 한국어를 가나로 표기해 놓았다. 내용은 일본에 표착한 조선인 표류민과의 대화를 상정한 것으로 보이며, 취조나 호송 등의 장면과 관련된 단어나 문장을 나열한 것으로 보인다.

(9) 『나가사키초센후도키(長崎朝鮮風土記)』(18세기 말?) [약칭: 長]

1774년의 사건이 기록되어 있으므로 그 이후에 성립한 것이다. 작자나 편찬 동기는 알려져 있지 않다. 앞쪽에는 언문 『伊路波』와 조선의 지명 등이 소개되어 있다. 내용을 분석해 보면 남부 방언으로 보이는 단어들이 여럿 나타나 있어 일본 서부에 표류해 온 한반도 남부 출신 어민과의 대화를 통해 알게 된 단어를 기록한 것으로 추정된다. 285개 표제어.

(10) 『쓰시마닛키(津島日記)』(1818 이후) [약칭: 津]

3권 3책. 유학자인 구사바 하이센(草場佩川, 1787-1867)이 1811년 마지막 통신사가 쓰시마에 왔을 때 찾아가 체류하는 동안 적은 일기이다. 쓰시마와 조선통신사, 조선에 대한 내용을 담고 있다. 이 가운데 본인이 전해 들은 한국어 표현을 158개 수록하였다.

(11) 『조센분켄로쿠(朝鮮聞見錄)』(1842) [약칭: 聞]

구시다 슌(櫛田駿)이 한국에 관련된 여러 문헌을 정리하여 편찬한 책으로, 1842년 후쿠오카번(福岡藩)에 헌상하였다. 이 가운데 「方言考」라는 부분에 한국어 단어나 표현이 수록되어 있다. 일부 『津島日記』에 있는 것과 겹치는 것들이 있으나 차이가 나는 것도 적지 않다. 260개 표제어.

(12) 『조센진미키키가키(朝鮮人見聞書)』(1830 이후) [약칭: 見]

일본 시마네(島根)현에 전해지는 사본으로, 각각 1810년, 1819년, 1829년에 한국에서 시마네현으로 표착한 사람들의 표류 기사가 포함되어 있다. 그 가운데 취조를 담당한 일본인이 표류민과의 대화를 통해 알게 된 한국어 단어를 기록한 것으로 보인다. 163개 표제어.

2.5. 기타 외국어 전사 자료

다음의 자료들은 한국어를 한자로 전사하거나 류큐어, 네덜란드어, 스페인어, 영어 등 다양한 외국어를 한글로 전사한 것으로써 전체 분량은 많지 않으나 이 책의 논의에 필요한 것들이다. 이들 자료는 제5장에서 활용할 것이다.

(1) 「어음번역(語音飜譯)」(1501)

『海東諸國紀』는 신숙주가 편찬한 이후 몇 차례 증보되었다. 그 가운데 1501년(연산군7)에 조선에 체재 중인 류큐 사신에 대하여 성희안(成希顔, 1461-1513)이 질문한 내용을 정리한 '流球國' 가운데 '語音飜譯'이라는 부분이 존재한다. 이 「語音飜譯」에는 169개의 류큐어 항목(단어 또는 문장)이 한글로 표기되어 중국어 뜻과 함께 제시되어 있다. 「語音飜譯」에 실려 있는 내용은 현재까지 전해지는 류큐어 기록 가운데 가장 오래된 것 중 하나로, 일찍부터 학자들에게 그 가치를 인정받아 연구되어 왔다.

(2) 『지영록(知瀛錄)』(1696)

제주목사를 지낸 이익태(李益泰, 1633-1704)가 쓴 책인데, 「서양국표인기(西洋國漂人記)」에서 1653년에 제주도로 표류해 온 네덜란드 사람들의 이름을 기록하고 있다. '힌듥', '얀신'과 '너넷 고불신'이 그것인데, 각각 Hendrik, Jansen와 Denijs Govertszen에 해당한다. 한글로 네덜란드어를 적은 최초의 기록이다.

(3) 『주영편(晝永篇)』(1805-1806)

정동유(鄭東愈, 1744-1808)의 『晝永篇』에는 1801년 8월 23일 제주도에 상륙했다가 버려진 여송인 5명의 표류사고가 기록되어 있다. 여기에는 그들로부터 들은 103개의 스페인어 단어가 한글로 표기되어 있다.[9]

(4) 『표해시말(漂海始末)』(19세기 初)

문순득(文淳得, 1777-1847)은 전라도의 우이도 출신으로 1801년 12월에 홍어를 구입하러 나섰다가 태풍을 만나 표류하였다. 그는 류큐(琉球, 현재의 오키나와), 여송(呂宋, 필리핀의 루손 섬), 중국을 거쳐 1805년 1월에 고향에 무사히 돌아올 수 있었다. 그는 근대 이전에 가장 멀리까지 가 본 한국인이라고 할 수 있는데, 당시 흑산도에 유배되어 있던 정약전(丁若銓)이 그의 구술을 기록하여 『漂海始末』이 작성되었고, 이 기록은 정약용(丁若鏞)의 제자인 이강회(李綱會)의 문집인 『유암총서(柳菴叢書)』에 수록되었다. 이 책의 끝부분에는 112개의 한자 표제어에 대해 류큐어와 여송어가 한글로 표기되어 있다. 오랫동안 묻혀 있던 이 책은 1980년에야 발견되었는데, 이후 류큐어 연구자를 중심으로 많은 관심을 받았다.

(5) 「양화첩(洋畵帖)」(1855)

1855년 미국인으로부터 전해 들은 알파벳 26자의 이름과 몇 단어를 한글로 기록하고 선원의 모습을 기록한 자료가 있다. 石堂(1935)와

9) 홍이섭(1953)은 포르투갈어라고 한 바 있으나, '筆'에 대응하는 단어로 기록되어 있는 '불누마(pluma)'의 뜻이 포르투갈어에서는 '깃털'인 반면 스페인어에서는 '펜'이므로 포르투갈어가 아닌 스페인어임을 알 수 있다.

Swisher(1952)에 따르면, Two Brothers라는 미국 포경선에 타고 있던 10대 후반에서 20대 초반의 선원 네 명은 고된 선상 환경에 불만을 품고 6월 26일 동해상에서 보트로 탈출하였다. 그러나 이들은 강풍으로 인해 강원도 통천 해안에 표착하고, 20일 정도 현지인들의 대접을 받으며 머물다가 서울을 통하여 베이징으로 가게 되었다. 그 사이 문정(問情)을 위해 여러 역관을 동원하였으나 실패하고, 당시 서양 문헌을 많이 소장하고 있던 윤협(尹暎)과 이종원(李鍾元) 두 무관이 이들을 찾아가 서양의 풍속도를 보여주었더니 성조기를 보고 반가워하는 모습을 보고 비로소 미국인임을 알았다고 한다. 관리들은 이들로부터 알파벳 26자와 그 이름을 비롯하여 9개 정도의 단어를 받아 적고, 서생을 시켜 이들의 모습을 그림으로 남겼다. 이 자료는 동아일보사 조사부에서 사들여 보관하고 있었다고 하나, 6.25를 거치면서 지금은 어디에 있는지 알 수 없다.

제3장
일본어-한글 전사를 통해 본 모음의 변화

3.1. 일본어 전사 자료의 중요성

한국어 모음 체계의 변화와 관련하여 중요한 모음 가운데 /ㅕ/, /ㅖ/, /ㅔ/가 있다. 그런데 이들 모음의 한글 표기에 대해서는 'ㅕ~ㅖ', 또는 'ㅖ~ㅔ' 간에 혼기가 있다는 사실 정도만 지적되어 왔을 뿐, 구체적인 음가가 어떠했는지는 알기 어려웠다. 오랜 기간 동안 확고한 전설중모음 /e/를 유지하고 있는 일본어를 전사한 자료는 이러한 상황에 중요한 실마리를 제공해 줄 수 있다.

8세기나 그 이전 시기의 일본어에는 5개가 아닌 6개나 8개의 모음이 존재했다는 주장도 있으나, 적어도 9세기부터는 5개의 모음이 유지되고 있다는 것이 일본어사의 통설이다. 그리고 이 5개의 모음은 방언에 따라 구체적인 음가에 약간의 차이는 존재할지언정, 표준적인 것으로 인식되어 왔다. 이 점은 이 책에서 일본어 전사 자료를 연구 자료로 사용하는 가장 중요한 이유이다.

본 장에서는 일본어의 모음 /a, i, u, e, o/ 가운데 /e/의 전사에 대해서만 살펴본다. 한국어 전설모음의 형성이라는 이 책의 연구 대상과 가장 관련이 깊은 것이 일본어 모음 /e/의 전사이기 때문이다. /e/의 전사에 사용되는 한국어 모음의 변화는 전설모음의 형성 과정을 설명하는 데 있어 중요한 단서가 된다. 반면 /e/를 제외한 다른 모음 /a, i, u, o/의 전사는 중세부터 근대까지 'ㅏ, ㅣ, ㅜ, ㅗ'에 대응하여 별 차이가 없다.[1)]

일본어-한글 전사 자료에서 일본어의 /e/는 대체로 18세기 중엽까지는 'ㅕ'와 'ㅖ'로 전사되다가 'ㅖ'로 통일되어 가는 모습을 보인다. 18세기 말에는 'ㅖ' 외에 'ㅔ'도 사용되기 시작하며 19세기 말 이후에는 현대의 일본어 한글 표기와 같이 'ㅔ'라는 표기가 정착하는 모습을 보인다. 이러한 전사 양상의 변화는 /ㅔ/의 전설단모음화 시기를 알려주는 단서인 동시에, /ㅕ/가 특정 환경에서 전설모음으로 실현되고 있었다는 것을 보여주는 중요한 증거이다.

그런데 한국어 모음의 음가를 알기 위해 일본어 전사 자료의 /e/ 전사 양상을 살펴보려면 먼저 검토해야 할 사항이 있다. 그것은 15-18세기 한국어에 전설중모음이 존재하지 않았다는 사실과 함께, 15-18세기 일본어 /e/의 음가에 대하여 다양한 가설이 존재한다는 것이다. 한국어에 /ɛ/나 /e/가 확립되어 있지 않은 시기에 일본어의 /e/를 전사하기 위해 'ㅕ'나 'ㅖ'를 사용한 이유에 대해 오래전부터 다양한 견해가 있어 왔는데, 그 원인을 일본어 쪽에서 찾는 입장에서는 일본어 모음 /e/가 당시에 구개음 [je]였기 때문이라고 주장한다. 따라서 일본어 모음 /e/의 전사 양상을 살펴보기 위해서는 먼저 이 문제를 명확히

1) 장음 /oː/나 /su, zu, tu, du/가 한글로 전사되는 양상에는 어느 정도 변화가 보인다. 그러나 이것은 일본어 모음의 음가 변화가 한글 전사에 반영된 것이므로 이 책에서는 다루지 않기로 한다.

해 두어야 할 필요가 있다. /e/의 전사에 'ㅕ'나 'ㅖ'가 쓰인 원인이 한국어가 아닌 일본어에 있다면, 그것을 근거로 /ㅕ/의 전설성을 주장하기는 어렵기 때문이다.

이하에서는 먼저 일본어 /e/의 음가에 대한 논의를 살펴본 뒤 여러 자료를 근거로 하여 합리적인 해석을 도출하고, 이에 따라 일본어 /e/를 전사한 자료의 전사 양상을 검토해 보기로 한다.

3.2. 일본어 /e/의 음가

본래 일본어에는 /e/, /je/, /we/의 구별이 있었으나, 10세기 중엽에는 /je/와 /e/가 합류하고, 11세기 초에는 /we/도 거기에 합류하였다. 그런데 15–18세기 일본어(교토 방언)의 /e/의 음가에 대해서는 다음과 같은 세 가지 입장이 있다.

① /e/는 [je], 그 밖의 /Ce/는 [e] ('C'는 자음을 가리킴)
(大友信一 1957; 森田武 1957, 1973)

② 모든 /(C)e/가 [e]
(濱田敦 1952/1965; 土井洋一 외 1959; 安田章 1973)

③ 모든 /(C)e/가 [je]
(Cho 1970; Lange 1968/1973, ラング 1971)

①의 입장은 17세기 초의 가톨릭 선교사 자료를 기반으로 하는 것이다. 일본어-포르투갈어 사전인 『닛포지쇼(日葡辭書)』(1603–1604), 문법서인 『니혼다이분텐(日本大文典)』(1604–1608) 등 당시 포르투갈 출신의

가톨릭 선교사들이 남긴 자료에는 일본어의 /e/가 원칙적으로 로마자 'e'로 표기된다. 다만 초성이 없을 때는 'ye'로, 초성이 /s, z/일 때는 'xe', 'je'로 표기되었다. 이는 초성이 없을 때와 /s, z/가 선행할 경우에만 구개화되어 [je], [ʃe], [ʒe]로 실현된 것으로 해석된다.

②의 입장은 가톨릭 선교사 자료가 아닌 일본어-한글 전사 자료를 바탕으로 한 것이다. 濱田敦(1952/1965: 24-25)는 『이로파(伊路波)』에서 일본어의 /e/를 적기 위해 'ㅕ'와 'ㅖ'가 모두 쓰이는 것을 들어 이 글자들이 서로 다른 일본어 음을 전사한 것이 아니라 동일한 음운을 나타냄을 인정해야 한다고 하였다. 이어 가톨릭 선교사 자료에서 초성이 없으면 'ye'로 표기되지만 초성이 있으면 'e'로 표기되므로 '계', '셰', '뎨'와 같은 표기가 [kje], [sje], [tje]를 전사한 것이라고는 생각되지 않는다고 하였다. 그렇다면 거꾸로 일본어의 초성이 없는 /e/ 또한 [e]였던 것인데 대응시킬 적당한 한글 자모가 없어 'ㅖ'로 적은 것은 아닌가 하는 추정을 하였다.

②의 주장은 'ㅕ'와 'ㅖ'가 동일한 일본어 음운을 전사했다고 보았다는 점에서 의의가 있다. 그러나 가톨릭 선교사 자료는 규범적이기는 하지만 당시의 중앙어 발음을 로마자로 옮겨적은 것이므로 강한 설득력을 지닌다. 따라서 17세기 초 일본의 중앙어, 즉 교토(京都)를 중심으로 쓰인 이른바 가미가타어(上方語)에서는 음성적으로 초성이 없는 경우 [je], /s/, /z/가 선행할 경우 자음이 구개화되어 [ʃe], [ʒe]로 실현되었다고 보는 것이 일본어사의 통설이라고 할 수 있다. 이후 에도시대 말기부터 메이지시대에 걸쳐 /e/는 [je] > [e]의 변화를 겪었다.

그런데 앞서 3.1절에서 언급했듯이 고대일본어에는 그 이후 시기와 달리 6개 이상의 모음이 존재했을 것이라는 견해가 있다. 그 근거는 바로 고대일본어 자료인 『고지키(古事記)』, 『니혼쇼키(日本書紀)』, 『만요슈(萬葉集)』에 실려 있는 가요(歌謠)에서 일부 음절을 표기하기 위해 쓰인 한자의 종류가 두 가지라는 것이다. 이 한자들은 구별되어 쓰이며 혼동되지 않는다. 일본에서는 일찍이 에도시대부터 모토오리 노리나가(本居宣長)·이시즈카 다쓰마로(石塚龍麿)를 비롯한 국학자들에 의해 이러한 사실이 알려져 있었다. 하시모토 신키치(橋本進吉)는 이 현상을 '상대특수가나표기법[上代特殊假名遣]'이라고 부르고, 하나의 음절을 표기하기 위해 두 종류의 한자들이 있을 때 한쪽을 갑류(甲類), 다른 한쪽을 을류(乙類)로 부르는 식으로 구별하였다.

이후의 연구사에서는 갑을(甲乙)의 구별이 무엇에 기인하는가 하는 것이 초점이 되었다. 모음 자체가 달랐다는 설, 원순성의 차이라는 설, 구개성의 차이라는 설 등 다양한 가설이 제기되었으나 아직 결론이 났다고는 하기 어렵다. 상대특수가나표기법에 대해 더 자세히 설명하는 것은 이 책의 주제에서 벗어나게 되므로 생략하겠으나, 중요한 것은 고대일본어의 어느 시기에는 일부 음절들에 두 종류의 표기가 존재하였고, 이후에 하나로 합류했다는 사실이다.

이러한 고대일본어의 갑을 구별을 설명하기 위한 자료로 일본어-한글 전사 자료를 사용한 주장이 1960년대 말부터 제기되었다. Lange (1968/1973, 1969, ラング 1971)은 고대일본어 모음의 갑을 구분을 구개적인 것과 비구개적인 것의 대립으로 나누었다. 고대일본어에서 갑을의 구별이 존재하지 않는 /se/, /te/, /ne/ 등의 음절은 모두 구개적이었고, 갑을의 구별이 존재했던 /ke/, /he/, /me/ 등의 음절은 비구개적이었던 음절이 구개화되어 중고·중세 일본어의 /Ce/는 모두 [Cje]로 실현되었다고 보았다. 이전까지는 가톨릭 선교사 자료를 근거로 삼아

/e/, /se/, /ze/ 환경에서만 /e/가 구개적으로 실현되었다고 보았던 데 반해, Lange는『伊路波』를 중요한 근거로 삼아 15세기까지는 /e/가 모든 환경에서 [je]로 실현되었으나 17세기 초에는 가톨릭 선교사 자료에 따라 초성이 없거나 /s, z/일 때 [je]로 실현되었다고 보았다.

[표 3-1] 일본어 /e/의 음가 변화에 대한 Lange의 가설 (Osterkamp 2011: 6)

고대일본어	1500년경 『伊路波』	1600년경 가톨릭 선교사 자료	17–18세기 『捷解新語』
ke:kje	kje	ke	kje
pe:pje	fje (ɸje)	fe	fje (ɸje)
me:mje	mje	me	mje
tje	tje	te	tje
nje	nje	ne	nje
rje	rje	re	rje
sje	sje (ɕe)	sje (ɕe)	sje (ɕe)
e:je:we	je	je	je
중앙어			규슈 방언

그가 제시한 세 가지 근거는 다음과 같다(ラング 1971: 38, 39).

① 자음의 차이에도 불구하고 /e/+/u/ 〉 /jo:/라는 변화가 일어난다는 것은 가마쿠라 시대부터 무로마치 시대에 걸쳐 모든 /e/ 음절이 구개성을 띠고 있었음을 뒷받침한다.

② 조선 자료인『伊路波』(1492)에서 일본어의 모든 /e/ 음절에 대하여 'ㅔ'가 아니라 'ㅕ'를 대응시켰으므로, 이 문헌의 편자가 그것들[일본어의 /e/ 음절]을 구개적인 음으로 청취하였음을 추정할 수 있다.

③ 가톨릭 선교사 자료의 로마자 표기는 무로마치 말기까지 e 음절의

대부분에 비구개화가 일어나, /e/, /se/, /ze/ 세 종류의 음절에만 구개반모음이 보존되었음을 나타낸다.[2)]

①에 대해서는 일찍부터 반론이 있었다. Mathias(1974: 74)는 Lange(1973)에 대한 서평에서 구개성이 없던 중세영어의 /fewe/ [fɛʊ]가 초기 근대영어에서 /fyuw/ [fjuː]로 변한 것과 같은 예를 들어, 반드시 일본어의 /e/가 구개성을 띠고 있었다고 단정할 수는 없음을 지적하였다.[3)] 따라서 일본어의 역사에서 /e/+/u/ 〉 /joo/라는 변화가 일어났다고 하여, 반드시 그것이 구개적인 [je]를 전제해야 하는 것은 아니다.

②에 대해서는 『伊路波』의 한글 전사가 반영하는 일본어 방언이 무엇이라고 보는지에 따라 견해가 나뉘었다. Lange(1973: 36)은 『伊路波』가 교토 방언을 반영한다고 주장하였으나, 이 주장에 대한 근거는 없다.[4)] 따라서 위 [표 3-1]의 내용 가운데 상대특수가나표기법 자료부터 가톨릭 선교사 자료에 이르는 시기의 표기상 차이를 중앙어의 변화가 반영된 것으로 파악하는 Lange의 입장은 성립하기 어렵게 된다. 『伊路波』를 중앙어 자료로 보더라도, 가톨릭 선교사 자료보다 후대의

---

2) Lange는 [ʃe], [ʒe]로 실현되었다고 알려져 있는 중세일본어의 /se/, /ze/를 [sje], [zje]로 해석한 것이다.

3) Osterkamp(2011: 7)에서는 라틴어 deus가 스페인어에서 dios로 변한 사례도 제시하였다.

4) 濱田敦(1952/1965: 21)에서는 "단 이러한 자료의 통유성[공통으로 가지고 있는 성질]으로서 우리나라[일본]의 어느 방언을 조선의 어느 방언으로 옮겨 적었는지는 전혀 불명이며, 그 점에 있어 이 「伊路波」의 자료적 가치에 한계가 있는 것은 부득이한 것이라고 하지 않을 수 없다."(唯かかる資料の通有性として、我が国のいずれの方言を朝鮮のいずれの方言で写したのかは全く不明であり、その点に於いてこの「伊路波」の資料的価値に限界の存することは止むを得ないものといわなければならない。) 라고 하였다.

것임이 분명한 『捷解新語』에서도 'ㅕ, ㅖ'를 사용해 /e/를 전사하기 때문이다. 『捷解新語』를 중앙어 자료로 보면 본래 존재했던 일본어 /e/의 구개성이 17세기 초에는 사라졌다가 17세기 후반에는 다시 생겨난 것이 된다.

ラング(1971)에서는 이러한 모순을 피하기 위해 『伊路波』는 현실음을 반영하지만 『捷解新語』는 『伊路波』의 표기법에 따랐기 때문에 현실음과 차이가 있거나, 혹은 (중앙어를 반영하는 『伊路波』와 달리) 『捷解新語』가 규슈 방언을 반영했기 때문이라고 주장하였으나, 이러한 주장은 모두 자의적이며 아무런 근거가 없다. 오히려 『伊路波』와 『捷解新語』의 일본어-한글 전사가 갖는 공통점을 고려하면 오히려 같은 방언을 반영한다고 보는 것이 자연스럽다. 조선통신사가 필담 과정에서 가나의 발음을 한글로 전사한 자료 가운데 나고야(名古屋)에서 만들어진 『갓칸사이산슈(客館璀粲集)』(1719)이나 에도(江戶)에서 만들어진 『소칸히쓰고(桑韓筆語)』(1764) 등 규슈 방언을 반영하지 않는 것이 분명한 일본어-한글 전사 자료에서도 일본어의 /e/ 표기에는 다음과 같이 항상 'ㅖ'를 사용하였다.[5)]

エ[je] 예　ケ[ke] 계　セ[ʃe] 셰　テ[te] 뎨　ネ[ne] 녜
ヘ[he] 혜　メ[me] 몌　ヱ[je] 예　レ[re] 례

결국 전사 자료만으로는 15-18세기 일본어의 /e/가 어느 환경에서

5) 陳南澤(2003: 41-42)에서도 모든 일본어 전사 자료에서 일본어의 /e/를 'ㅕ', 'ㅖ'로 전사하고 있는 것을 고려하면, 모든 전사 자료가 규슈 방언의 발음을 반영한 것이라고 해석하지 않는 한 ラング(1971)의 이러한 주장은 근거가 될 수 없다고 하였다.

나 구개적이었는지 아닌지 확인할 방법이 없다. 이러한 상황에서는 현대의 방언 자료를 관찰하는 것이 도움이 될 수 있다. 竹村明日香(2013: 29)은 규슈 방언의 /e/를 검토한 결과 다음과 같은 사실을 확인하였다.

> ① 규슈 방언의 /e/는 se, ze 외에 te, de, ne라는 치경음 음절에서도 [tʃe, dʒe, ɲe]와 같이 구개화된 예가 적지 않다. 그러나 양순음 be, me나 연구개음 ke, ge와 같은 음절에서는 그러한 예가 보이지 않는다.
>
> ② 구개화는 자음의 조음점에 따라 상이하게 발생하는 것이 범언어적으로 확인되는데, 치경음에서는 생겨나기 쉽고 순음에서는 생겨나기 어려운 경향이 있다. 규슈 방언의 구개화도 이 경향에 따르고 있다는 점에서 중세일본어의 /-e/ 음절에서도 치경음과 그 이외의 음절에서 구개화의 발생이 달랐다고 추측된다.
>
> ③ 자음의 조음점의 차이에 따른 구개화의 분포는 가톨릭 선교사 자료의 jo: 표기에서도 확인된다. jo:의 로마자 표기에서는 순음·연구개음 음절과 치경음 음절에서 상이한 표기 양상이 나타나며, 이는 구개화의 차이를 반영한다고 생각된다. 규슈 방언의 /-e/ 음절에서의 구개화가 이 jo: 표기 분포와 평행하다는 점을 고려하면 중세 /-e/ 음절의 구개화에서도 자음의 조음점 차이에 따라 구개화가 달리 나타났으리라고 추측된다.

현대일본어의 규슈 방언에서 나타나는 구개화 양상에서 미루어 짐작할 수 있듯이, 15세기에도 순음이나 연구개음에 후행하는 /e/의 구개화는 거의 일어나지 않았을 가능성이 높다. 또한 현대 규슈 방언에 구개화된 /te, de, ne/가 존재하기는 하지만 음성적으로는 [tʃe, dʒe, ɲe]으로 실현된다는 점도 문제이다. 15-18세기 일본어의 구개화된 /te, de, ne/가 [tʃe, dʒe, ɲe]처럼 실현되었고, 이 음절들을 한국인이 'ㅕ', 'ㅖ'를 사용하여 전사하였다면 [tʃe, dʒe]는 '뎌, 뎨'가 아니라 반드시 '져, 졔'로 나타났을 것이기 때문이다.[6)]

결국 일본어-한글 전사 자료를 15-18세기 일본어 /e/의 (중앙어든 방언이든) 구개성에 대한 근거로 삼으면 순환론에 빠지게 된다. 중국인이 만든 일본어-한자 전사 자료에서도 이런 상황은 마찬가지이다. 蔣垂東(1997)에서는 15세기 자료인 『일본관역어(日本館譯語)』에서 일본어의 /e/를 전사하기 위해 사용된 음역 한자의 기초음계를 검토한 결과, 당시 중국어에 단모음 [e]가 없었기 때문에 일본어의 [e]에 가장 가까웠던 [-iɛ]를 사용하였다고 주장하였다. 중국어에서도 한국어와 마찬가지로 구개적이지 않은 [e]가 존재하지 않는 상황에서 구개적인 [-iɛ]를 대체재로 사용한 것이다. 따라서 일본어-한자 전사 자료(『日本館譯語』)의 [-iɛ]든 일본어-한글 전사 자료(『伊路波』)의 'ㅕ, ㅖ'든 간에 당시의 일본어 /e/가 구개화되었다는 적극적인 근거로 삼을 수는 없는 것이다. 17세기 초 포르투갈 선교사에 의한 일본어-로마자 전사 자료에서 /e/를 [je]로, /se/, /ze/를 [ʃe]. [ʒe]로 기술하고 나머지는 [-e]로 본 것이 당시의 현실에 가장 부합하는 견해라고 생각된다.

2.2.3절에서 자료의 지역성에 대하여 설명하면서 외국어 학습서를 만드는 데 있어 중앙어가 아닌 방언의 음운 체계를 반영할 가능성은 낮다고 하였다. 의도치 않게 방언 어휘가 섞여 들어가는 일은 있을

6) 이와 관련해서는 이기문(1998: 110)에서 언급한 바와 같이 중세 몽골어의 'ǯa [dʒa]', 'ǯe [dʒe]'가 중세한국어에 '쟈', '져'로 차용된 상황을 참고할 수 있다.

수 있지만 발음의 측면에서는 당연히 방언보다는 중앙어를 의도적으로 반영하려고 할 것이기 때문이다. 결과적으로 일본어-한글 전사 자료에서 일본어의 /e/를 나타내기 위해 당시 한국어에는 [e]를 나타내는 단모음이 없었으므로 'ㅕ'나 'ㅖ'를 사용했다고 보는 것이 합리적이다.[7] 그리고 이것은 당시 한국어 'ㅕ', 'ㅖ'의 음가와도 직결된다. 15-18세기 한국어에 [e]라는 단모음이 없었기 때문이라면 'ㅓ'를 사용해도 되었을 텐데 굳이 'ㅕ', 'ㅖ'를 사용했기 때문이다. 이는 당시 한국어의 /ㅕ/나 /ㅖ/가 [je(j)]에 가까운 전설적인 음가를 지녔기 때문이라고 해석하는 것이 자연스럽다.

Lange의 파격적인 주장은 여러 연구자를 당혹스럽게 하는 한편 매료시키기도 하였다. 민병찬(2003), 李東郁(2004/2008), Frellesvig(2010) 등에서도 전사 자료의 표기 양상이 일본어 모음 /e/의 구개성을 반영한다고 보았던 것이다. 그러나 앞서 지적하였듯이 일본어-한글 전사 자료를 근거로 일본어의 /e/가 모든 음절 구조에서 구개성을 지녔다고 주장하는 것은 순환론에 빠지는 것이며, 그 순환론을 벗어나기 위해 일본어 전사 자료의 지역성을 당시 일본어의 특정 방언과 연결짓는 것 또한 분명한 근거가 없다. 이 책에서 다루는 일본어-한글 전사 자료는 중앙 관청인 사역원의 관련자들이 표준적인 일본어를 배우기 위해 편찬한 학습서가 대부분이므로, 한국어든 일본어든 방언과의 관련

---

7) 15-18세기에 일본어의 /e, se, ze/는 구개화되어 [je, ʃe, ʒe]로 실현되었을 것이므로, 이처럼 일부 환경에서 /e/가 구개적으로 실현되었다는 음성적 사실이 일본어-한글 전사에 'ㅕ'나 'ㅖ'가 사용된 원인 가운데 하나일 수는 있다. 일본어 방언에 따라서는 구개적인 /e/의 분포가 더 넓었을 수도 있다. 그러나 애초에 한국어 쪽에는 [e]와 [je]를 구별할 방법이 존재하지 않았고, 전사 자료에서 그것들을 구별하려는 의도 또한 보이지 않으므로 /e/가 'ㅕ', 'ㅖ'로 전사된 원인이 일본어 쪽에 있다고 생각하기는 어렵다.

성을 주장하기 위해서는 보다 면밀하고 엄격한 자료 검토가 필요할 것이다.

지금까지 일본어 /e/의 음가에 대한 연구 가운데 일본어-한글 전사 자료를 사용한 것들에서는 이러한 문제에 대한 깊은 고민 없이 일본어 /e/의 구개성을 입증하는 한 가지 방편으로 전사 자료의 표기 양상을 근거로 든 것이 적지 않았다. 그러나 일본어 /e/의 전사에 'ㅕ', 'ㅖ'가 쓰인 것은 한국어 쪽에 그 원인이 있다는 것, 즉 /ㅕ/와 /ㅖ/가 [je(j)]에 가까웠기 때문임을 전제하고서 전사 양상을 살펴볼 필요가 있다. 이하에서는 일본어 /e/를 전사하는 데 쓰인 'ㅕ', 'ㅖ'의 음운 환경의 차이에 초점을 맞추어 전사 양상을 검토해 보도록 하겠다.

3.3. 일본어 /e/의 전사 양상과 모음의 변화

3.3.1. 15·16세기 자료

3.3.1.1. 『日本行錄』·『海東諸國紀』: ㅕ~ㅖ

『日本行錄』과 『海東諸國紀』에 한자로 표기된 일본 지명 가운데 /e/를 포함한 단어는 다음과 같다(中村栄孝 1932; 濱田敦 1954; 이성근 1999; 심보경 2007; 권경애 2015).

[표 3-2]에 제시된 17곳의 지명 가운데 8곳에는 /e/에 'ㅖ'가, 6곳의 /e/에는 'ㅕ'가, 3곳의 /e/에는 'ㅣ'가 사용되었다. 'ㅣ'가 쓰인 것들은 모두 어말에 사용된 것으로 보아 어말의 /e/를 [i]로 청취한 것으로 이해된다. 예컨대 일본에서 유래한 벼의 한 품종인 'akibare(秋晴)'는 한국어에서 흔히 '아끼바리'로 알려져 있는데, 이 또한 '/are/ → /아리

[표 3-2] /e/의 전사 양상 (『日本行錄』·『海東諸國紀』)

음절	한자	전사	지명
エ[je]	伊	深江 [ɸukaje]	侯加伊(후가이)
ケ[ke]	桂	鶏知 [keti]	桂地(계디)
	計	竹の [takeno]	多計老(다계로)
	計	布氣 [ɸuke]	侯計(후계)
	只	湯岳 [jutake]	唯多只(유다기)
セ[ʃe]	西	竈戸關 [kama^{n}doʃeki]	黑石西關(가만도셔관)
	盛	瀬川 [ʃe^{ŋ}gawa]	盛加臥(셩가와)
	世伊	瀨 [ʃe(i)]	世伊(세이)
	世	黑瀨 [kuroʃe]	仇老世(구로세)
	世	海鼠瀨 [konoʃe]	古老世(고로세)
	世	瀨戸 [ʃeto]	世渡(세도)
ゼ[ʒe]	全	備前 [biʒen]	肥全(비젼)
	門諸	鴨居瀨 [kamo(i)^{n}ʒe]	可門諸(가문졔)
テ[te]	底	立石 [tateiʃi]	多底伊時(다뎌이시)
ネ[ne]	女	三根/峰 [mine]	美女(미녀)
	女	久根 [kune]	仇女(구녀)
レ[re]	里	阿連 [are]	阿里(아리)

/'와 유사한 현상이다.[8)]

일본어 /e/에는 반모음 [-j]가 없음에도 불구하고 반모음이 있는 'ㅖ'를 사용한 것은, /ㅖ/의 음가가 전설적인 [je(j)]에 가까웠음을 암시한다. 한편 /se, ze, te, ne/ 등 음절 초성으로 /s, z, n, t/를 갖는

8) 한편 일본어에는 /ae/ 어형이 /ai/ 어형과 공존하는 경우가 있다. 예컨대 '파리'를 뜻하는 /hae/, '개구리'를 뜻하는 /kaeru/는 각각 /hai/, /kairu/와 공존하며, 2인칭 대명사 '너'를 뜻하는 /omae/도 수의적으로 /omai/로 듣거나 적는 경우가 있다(坂梨隆三 1987: 9). 『日本行錄』과 『海東諸國紀』의 예 가운데 '侯加伊(후가이)'는 이러한 /e/~/i/의 교체를 반영한 것일 가능성도 있다.

경우에는 'ㅔ'가 아니라 'ㅕ'를 사용하는 경우가 있다. 이것은 치경음을 동반하는 경우 /ㅕ/가 중설인 [jə]가 아니라 전설인 [je]에 가깝게 실현되었음을 암시한다.[9] 이러한 경향은 이후의 자료에서도 일관되게 관찰된다.

한편 『日本行錄』의 지명 표기 가운데 '黑石西關'은 일본어 '竈戶[kama^{n}do]'를 표기하기 위해 '黑(가믄)'과 '石(돌)'이라는 훈가자(訓假字)를 사용하여 눈길을 끈다.[10] 『日本行錄』과 『海東諸國紀』의 지명 표기 중에는 그 밖에도 /to/를 나타내기 위해 '梁(돌)'이 사용되거나, /kosi/를 나타내기 위해 '串(곶)'이 사용되는 등 후대의 일본어-한자 전사 자료에 비해 훈가자 표기가 많이 쓰이는 것이 특징이다.

(12)

ㄱ. 矢櫃 [ja^{m}bitu] 也音非梁(야음비도) 〈日本行錄〉

ㄴ. 西泊 [niʃi^{n}domari] 利新梁灣(리신도만) 〈日本行錄〉

ㄷ. 淀 [jo^{n}do] 要溫梁(요온도) 〈日本行錄〉

ㄹ. 風本 [ka^{n}zamoto] 干沙毛梁(간사모도) 〈日本行錄〉

ㅁ. 船越 [hunakoʃi] 訓羅串(훈라곶) 〈海東諸國紀〉

일본 지명의 /kosi/에 대하여 '串(곶)'이 쓰인 것은 당시 한국한자음에서도 음절 말의 /ㅈ/이 /ㅅ/으로 중화되었으며 실제로 [s]로 발음되

---

9) 물론 한국한자음에는 /겨/나 /졘/과 같은 음절 구조가 존재하지 않는다. 따라서 /ke/는 /계/로, /ze/는 /젼/으로 전사할 수밖에 없었던 것이 아니냐는 지적도 가능할 수 있다. 그러나 후대의 자료에서도 치경 자음이 있거나 폐음절인 경우 /ㅔ/보다 /ㅕ/가 더 많이 사용되므로 이러한 지적은 성립하기 어렵다.

10) '가믄'의 /ㄴ/은 일본어 탁음 /d/ [^{n}d]의 비음성을 나타내는 것이다.

었음을 의미하는 것이다. 그 밖에 탁음(濁音)이 후행할 때 차자표기에서 /ㅁ/의 말음첨기에 쓰이는 '音(ㅁ)'이나, '新', '溫', '干' 등 /ㄴ/ 종성을 갖는 한자가 쓰인 것은 당시 일본어의 /b, d, z/ 등이 비음성을 띠고 있었기 때문에 그것을 반영한 것이다(진남택 2003ㄴ 참조).

3.3.1.2. 『伊路波』: ㅕ~ㅖ

'伊路波'는 일본어 표기에 쓰이는 가나 문자를 중복해서 쓰지 않고 만든 노래를 말하는데, 총 47자로 되어 있다. 여기에 더해 '京', '上' 등의 한자나 '一, 二, 三, …' 등의 한자 숫자, '御', '內', '申', '候' 등 일본어 표기에서 많이 쓰이는 10여 가지 글자의 발음이 한글로 전사되어 있다. 이 가운데 /e/ 모음을 갖는 것들은 다음과 같다.

(13)

ㄱ. エ [je]	예
ㄴ. ケ [ke]	계
ㄷ. セ [ʃe]	셰
ㄹ. テ [te]	뎨
ㅁ. ネ [ne]	녀
ㅂ. ヘ [ɸe]	폐
ㅅ. メ [me]	몌
ㅇ. レ [re]	례
ㅈ. ヱ [je]	예
ㅊ. 千 [ʃeɴ]	션
ㅋ. 瀨 [ʃe]	션

ㅌ. 目出 [me^{n}de] 면뎌

ㅍ. 兼而 [kanete] 가녀뎨

ㅎ. 候へく候 [soro^{m}bekusoro] 소로며구소로

이 자료에서도 /e/는 기본적으로 'ㅔ'로 전사되어 있다. 그러나 /ㅅ, ㄴ/이 앞에 오는 경우에는 'ㅕ'만 쓰였고, /ㄷ, ㅁ/이 초성인 경우에는 'ㅖ' 외에 'ㅕ'가 쓰이기도 하였다. 이처럼 'ㅖ' 외에도 'ㅕ'로 전사되는 것은 앞서 살펴본 『日本行錄』·『海東諸國紀』의 일본 지명 전사와 평행한 양상이다. 그렇지만 좀 더 자세히 살펴보면 (13ㅎ)을 제외하면 모두 초성이나 종성에 /ㄴ/을 포함하고 있음을 알 수 있다(趙堈熙 1999/2001: 106).

[표 3-3] /e/의 전사 양상 (『伊路波』)

가나	エ[je]	ケ[ke]	セ[ʃe]	テ[te]	ネ[ne]	ヘ[ɸe]	メ[me]	レ[re]
한글	예	계	셰/셔	뎨/뎌	녀	폐	몌/며	례

濱田敦(1952/1965)에서도 지적하였듯이, 이처럼 /e/의 전사에 'ㅕ'와 'ㅖ'가 함께 쓰이는 현상이 일본어 음성의 차이를 반영하는 것이라고는 생각하기 어렵다. 결국 일본어의 /e/를 당시의 한국인들이 환경에 따라 어떻게 다르게 인식했는지에 따른 결과로 볼 수밖에 없는 것이다.

河野六郎(1952: 41)는 "'ㅖ'의 경우는 'ㅓ'를 사이에 두고 2개의 전설모음적 요소가 나타나기 때문에, 'ㅓ'가 빠르게 전설모음화했다는 것도 충분히 생각할 수 있다. 혹은 현대의 [je] 단계에 들어와 있었을지도 모른다. 또한 'ㅕ'의 경우는 전설모음적 요소가 앞에 올 뿐이지만

순행동화의 결과 /ㅓ/는 상당히 e에 가까워졌을지도 모른다.[11)]"라고 하였다. /e/의 전사에 'ㅕ'나 'ㅖ'가 쓰인 것을 /j/의 전설성과 연결시켜 생각한 것은 탁견(卓見)이라고 하겠다.

한편 趙堈熙(1999/2001: 104-108)은 앞선 河野六郎(1952: 41)의 기술과 함께 허웅(1965: 334-345)의 기술을 바탕으로 'ㅕ'는 [jə], 'ㅖ'는 [je]라고 전제하였다. 그리고 'ㅕ'가 /n_/, /_N/ 환경에서 주로 나타난다는 점을 강조하고, 『伊路波』의 성립 배경을 동남 방언과 관련시켜 다음과 같이 주장하였다.

① 한국어의 /ㅖ/ 앞에 오는 /ㄴ/은 탈락한다(두음법칙 중 /ㄴ/ 탈락).
② 현대한국어의 경상도 방언에서는 어중의 /ㄴ/이 탈락하거나 앞 음절의 어미[종성]로 나타난다.[12)]
③ /ne/를 'ㄴㅖ'로 전사하면 /ㄴ/이 탈락하여 /예/가 되는 것을 방지하기 위해 가까운 음인 'ㅕ'를 사용하여 '녀'로 나타낸 것이다.

현대한국어에서도 /ㅕ/ 앞에서 /ㄴ/이 탈락하지만, /ㅕ/와 /ㅖ/ 중에서는 전설모음 요소가 한 개 존재하는 /ㅕ/보다 두 개 존재하는 /ㅖ/ 앞에서 /ㄴ/가 탈락하기 쉬웠을 것이라고 추정하고 있다.

---

11) yəi の場合は ə をさしはさんで二個の前舌母音的要素が現れる為、ə が逸早く前舌母音化したことも十分考えられる。即ち yəi は当時 [-jei] 位に発音されていたのであろう。或は已に現代の [je] の段階に入っていたのかも知れない。yə の方も略々同様であろう。この場合には前舌母音的要素が前に来るのみであるが、順行同化の結果 ə は著しく e に近づいていたのかも知れない。

12) 趙堈熙(1999/2001: 107)은 '수녀(修女) → 수여', '비녀 → 빈예/빈에'와 같은 예를 들고 있다. 그러나 '비녀'가 /비녜/, /비네/로 발음되는 것을 /ㄴ/이 앞 음절의 종성으로 나타난다고 보기는 어렵다.

한국어 음운사의 입장에서 이러한 주장은 성립하기 어렵다. 한국어에서 /i, j/ 앞의 /ㄴ/이 탈락하게 된 것은 자음의 구개화가 진전된 이후의 일로, 아무리 일러도 18세기 후반이 되어야 /i, j/ 앞에서 /ㄴ/이 탈락한 예들이 나타나기 시작하기 때문이다(이기문 1998: 208-209). 지금으로서는 15세기 말의 동남 방언이 어떤 상황에 있었는지는 알 수 없고, 『伊路波』의 음주 작성 과정이 동남 방언과 명백한 관련이 있다는 근거도 없다. 이처럼 증명할 수 없는 방언적 배경을 전제하는 것은 『捷解新語』가 규슈 방언을 반영한다고 주장한 Lange의 설에서도 마찬가지였는데, 결정적인 증거를 찾지 못한다면 방언과 연결 짓는 주장은 주의할 필요가 있다.

후대의 다른 자료 및 한국어-가나 전사 자료에서도 /ㅕ/ 앞이나 뒤에 /ㄴ/이 있을 때 [e]와 관련되는 경향이 두드러지는데, 이러한 점을 고려하면 /ㄴ/이 초성이나 종성에 올 때 한국어 /ㅕ/의 전설성이 더욱 강하게 인식되는 경향이 있었기 때문에 이러한 전사 양상을 보였다고 해석하는 것이 온당하다.

3.3.2. 17·18세기 자료

3.3.2.1. 『捷解新語』: ㅕ~ㅖ > ㅖ

현재 남아 있는 『捷解新語』는 1676년의 원간본과 1741년의 1차 개수본, 그리고 1781년의 2차 개수본의 중간본이다. 이 세 가지 판본에서 나타나는 /e/ 전사 양상의 가장 큰 특징은 원간본과 개수본에서는 'ㅕ', 'ㅖ'가 혼용되다가 중간본에서는 'ㅖ'로 통일된다는 것이다. 따라서 이하에서는 원간본과 개수본의 음주 차이를 중심으로 일본어 /e/의 한글 전사 양상을 살펴보고자 한다.

3.3.2.1.1. 원간본의 /e/ 전사

먼저 원간본에서 /e/를 전사하는 데 쓰인 한글 모음자가 무엇인지 음절별로 나누어 살펴보면 다음과 같다.

[표 3-4] /e/의 전사 양상 (『捷解新語』)

음절	모음자	음주
エ[je] 272	ㅕ 12 (4.4%)	여 1 연 11
	ㅖ 260 (95.6%)	예 240 옌 19 옝 1
エッ[jeQ] 2	ㅕ 2 (100%)	엳 2
エン[jeN] 27	ㅕ 25 (92.6%)	연 25
	ㅖ 2 (7.4%)	옌 2
ケ[ke] 221	ㅕ 4 (1.8%)	겨 1 쪄 2 견 1
	ㅖ 217 (98.2%)	계 187 꼐 20 곈 6 곙 4
ケッ[keQ] 3	ㅕ 3 (100%)	격 2 견 1
ケン[keN] 14	ㅕ 14 (100%)	견 10 겸 4
セ[ʃe] 100	ㅕ 7 (7%)	셔 7
	ㅖ 93 (93%)	셰 87 셴 5 솀 1
ゼ[ʒe] 26	ㅖ 26 (100%)	셰 22 셴 2 솅 2
せッ[ʃeQ] 11	ㅕ 9 (81.8%)	셛 9
	ㅖ 2 (18.2%)	셴 2
セン[ʃeN] 76	ㅕ 67 (88.2%)	션 62 셤 4 젼 1
	ㅖ 9 (11.8%)	셴 9
ゼン[ʒeN] 32	ㅕ 21 (65.6%)	션 21
	ㅖ 11 (34.4%)	셴 8 솀 1 솅 2
テ[te] 887	ㅕ 1 (0.1%)	뎌 1
	ㅖ 886 (99.9%)	뎨 698 뗴 170 뎽 18
テン[teN] 25	ㅕ 20 (80%)	뎐 20
	ㅖ 5 (20%)	뎬 5
ネ[ne] 135	ㅕ 125 (92.6%)	녀 74 년 8 녕 43
	ㅖ 10 (7.4%)	녜 9 녠 1
ネン[neN] 39	ㅕ 39 (100%)	년 19 녕 20

<table>
<tr><td rowspan="2">ヘ[he] 72</td><td colspan="2">ㅕ 43 (59.7%)</td><td>뼈 2 벼 41</td></tr>
<tr><td colspan="2">ㅖ 29 (40.3%)</td><td>뼤 4 베 24 벵 1</td></tr>
<tr><td>ヘン[heN] 18</td><td colspan="2">ㅕ 18 (100%)</td><td>변 1 편 17</td></tr>
<tr><td rowspan="2">メ[me] 221</td><td colspan="2">ㅕ 37 (16.7%)</td><td>면 37</td></tr>
<tr><td colspan="2">ㅖ 184 (83.3%)</td><td>몌 158 몐 24 몡 2</td></tr>
<tr><td rowspan="2">メン[meN] 22</td><td colspan="2">ㅕ 17 (77.3%)</td><td>면 16 몀 1</td></tr>
<tr><td colspan="2">ㅖ 5 (22.7%)</td><td>몐 5</td></tr>
<tr><td rowspan="2">レ[re] 711</td><td colspan="2">ㅕ 29 (4.1%)</td><td>려 2 련 27</td></tr>
<tr><td colspan="2">ㅖ 682 (95.9%)</td><td>례 616 롄 60 롐 3 롕 3</td></tr>
<tr><td rowspan="2">レン[reN] 18</td><td colspan="2">ㅕ 12 (66.7%)</td><td>련 12</td></tr>
<tr><td colspan="2">ㅖ 6 (33.3%)</td><td>롄 6</td></tr>
<tr><td>계 2932</td><td>ㅕ 505</td><td>ㅖ 2427</td><td></td></tr>
</table>

/e/ 음절 총 2,932예 가운데 /ㅕ/로 전사된 예가 505개(17.2%), /ㅖ/로 전사된 예가 2,427개(82.8%)이다. /ㅕ/로 전사된 예 중에는 /n_/인 것이 164예, /_N/인 것이 233예, /_Q/인 것이 14예이다. /ㅕ/로 전사된 예 중에 81% 이상이 치경 비음이 초성에 오거나, 비음이나 폐쇄음이 종성에 오는 폐음절 구조를 지니고 있는 것이다. 이것은 통계적으로 분명한 상관관계에 있다고 할 수 있다.

『捷解新語』 원간본의 /e/ 전사에 이러한 편향이 있음을 처음 지적한 것은 김완진(1963/1971: 21-23)이다. 그는 『捷解新語』 원간본 권1을 대상으로 하여 검토한 결과 /ㄴ/이 초성에 올 때에는 예외 없이 /ㅕ/로 전사되고, /ㄴ/이 종성에 올 때에도 /ㅕ/로 전사되는 비율이 높다는 것을 보이면서 다음과 같이 날카로운 지적을 한 바 있다.

> '어'의 音價를 現代語에서처럼 [ə]로 보고 들어가기 때문에 日本語 'エ'의 轉寫에 '여'의 [j]가 前舌化의 努力表示니 하는 말이 나오는 것이

요, [3] 정도로 본다면 문제는 간단히 해결되는 것이겠다. -i(=[e̞])의 添加도 'エ'의 忠實한 轉寫를 위한 노력이지만, n의 介入下에 그것이 免除되는 것도 不注意에서가 아니요, 그런 音聲環境下에서의 '어'는 [e]에 거의 가깝게 實現된다는 점에서 취해진 태도일 것이기 때문이다. 즉 日本語 'エ'([ʲe])를 표시함에 [jɜe̞], [je]를 쓴 것이 되는 셈이다.

김완진(1963/1971)의 이러한 지적은 이제까지 『捷解新語』의 /e/ 전사를 다룬 연구 가운데 정곡을 꿰뚫은 거의 유일한 것이라고 할 만하다. 자형상 'ㅓ'를 공유하는 'ㅕ'와 'ㅖ'의 핵모음의 음가가 [e]에 가깝다고 본 것은 과감한 견해이지만, 일본어와 한국어 전사 자료를 아울러 검토해 보면 수긍할 수밖에 없기 때문이다. 이러한 태도는 김완진(1963/1971: 5)에서 언급한 대로 "graphie의 illusion에 眩惑되지 않도록 最大限의 努力을 기울"인 결과일 것이다.

이후에 이 문제를 보다 본격적으로 다룬 것은 Cho(1970: II:34-48)이다. 그는 『捷解新語』에서 일본어의 모음 /e/가 나타나는 환경을 분석하여, 휴지나 모음이 후행하는 환경에서는 'ㅖ'로, /_N/이나 /_Q/ 환경에서는 'ㅕ'로 전사되는 경향이 있음을 지적하였다. 그리고 'ㅕ'는 폐음절의 /e/를 전사하기 위해, 'ㅖ'는 개음절의 /e/를 전사하기 위해 쓰였다고 보았다. 다만 초성의 모든 예를 철저하게 검토하지 않은 탓인지 /n_/ 환경에 쓰인 'mune : 무녀'와 같은 전사를 예외로 처리하는 모습을 보였다.

Cho(1970)의 이러한 관찰은 지금 보아도 날카로운 면이 있다. 한일 전사 자료에서 /e/와 'ㅕ'가 관련되는 맥락은 치경 자음이 선행하거나 폐음절인 경우가 많기 때문이다. 다만 이러한 현상의 원인이 한국어가 아닌 일본어 쪽에 있다고 해석하여 당시 일본어 /e/에는 [je]와 [jə]라는 두 가지 변이음이 존재한다고 해석한 것은 아쉽다. Cho(1970: II:40)은 /e/가 'ㅕ'로 전사되는 현상이 한국어 음운체계의 영향에 기인한다고 볼 만한 어떤 분명한 근거도 없다고 하였다. 그러나 이것은 /ㅕ/와 /ㅖ/가 일본어 /e/의 변이음을 반영한다고 보는 입장에 대해서도 똑같이 할 수 있는 비판이다. 만일 당시 일본어 /e/에 [je]와 [jə] 정도로 차이 나는 변이음이 존재했다면, 일본어보다 모음이 많은 언어의 화자인 가톨릭 선교사들이 그 차이를 기술하지 않았을 리가 없을 것이다.

3.3.2.1.2. 개수본·중간본의 /e/ 전사

다음으로 개수본에서 /e/를 전사하는 데 쓰인 한글 모음자가 무엇인지 음절별로 나누어 살펴보면 다음과 같다.

[표 3-5] /e/의 전사 양상 (『改修捷解新語』)

음절	모음자	음주
エ[je] 347	ㅖ 347 (100%)	예 344 옝 3
エッ[jeQ] 7	ㅕ 3 (42.9%)	엳 3
	ㅖ 4 (57.1%)	옏 4
エン[jeN] 16	ㅕ 6 (37.5%)	연 6
	ㅖ 10 (62.5%)	옌 10
ケ[ke] 267	ㅖ 267 (100%)	계 244 꼐 16 곙 7
ケッ[keQ] 4	ㅖ 2 (50%)	곅 1 곋 1
	ㅕ 2 (50%)	겯 2
ケン[keN] 18	ㅕ 13 (72.2%)	견 12 겸 1
	ㅖ 5 (27.8%)	곈 2 곔 3
セ[ʃe] 310	ㅕ 3 (1.0%)	셔 3
	ㅖ 307 (99.0%)	셰 288 쎼 19

ゼ[ʒe] 21	ㅕ 1 (4.8%)		셔 1
	ㅖ 20 (95.2%)		셰 19 솅 1
セッ[ʃeQ] 11	ㅕ 6 (54.5%)		션 6
	ㅖ 5 (45.5%)		셴 5
セン[ʃeN] 74	ㅕ 26 (35.1%)		션 21 셤 4 썬 1
	ㅖ 48 (64.9%)		셴 47 솅 1
ゼン[ʒeN] 35	ㅕ 16 (45.7%)		션 16
	ㅖ 19 (54.3%)		셴 18 셈 1
テ[te] 1034	ㅕ 2 (0.2%)		뎡 1 뗘 1
	ㅖ 1032 (99.8%)		뎨 790 뗴 239 뎽 3
テン[teN] 22	ㅕ 6 (27.3%)		뎐 6
	ㅖ 16 (72.7%)		뎬 11 뗀 5
ネ[ne] 113	ㅕ 36 (31.9%)		녀 32 년 2 녕 2
	ㅖ 77 (68.1%)		녜 70 녱 7
ネン[neN] 36	ㅕ 14 (38.9%)		년 11 녕 3
	ㅖ 22 (61.1%)		녠 11 녱 11
ヘ[he] 77	ㅕ 24 (31.2%)		벼 24
	ㅖ 53 (68.8%)		혜 3 뼤 1 베 49
ヘッ[heQ] 1	ㅕ 1 (100%)		변 1
ヘン[heN] 19	ㅕ 7 (36.8%)		편 1 현 6
	ㅖ 12 (63.2%)		혠 11 벤 1
メ[me] 221	ㅕ 9 (4.1%)		며 7 면 1 명 1
	ㅖ 212 (95.9%)		몌 211 멘 1
メン[meN] 19	ㅕ 15 (78.9%)		면 15
	ㅖ 4 (21.1%)		멘 4
レ[re] 886	ㅕ 3 (0.3%)		려 3
	ㅖ 883 (99.7%)		례 872 롕 11
レッ[reQ] 1	ㅖ 1 (100%)		롄 1
レン[reN] 2	ㅖ 2 (100%)		롄 2
계 3541	ㅕ 193	ㅖ 3348	

/e/ 음절 총 3,541예 가운데 'ㅕ'로 전사된 예가 193개(5.5%), 'ㅖ'로 전사된 예가 3,348개(94.5%)이다. 'ㅕ'로 전사된 예 중에는 /n_/인 것이 50예, /_N/인 것이 103예, /_Q/인 것이 12예이다. 'ㅕ'로 전사된 예 중에 85% 이상이 치경 비음이 초성에 오거나, 비음이나 폐쇄음이 종성에 오는 폐음절 구조를 지니고 있는 것이다. 이것 또한 원간본에서 본 것과 같이 통계적으로 분명한 상관관계에 있다고 할 수 있다.

개수본의 전사는 앞서 살펴본 원간본의 전사 양상과 달리 'ㅖ'로 수정되는 모습을 보인다. /e/의 전사 가운데 'ㅕ'가 사용되는 비율은 줄었지만, 'ㅕ'가 나타나는 환경은 여전히 동일하다는 점이 주목된다. 그리고 중간본에서는 /e/의 전사가 완전히 'ㅖ'로 통일된다. 이것은 물론 일본어의 음이 바뀐 것이 아니라 음주의 정리가 이루어진 것이라고 보는 것이 타당하다(趙堈熙 1999/2001: 123).

3.3.2.1.3. 환경에 따른 전사 차이

선행연구 가운데 『捷解新語』의 /e/의 한글 전사를 면밀하게 검토한 것은 杉戸清樹(1989)와 趙堈熙(1999/2001)이다. 둘 다 /e/의 한글 전사를 검토하였으나, 杉戸清樹(1989)는 고유어와 한자어 /e/ 전사에서 인상적인 예들을 추려 대략적인 경향을 제시한 반면, 趙堈熙(1999/2001)에서는 원간본과 개수본의 /e/를 한자어와 한자어가 아닌 것으로 나누어 각각 어떻게 전사되었는지를 선행·후행 자음과 함께 전수 조사하여 통계를 내었다는 차이가 있다.

趙堈熙(1999/2001)을 중심으로 조사 결과를 정리하면 다음과 같다. 먼저 한자어 /e/의 한글 전사에서는 기본적으로 'ㅖ'가 쓰였으나 'ㅕ'도 쓰였다. 'ㅕ'가 쓰이는 환경은 발음(撥音) /N/이 후행할 때(90%)와 촉음

(促音) /Q/가 후행할 때(10%), 즉 폐음절 환경이다.

(14)
ㄱ. エンザ [jenza] 연사 〈原刊本 2:11a〉
ㄴ. セッシヤ [ʃessja] 셔샤 〈原刊本 10:1a〉
ㄷ. ネン [neɴ] 년 〈改修本 4:5a〉
ㄹ. ケック [kekku] 격구 〈改修本 2:2b〉

물론 /N/이나 /Q/가 후행하는 환경에서도 /e/가 'ㅖ'로 전사된 다음과 같은 예가 있다. 그러나 이것은 거꾸로 말하자면, 한자어의 전사에서 'ㅕ'는 /N/이나 /Q/가 후행하는 환경이 아니면 나타나지 않는다는 의미가 된다. 이것은 /e/의 전사를 분석하는 데 있어 매우 중요한 사실이다.

(15)
ㄱ. イチエン [itʃijeɴ] 이치옌 〈原刊本 2:2b〉
ㄴ. セッタイ [ʃettai] 셰다이 〈原刊本 5:4a〉
ㄷ. ネンゴロ [neŋgoro] 녠고로 〈改修本 5:11a〉
ㄹ. セック [ʃekku] 셱꾸 〈改修本 3:20b〉

아래 [표 3-6]은 원간본과 개수본에서 한자어의 /e/를 전사할 때 'ㅕ'를 사용한 수를 기록한 것인데, 예를 들어 /e/를 'ㅕ'로 전사한 예가 원간본에서는 23회이지만 개수본에서는 7회로 줄어들고, 나머지는 'ㅖ'로 바뀌었다는 것이다. 원간본과 개수본에서 /e/의 총 빈도는 약간의 차이가 있다고 해도 /e/를 포함한 단어의 비율은 크게 바뀌지 않았을 것임을 생각하면, 이는 일본어 /e/의 전사에 쓰이는 한국어 모음자가 'ㅕ'에서 'ㅔ'로 수정되는 양상을 확실히 보여주는 것이다.

[표 3-6]『捷解新語』의 /e/ 전사 (한자어) (趙堈熙 1999: 78)

	エ[je]	ケ[ke]	セ[ʃe]	テ[te]	ネ[ne]	ヘ[he]	メ[me]	レ[re]
원간본	23	16	87	20	21	16	17	0
개수본	7	11	43	6	11	1	3	0

趙堈熙(1999/2001: 110)에서는 원간본에서 항상 'ㅕ'로 전사되는 한자와 항상 'ㅔ'로 전사되는 한자를 제시하고 있는데, 그 목록은 매우 흥미롭다.

① 항상 'ㅕ'로 전사되는 한자:
淵, 員, 遠, 延, 宴(이상 [jeN]), 見([keN]), 鮮, 先, 僉(이상 [ʃeN]), 傳([deN]), 年, 念(이상 [neN]), 邊, 遍(이상 [heN]), 結([keQ]), 拙([seQ]), 悅([jeQ])

② 항상 'ㅔ'로 전사되는 한자:
易([jeki]), 下, 氣(이상 [ke]), 藝([gei]), 頃, 啓, 界, 景, 慶, 契(이상 [kei]), 情, 靜, 誠(이상 [ʃei]), 節, 說(이상 [ʃetsu]), 停, 低(이상 [tei]), 廳([tegi]), 命, 迷(이상 [mei]), 麗, 例, 禮(이상 [rei]), 歷([reki]), 膳([zeN]), 綿([meN])

杉戸清樹(1989: 154)에서는 한국한자음을 기준으로 한자어의 가나 전사를 정리하여, 모음이 'ㅕ'로 전사되는 한자는 종성이 /ㄴ/이나 /ㅁ/이고, 'ㅔ'로 전사되는 한자는 종성이 없거나 /ㅇ/이라고 하였다. 이것은 방금 살펴본 趙堈熙(1999/2001)의 검토 결과와 일치하는 것이다. 그러나 종성이 /ㅇ/인 한자가 'ㅖ'로 전사되는 것은 한국한자음에 원인이 있는 것이 아니라 일본한자음에 원인이 있다. 몇 글자의 예외를 제외하면 'ㅕ'로 전사되는 한자는 모두 일본한자음에서 /N/, /Q/ 등의 종성을 갖는 것들이고, 'ㅖ'로 전사되는 한자는 종성이 없거나 드물게 /N/을 갖는 것들이다. 중고음(中古音)의 /-k/, /-ŋ/ 운미(韻尾)는 일본한자음에서 /-i/, /-u/로 반영되기 때문에, 결과적으로 폐음절인 한자는 /ㅕ/로, 개음절인 한자는 /ㅖ/로 전사되는 경향이 매우 강하다고 설명할 수 있다. 이러한 경향은 한국어-가나 전사 자료에서도 평행하게 나타난다.

한편 일본어 고유어 /e/를 전사하는 경우, /ㄴ/가 선행하거나 후행하는 환경에서는 'ㅕ'가 쓰이고, 원간본에서 비음을 동반하지 않는 환경의 /e/, /ke/, /re/를 'ㅕ'로 전사한 예는 개수본에서 모두 'ㅖ'로 수정되어 있다.

[표 3-7] 『捷解新語』의 /e/ 전사 (고유어) (趙堈熙 1999: 80)

		エ[je]	ケ[ke]	セ[ʃe]	テ[te]	ネ[ne]	ヘ[he]	メ[me]	レ[re]
원간본	ㅖ	236	124	102	819	10	12	141	552
	ㅕ	15	6	10	2	125	29	38	38
개수본	ㅕ	0	0	5	0	36	24	8	0

한자어·고유어를 아울러 전체적으로 /ㄴ/가 선행·후행하는 환경의 /e/를 전사하기 위해 'ㅕ'를 사용한 빈도는 원간본 83%, 개수본 23%, 중간본 0%로 서서히 줄어드는 모습을 보인다(조강희 2008).

3.3.2.1.4. 기존 주장의 문제점과 대안적 해석

『捷解新語』의 /e/ 전사에서 연구자들을 가장 괴롭혀 온 것은 /n_/, /_N/, /_Q/라는 환경, 심지어 같은 권의 같은 단어에서도 'ㅕ'뿐만 아니라 'ㅖ'도 쓰인다는 점이었다. 趙堈熙(1999/2001: 123)은 이러한 문제의 원인이 『伊路波』에서와 마찬가지로 한국어의 간섭에 있다고 보고, 'ㅕ'의 사용은 /ㄴ/이 탈락하는 현상을 피하기 위한 '궁리'라고 하였다. 다시 말하자면 /ne/가 '녜' [nje]로 전사되면 /ㄴ/이 탈락되어 /예/로 발음되므로 '녀' [njə]로 전사했다는 것이다. 그러나 이러한 설명은 앞서 3.3.1.2절에서 지적하였듯이 /ㄴ/ 탈락 현상이 18세기 후반에 가서야 나타나기 때문에 받아들이기 어렵다. 뿐만 아니라 /ne/ 이외의 음절 전사에도 'ㅕ'가 쓰이므로 문제는 여전히 남는다.

또한 『捷解新語』의 편찬자인 강우성의 본관이 진주이므로 한글 전사 또한 동남 방언을 반영했을 것이라는 추정 또한 근거가 박약하다. 『捷解新語』의 본문 초고는 강우성이 집필했겠지만, 한글 음주 또한 강우성이 전담했다는 근거는 없으며 오히려 복수의 인물이 작업했을 가능성이 높다. 이와 관련하여 李康民(1994: 28-43)에서는 『捷解新語』의 가나 본문과 한글 음주를 권차별로 면밀히 검토하고 나서 다음과 같은 지적을 하였다.

1. 음주의 권에 따른 편중은 단어에 따라 그 분포의 양상을 달리하며, 두 그룹으로 나눌 수 있을 법한 징후는 보이지 않는다. 오히려 권8과 9의 음주에는 단어에 따라 어떤 종류의 공통된 음주 의식이 엿보인다.
2. 단, 여기에서 말하는 권에 따른 편중은 반드시 권별로 편중되었음

을 의미하지 않는다. 그것은 예컨대 권3의 후반부터 권5의 전반까지와 같이, 권의 범주를 넘은 편중이기도 하다. 물론 그 결과 권별로 편중을 나타내는 경우도 있을 수 있다.

3. 동일 단어에 대한 두 가지(단어에 따라서는 그 이상)의 음주가, 게다가 특정한 권에 각각 쏠려서 나타난다는 현상으로부터 판단하면, 본서의 음주를 동일 인물의 손에 이루어진 것이라고 생각하기는 어렵다.

일본어 쪽의 원인을 검토한 연구 가운데 杉戸清樹(1989)는 /e/ 전사에 'ㅕ'와 'ㅖ'가 함께 사용되는 것은 원칙적으로 한국어 쪽의 사정이 작용한 것이지만, 한편으로 일본어 쪽의 문제도 있다고 하며 규슈 방언 등에서 /e/ 모음을 갖는 음절에 구개화가 일어났다는 사실을 근거로 들어 일본어 방언을 반영하였을 가능성을 조심스럽게 언급하였다. 한편 李東郁(2004/2008: 70-74)은 『捷解新語』의 동일한 단어 전사에 'ㅕ'와 'ㅖ'가 혼용되는 현상에 대해 음성적 조건만 설명해서는 문제의 핵심을 다루는 것이 아니라고 지적하였다. 그리고 이런 혼용을 설명하기 위해 'ㅖ'는 일본어 /e/의 변이음 [je]를, 'ㅕ'는 일본어 /e/의 변이음 [e]를 표기한 것으로 보아야 한다고 주장하였다. 그러나 'ㅖ'가 [je]를 나타내는 반면 'ㅕ'가 [e]를 나타낸다는 것은 지극히 자의적인 구분으로 도저히 받아들이기 어렵다. 결국 두 견해 모두 앞서 3.2절에서 비판한 Lange의 방언 반영설을 받아들인 것이고, 따라서 순환론이라는 해당 설의 문제점 또한 고스란히 안고 있다.

李東郁(2004/2008)은 어휘적 확산과 음성적 점진성이라는 개념을 들어 [je] 〉 [e]의 변화가 /n_/ 환경에서 먼저 일어나서 점차 확산되었기 때문에 /n_/ 환경에서 'ㅖ'보다 'ㅕ'가 많이 나타난다고 하였다. 또한 일본어 /e/의 구개성이 사라지는 과정에서 'ㅕ'가 아닌 'ㅖ' 쪽으로 음주가 개수된 이유는 음성 전사보다 표기의 통일성(균질성)의 확보가 강조되었기 때문이라고 하였다. 그러나 범언어적으로 구개성은 치경음 뒤에서 유지되기 쉽고 순음 뒤에서 유지되기 어려운 성질을 지닌다(Bateman 2011; Kochetov 2011). 따라서 구개성이 치경음 뒤에서 먼저 사라지는 것은 언어유형론적으로 부자연스럽다.

선행연구에서는 일본어 내에서 한자어인지 고유어인지 하는 어종의 차이에 초점을 두어 /e/의 한글 전사를 검토하였으나, 이것은 일본어 어종의 차이보다 한국어 /ㅕ/의 음성 실현과 관련되는 것이다. 『捷解新語』의 /e/ 전사에 'ㅕ', 'ㅖ'가 쓰인 양상은 한국인 화자가 일본어의 /e/가 /n_/, /_N/, /_Q/라는 환경에 나타날 경우 /ㅖ/가 아닌 /ㅕ/로 인식하기 쉬웠음을 보여주는 것이다. 뒤집어서 생각하면 이 당시 한국어의 /ㅕ/는 초성이 /ㄴ/인 경우와 폐음절인 경우에 [jə]가 아닌 [je]로 발음되고 인식되는 경향이 강하였던 것이다. 이처럼 /ㅕ/는 /n_/, /_C/에서 [je], 기타 환경에서 [jə]로 실현되는 경향이 강했기 때문에 동일한 환경에서 나타나는 일본어의 /e/를 'ㅕ'로 전사하기 쉬웠던 것이다. 일본어에서 폐음절인 환경은 한자어로 한정되기 때문에 한자어에서 'ㅕ'로 전사되는 예가 훨씬 많이 나타났을 뿐이지, 일본어 어종의 차이에 기인하는 것은 아니다.

그리고 이러한 경향은 15세기의 『조선관역어(朝鮮館譯語)』나 18세기의 『全一道人』, 『朝鮮語譯』에서도 보인다. 한국어-한자 전사 자료인 『朝鮮館譯語』를 검토한 권인한(1995/1998: 329-330)에서는 한국어의 모음이 /ㅕ/이면서 종성 /ㄴ/, /ㅁ/을 갖는 음절을 전사할 때에는 모음이 /jə/가 아니라 /je/인 한자를 사용했다고 하였다. 한국어-가나 전사 자료인 『全一道人』과 『朝鮮語譯』에 쓰인 한자의 가나 전사를 검토한 허인영(2016)에서는 모음이 /ㅕ/인 한자 가운데 음절 말음이 /ㄴ/, /ㄹ/인 한자는 예외 없이 e로 전사되고, 음절 말음이 /ㅇ/, /ㄱ/인 한자와 음절 말음이 /ㅁ/, /ㅂ/인 한자는 약 88%가 e로 전사되며, 음절 말음이 없는 한자는 e로 전사되는 비율이 50%에 미치지 못하며 나머지는 yo로 전사된다고 하였다. 이러한 예들은 한국어에서 폐음절의 /ㅕ/를 전설의 [je]로 발음하는 경향이 15세기부터 18세기까지 계속해서 존재해 왔음을 보여준다. 한국어 내에서 /ㅕ/의 폐음절 변이음으로 [je]가 존재했다면, 폐음절에 쓰인 일본어의 /e/를 청취했을 때 'ㅔ'가 아닌 'ㅕ'로 전사하려는 것은 지극히 자연스러운 일이라고 할 수 있다.

원간본-개수본-중간본으로 개수가 거듭되는 과정에서 /e/의 전사는 'ㅔ'로 통일되는데, 이러한 개수의 목적은 安田章(1987), 趙堈熙(1995)의 설명대로 표기의 통일성을 기하기 위한 정리로 보는 것이 타당할 것이다. 趙堈熙(1999/2001)에서 검토한 바와 같이 『捷解新語』 일본어-한글 전사의 개수는 /e/ 전사뿐 아니라 발음(撥音)이나 촉음(促音) 전사에서도 동일한 음에 대해 존재했던 둘 이상의 전사 방식이 한쪽으로 통일되는 과정을 보여주기 때문이다. 예컨대 일본어의 탁음 /b, d, g/ 전사는 'ㅁ$ㅂ, ㄴ$ㄷ'과 같이 선행 음절 종성에 비음, 후행 음절 초성에 폐쇄음을 표기하는 방식과 'ㅵ, ㅳ'과 같이 비음+폐쇄음 연쇄로 표기하는 방식이 공존하였으나 점차 후자로 통일되어 갔다. 이는 일본어의 탁음에 대한 인식이 음성적인 것에서 음소적인 것으로 변하는 과정의 반영이다.

그러나 주목해야 할 것은 /e/의 전사에 사용된 자모가 'ㅔ'로 통일되었다는 사실뿐만 아니라, 자모가 통일되는 방향이 'ㅔ 〉 ㅕ'가 아니라

'ㅕ > ㅖ'라는 점이다. 이는 /ㅕ/가 점차 '[je] > [jə]'로의 후설화를 경험하고 있었고, 그래서 일본어의 /e/를 전사하는 데에는 변함없이 전설적인 [je(j)]로 실현되는 /ㅖ/가 보다 적합하다고 판단했기 때문이라고 보는 것이 자연스럽다.

3.3.2.2. 『方言類釋』: ㅕ~ㅖ

『方言類釋』은 1778년 무렵에 편찬되었는데, 이 시기는 『捷解新語』 중간본의 간행년인 1781년이나 현전하는 『倭語類解』의 간행년인 1783-1788년보다는 앞선 것이나 거의 동시기에 완성되었다고 할 수 있다. 그런데 거의 같은 표기법을 보이는 두 문헌과 달리 『方言類釋』의 일본어 전사는 상당한 차이를 보인다. 『方言類釋』에서 /e/를 전사하는 데 쓰인 한글 모음자를 음절별로 살펴보면 다음과 같다.

[표 3-8] /e/의 전사 양상 (『方言類釋』)

음절	모음자	음주
エ[je] 241	ㅕ 3 (1.2%)	여 1, 엿 1, 영 1
	ㅖ 238 (98.8%)	예 211, 옌 19, 옏 2, 옛 3, 옝 3
ケ[ke] 345	ㅕ 4 (1.2%)	겨 1, 견 1, 겻 2
	ㅖ 341 (98.8%)	계 311, 곈 17, 곋 1, 곗 3, 곙 9
セ[ʃe] 243	ㅕ 5 (2.1%)	셔 1, 션 3, 쎤 1
	ㅖ 238 (97.9%)	셰 136, 셴 73, 셷 2, 솀 1, 솃 3, 솅 18, 쎼 1, 쎈 4
ゼ[ʒe] 28	ㅕ 1 (3.6%)	젼 1
	ㅖ 27 (96.4%)	졔 23, 졘 1, 졤 1, 졩 2
テ[te] 240	ㅕ 1 (0.4%)	뎌 1
	ㅖ 239 (99.6%)	뎨 194, 톄 3, 뎬 24, 뎸 12, 뎽 4, 쳬 1, 톄 1

<table>
<tr><td rowspan="2">ネ[ne] 228</td><td colspan="2">ㅕ 190 (83.3%)</td><td>녀 185, 년 1, 념 1, 녕 3</td></tr>
<tr><td colspan="2">ㅖ 38 (16.7%)</td><td>녜 22, 녠 13, 녱 3</td></tr>
<tr><td>ヘ[he] 82</td><td colspan="2">ㅖ 82 (100%)</td><td>혜 15, 혠 4, 볘 52, 볜 10, 볫 1</td></tr>
<tr><td rowspan="2">メ[me] 279</td><td colspan="2">ㅕ 2 (0.7%)</td><td>면 2</td></tr>
<tr><td colspan="2">ㅖ 277 (99.3%)</td><td>몌 243, 몐 14, 몡 20</td></tr>
<tr><td rowspan="2">レ[re] 165</td><td colspan="2">ㅕ 2 (1.2%)</td><td>려 2</td></tr>
<tr><td colspan="2">ㅖ 163 (98.8%)</td><td>례 156, 롄 7</td></tr>
<tr><td>계 1851</td><td>ㅕ 208</td><td>ㅖ 1643</td><td></td></tr>
</table>

/e/ 음절 총 1,851예 가운데 'ㅕ'로 전사된 예가 208예(11.2%), 'ㅖ'로 전사된 예가 1,643예(88.8%)이다. 'ㅕ'로 전사된 예 중에는 /n_/인 것이 190예로, 91% 이상이 치경 비음이 초성에 오는 경우에 해당한다. 이 또한 통계적으로 분명한 상관관계에 있으며, 앞서 살펴본 『伊路波』나 『捷解新語』 원간본의 전사 양상과 일부 통하는 부분이 있다. 물론 아래 제시된 예에서처럼 /녀/와 동시에 /녜/도 쓰인다.

(16)

ㄱ. 船 [hune] 후녜 〈4:3b〉

ㄴ. 海船 [ooi hune] 오오이후녀 〈4:3b〉

ㄷ. 樓船 [nikai hune] 니가이후녜 〈4:3b〉

趙堈熙(1999/2001: 131)은 여기에 대해서도 /녜/에서 /ㄴ/의 탈락을 방지하기 위해 'ㅕ'를 사용한 것이라고 설명하였으나, 이 주장의 문제점은 앞서 『伊路波』나 『捷解新語』의 전사를 다루면서 충분히 지적한 바 있으므로 여기에서는 생략하기로 한다. 『方言類釋』의 /e/ 전사에서 보이는 편향은 앞서 살펴본 자료들에서와 마찬가지로 한국어 /ㅕ/

가 치경 비음 뒤에서 변이음 [je]로 실현되는 경향이 있었다는 사실과 관련되는 것으로 해석할 수 있다.

『方言類釋』의 전사는 /e/에 'ㅕ', 'ㅖ'를 모두 사용한다는 점에서 『捷解新語』 원간본과 유사하고, /e/에 'ㅖ', 'ㅔ'를 사용하는 『倭語類解』와는 다르다. 安田章(1979), 趙堈熙(1999/2001)을 비롯한 선행연구에서는 『方言類釋』은 『倭語類解』와 비슷한 시기에 편찬되었는데 전사 양상은 왜 『捷解新語』 원간본과 유사한지에 대하여 의문을 품었다. 『方言類釋』의 전사가 『捷解新語』 원간본과 유사하다는 근거는 위에서 살펴본 /e/의 전사나 탁음의 전사에 'ㅃ, ㄸ'가 아닌 'ㅁ$ㅂ, ㄴ$ㄷ, ㅇ$ㄱ'를 사용한다는 점 등인데, 이는 전체 가나 전사의 특징 가운데 일부분에 불과하다. 실제로는 왜학서에서 종성 /-t/에 'ㅅ'이 아닌 'ㄷ'이 쓰이는 강한 경향과 달리 『方言類釋』에서는 전적으로 'ㅅ'을 쓰고 있으며, /z/의 전사에도 다른 왜학서에서 통용되는 'ㅿ'가 아니라 'ㅈ'을 사용하는 등 차이점도 많다. 『方言類釋』의 일본어 부분 작성에는 왜학역관이 관여하였을 것이나, 그 편찬 과정은 일반적인 왜학서의 편찬 과정과는 상당히 달랐을 것임이 분명하다.

3.3.2.3. 『倭語類解』: ㅖ~ㅔ

『倭語類解』의 /e/ 전사는 『捷解新語』 중간본과 같이 'ㅖ'를 사용하였으나, /te/, /ne/의 경우에는 모두 'ㅔ'를 사용하였다. 드물기는 하지만 /ne/를 'ㅓ'로 전사한 예(4회)와 /me/, /se/, /ke/를 'ㅕ'로 전사한 예(각 1회)가 있다. 해당 예는 다음과 같다.

(17)

ㄱ. 更 [kasanete] 가사네데 〈上:27a〉
ㄴ. 禾 [araine] 아라이네 〈下:4a〉
ㄷ. 四面 [ʃimeɴ] 시면 〈上:11b〉
ㄹ. 石 [ʃeki] 셔기 〈上:55a〉
ㅁ. 建 [keɴ] 견 〈下:39b〉
ㅂ. 種 [tane] 다너 〈下:3a〉
ㅅ. 粫 [ineudzu] 이너우즈 〈下:3a〉
ㅇ. 根 [ne] 너 〈下:28b〉
ㅈ. 彦根城 [hikone] 히고너 〈下:53a〉

이 가운데 (17ㄷ-ㅁ)과 같이 /e/를 'ㅕ'로 전사한 예는 실수나 탈획이 아닐 가능성이 높다. 이전 시기의 자료에서 치경 자음에 후행하거나 폐음절의 /e/가 'ㅕ'로 전사되던 양상을 고려하면 /e/의 전사가 완전히 'ㅔ'로 통일되지 못하고 'ㅕ'의 흔적을 남긴 것으로 볼 수 있기 때문이다. 특히 'ㅕ'로 전사된 음절들이 /면/, /견/처럼 /ㄴ/ 종성을 지니고 있거나 /셔/처럼 치경음을 지니고 있다는 점은 이러한 의심을 강하게 한다.

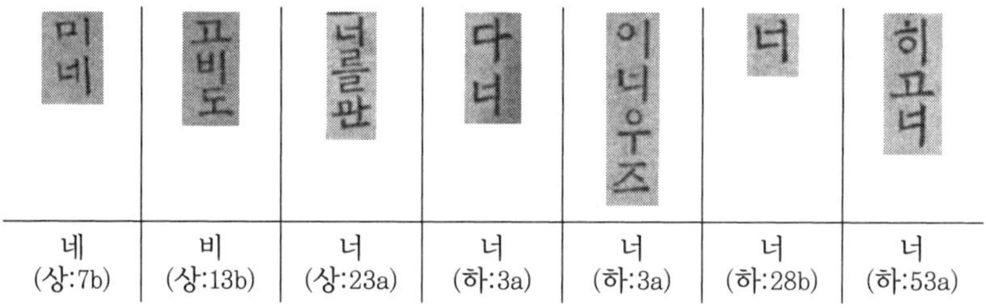

[그림 2] 『倭語類解』의 '너' 표기

다만 (17ㅂ-ㅈ)의 '너'는 이해하기 어렵다. 『倭語類解』의 '네'는 위의 [그림 2]에 보이듯이 '비'에 가까울 정도로 'ㅓ'의 수직획이 짧다는 것이 특징이다.[13] 따라서 '너'로 적힌 것들은 '네'에서 'ㅣ'가 떨어진 것이 아니고 의도적으로 '너'를 적은 것임은 분명해 보인다. 다만 /ne/를 '너'로 적은 예들이 하권에서만 나타나는 점은 특기할 만하다.

[표 3-9] /e/의 전사 양상 (『倭語類解』)

가나	エ[je]	ケ[ke]	セ[ʃe]	テ[te]	ネ[ne]	ヘ[he]	メ[me]	レ[re]
한글	예	계/(겨)	셰/(셔)	데	네/(너)	혜	메/(며)	례

『倭語類解』에서 일본어의 /e/를 포함한 음절 가운데 /te/, /ne/만이 '뎨, 녜'가 아닌 '데, 네'로 전사되는 것에 대하여, 일찍이 土井洋一 외(1959: 6-7)에서는 /뎨/는 'ㄷ-구개화'에 의하여 /졔/와, /녜/는 'ㄴ-탈락'에 의하여 /예/와 동음(同音)이 되는 것을 피하여 '데', '네'로 전사했다고 추정하였다.

'ㅔ'는 현대조선어에서 [e]를 나타내는 모음이지만 다른 /e/음의 모음부 'ㅖ'와의 균형을 생각하면 'ㅖ'와 'ㅔ' 사이에 차이를 인정해야 하며, 국어[일본어] 쪽의 환경은 생각되지 않는다. 이른바 '음운론 외적 변이'는 인정할 수 없다.

그 가운데 te, de에는 한 가지 해석을 할 수 있을 것이다. 중기조선어

13) 이강민(1996ㄴ: 105-107)에서는 나에시로가와의 한국어 학습서 가운데 『倭語類解』와 관련이 깊은 『和語類解』에 대해 논하면서, 『倭語類解』의 '야노비', '네루' 등의 단어가 『和語類解』에서 '야노네', '비루'로 나타나는 것을 지적하였다. 이 또한 『倭語類解』에서 '네'와 '비'의 자형이 혹사(酷似)했기 때문에 일어난 현상이라고 볼 수 있다.

에서는 일반적으로 'ㄷ'과 'i' 및 'y'와의 결합은 정서법으로서 존재했으나 이후 파찰음화하고, 근대조선어에서는 'ㅈ'과의 결합으로 변화했다고 한다. 『捷解新語』에서 이미 나타나고 있던 파찰음화 경향은 이 책에서는 더욱 현저하게 인정된다. 시기적으로도 그 파찰음화에서 단적으로 나타내게 하는, 중기조선어의 근대어로의 변천 한가운데에서 본서는 성립했다고 할 수 있다. 만일, te를 '뎨'와 같이 다른 /e/음과 같이 모음부를 'ㅖ'로 나타내려고 했다면 지금 서술한 이유로 정확하게 파열음 [te]를 나타낼 수 없고 [tʃe]로 발음될 가능성도 충분히 생각되는 것이다. 따라서 그 [tʃe]와의 혼동을 피하기 위해 다른 것과 상이한 모음 표기를 필요로 했던 것은 아닐까. 이것은 또한 'ㅔ' 도 'ㅖ'와 마찬가지로 /e/음에 가까웠기 때문에 'ㅖ'와 교체될 수 있었을 것이다.

마찬가지로 조선어 음운사 쪽에서 ne도 설명이 가능할 듯하다. 파찰음화는 조선어사의 중기와 근대를 가르는 것인데, 다른 하나의 과도기적 현상으로 어두에서의 'ㄴ'과 'i' 및 'y'의 결합이 있는데, 이것들은 현대어에서는 어두에 올 수 없지만 중기어에서는 가능했다고 한다(단, 한글로 적기는 하지만 발음하지 않는 경우도 있으므로, 문자면으로 구별하는 것은 곤란하다고 생각된다). 어두에 ne가 올 때에 '녜'라고 나타내면 '예'와 동치(同値)가 될 가능성이 이미 이 무렵에 있었을지도 모른다. 그것을 회피하기 위해 'ㅖ' 대신에 'ㅔ'가 그 모음부로 선택되었을 것이다.[14)]

---

14) ~əi は、現代朝鮮語で [e] を表す母音であるが、他のエ列音の母音部 ~yəi との均衡を考えると、~yəi と ~əi との間に差を認めるべき、国語側の環境は考えられない。いわゆる「音韻論外的変異」は認めることが出来ない。

その内、テ・デには、一つの解釈が得られよう。中期朝鮮語では、一般的に、t と、i および y との結合は、正書法として存在したが、以後破擦音化し、近代朝鮮語では、c との結合に変化したと言われる。「捷解新語」で既に現れていた破擦音化の傾向は、本

李康民(1992)에서는 'ㅔ'의 음가가 [əi]라면 일본어 /e/의 전사에 적절하지 않았을 것이므로 'ㅔ' 전사는 한국어 /ㅔ/의 단모음화를 전제한다고 보았다. 다만 /ㄷ, ㄴ/ 뒤에서 'ㅔ'가 쓰인 것에 대해서는 구개화에 의한 발음의 혼동을 피하기 위해 취해진 표기상의 조치라고 보아 土井洋一 외(1959)의 설에 따랐다. 趙堈熙(1999/2001: 88-91) 또한 자음 뒤에서 /ㅖ/가 /ㅔ/처럼 발음되는 한국어 동남 방언의 영향을 지적하였다. 그는 여기에 덧붙여 역학서의 한글 음주는 음성기호가 아니라 일본어 학습자가 그 음주를 읽고 문자나 문장을 외우기 위해 붙여진 것이므로, 두음법칙에 의한 /ㄴ/ 탈락 등 한국어의 간섭 회피를 원인의 하나로 제시하여 같은 설을 취하였다.

그러나『倭語類解』에서는 똑같이 두음 탈락의 우려가 있는 /ni/에 대해서는 항상 '니'를 사용하고, /re/에 대해서는 '레'가 아닌 '례'만 사용하였다. 따라서 /te/, /ne/의 전사에 '데', '네'가 사용되는 것은 구개화나 두음법칙만으로 설명하기는 어렵다. 陳南澤(2003: 43)의 설

書では、更に顕著に認められる。時期的にも、その破擦音化で端的に表される、中期朝鮮語の近代語への変遷の最中に本書は成立したと言える。もし、テを、tyəi のように、他のエ列音と等しく、母音部を ~yəi で表すとしたら、今述べた理由で、正確に破裂音 [te] を表し得ず、[tʃe] と発音される可能性も十分に考えられるのである。従って、その [tʃe] との混同を避けるために、他と違った母音表記を必要としたのではなかろうか。これは、また ~əi も ~yəi と同様にエ列音に近似していたからこそ, ~yəi と交替し得たのであろう。

同様に朝鮮語音韻史の方から、ネも説明がつくようである。破擦音化は、朝鮮語史の、中期と近代とを分かつものだが、他の一つの過渡期的現象に、語頭での、n と、i および y との結合があり、これらは、現代語では語頭に立ち得ないが、中期語では可能であったと言われている（尤も、諺文で書きはするが、発音しない場合もあるので、文字面から区別することは困難であると思われる）。語頭にネが来る際に、nyəi で表わすと、'yəi と同値になる可能性が既にこの頃あったのかも知れない。それを回避するため、~yəi の代わりに、~əi が、その母音部に選ばれたのであろう。

명과 같이 당시 한국어의 /ㅔ/가 치경음인 /ㄷ/, /ㄴ/ 뒤에서 선구적으로 '[əj] 〉 [e]'의 전설단모음화를 경험한 것을 반영한다고 보는 것이 타당할 것이다. 이는 뒤에서 살펴볼 일본 체류 기록 자료나 한국어-가나 전사 자료에서 나타나는 양상과도 합치한다.

李東郁(2004/2008: 47-54)도 『倭語類解』의 /e/ 전사에서 사용된 'ㅔ'의 음가를 [e]로 추정하고 있다. 그가 지적한 대로 자국어의 음운현상을 외국어의 전사에까지 전면적으로 확대적용하는 것은 무리가 있다. 사역원의 외국어 학습서 편찬에는 당시 한국어 표기에는 일반적으로 사용되지 않았던 자모 조합을 고안해서 사용하기도 하였으므로, 구개화나 두음법칙과 같은 모어의 음운현상을 이유로 'ㅖ'를 'ㅔ'로 개정하였다고는 생각하기 어렵다.

다만 李東郁(2004/2008)은 일본어 [e]가 'ㅔ'로 전사되었으므로 'ㅖ'로 전사된 음절은 당연히 일본어 모음 [je]를 반영한 것이라는 입장을 취하고 있으나, 이는 받아들이기 어려운 주장이다. 3.2절에서 살펴보았듯이 당시 일본어 모음 /e/의 구개성은 /e, se, ze/에서만 인정되고, 한국어의 단모음화된 /ㅔ/를 적기 위해 e를 사용한 예가 한국어-가나 전사 자료에서 적지 않게 보이기 때문이다.[15] 나아가 李東郁(2004/2008)은 (그의 설명에 따르면) 모든 자음 뒤의 /e/가 구개적으로 전사된 『捷解新語』, 『倭語類解』, 『方言類釋』이 /e, se, ze/만 구개적으로 전사된 가톨릭 선교사 자료보다 후대의 것이라는 모순을 해결하기 위해, 이

15) 민병찬(2003: 119-120)에서도 『倭語類解』 시기에 /te, ne/에서 먼저 구개성이 상실되었고 그 이유는 모두 /te, ne/와 /j/가 모두 전설적이기 때문에 /tje, nje/에서 /j/의 탈락이 먼저 일어났다고 하였다. 그러나 이 주장은 李東郁(2004/2008)의 것과 대동소이하며 문제점 또한 그대로 안고 있어 받아들이기 어렵다.

자료들이 규슈 방언의 영향을 받은 것이라는 ラング(1971)의 주장을 따르고 있다. 그러나 이미 3.2절에서 비판하였듯이 이러한 주장은 순환론에 빠지게 되며, 입증할 만한 다른 증거가 없어 받아들이기 어렵다.

3.3.2.4. 일본 체류 기록

일본 체류 기록은 임진왜란 때 일본에 포로로 억류되어 있다가 돌아왔거나 일본에 통신사로 다녀온 이들이 남긴 기록으로, 일본어를 한자나 한글로 전사한 것들이다. 이 자료들의 일본어는 일본의 지명이 대부분이고 일부 일본어 어휘가 포함되어 있는데, 이 가운데에는 한국어 모음의 변화와 관련하여 흥미로운 사실을 제공해주는 것들이 있다.[16]

3.3.2.4.1. 17세기 자료 : ㅕ~ㅖ

임진왜란 당시에 일본에 포로로 잡혀가 억류 생활을 하다 조선에 돌아온 이들이 남긴 기록이나, 일본에 통신사로 다녀온 이들이 남긴 사행록에는 일본 여러 곳의 지명이 한자나 한글로 기록되어 있다.

먼저 살펴볼 것은 임진왜란 당시에 포로로 잡혀 갔다 돌아온 이들의 기록이다. 정호인(鄭好仁)의 『정유피란기(丁酉避難記)』(1613 편집)와 강항(姜沆)의 『간양록(看羊錄)』(1656)에는 일본 전역의 개요가 설명되어 있는데, 난상에 한글로 지명의 발음이 표기되어 있는 것이 특징이다. 두 책에 기록되어 있는 지명을 비교하면 다음과 같다.[17]

16) 본 절의 내용 가운데 통신사 기록과 관련해서는 김은숙(2013)이 많은 도움이 되었다.
17) 비슷한 시기에 편찬된 다른 포로 기록에도 일본의 지명이 기록되어 있는 경우가 있으나, 전반적으로 두 자료와 큰 차이가 없다.

(18)	『丁酉避難記』	『看羊錄』
ㄱ. 摂津 [ʃetʦu]	즈노구니	셥주
ㄴ. 伊勢 [iʃe]	시셰	이셰이
ㄷ. 上野 [kou^{n}dzuke]	고온즉기	가미주계
ㄹ. 下野 [ʃimo^{n}duke]	시모즉기	지모주계
ㅁ. 出羽 [dewa]	뎨와	뎨와
ㅂ. 越前 [jeʧiʒeɴ]	예치젼	예지젼
ㅅ. 越中 [jetʧjuː]	엳쥬	엳쥬
ㅇ. 越後 [jeʧi^{ŋ}go]	연진고	예징고
ㅈ. 備前 [^{m}biʒeɴ]	미젼	비젼
ㅊ. 筑前 [ʧikuʒeɴ]	직궁젼	지구젼
ㅋ. 豊前 [^{m}buʒeɴ]	뷔젼	부젼
ㅌ. 肥前 [hiʒeɴ]	빠젼	혀젼

약간의 오자는 보이지만 대체로 '[ʃet]-셥, [ʃe]-셰, [ke]-기~계, [de]-뎨, [je]-예~여, [jet]-엳, [ʒeɴ]-젼'과 같은 대응을 보인다. 학습서류와 마찬가지로 /_N/, /_Q/ 환경에서 'ㅖ'가 아닌 'ㅕ'로 전사하는 현상이 존재함을 알 수 있다.

1617년 통신사로 일본에 다녀온 이경직(李景稷)이 쓴 『부상록(扶桑錄)』에는 다음과 같은 /e/를 포함한 일본어 어휘가 수록되어 있다.

(19)	
ㄱ. 筑前 [ʧikuʒeɴ]	至久前(지구젼)
ㄴ. 上様 [ujesama]	又沙馬(우사마)
ㄷ. 折烏帽子 [orije^{m}boʃi]	烏里染甫是(오리염보시)

ㄹ. 烏帽子 [jeᵐboʃi] 染甫是(염보시)

[ʒeɴ]과 '젼'의 대응이 보인다. [uje]를 '우'로 적은 것은 청취에 문제가 있었던 듯하다. 한편 [jeᵐ]은 '염'으로 전사되어 있다.

1636년 통신사로 다녀온 김세렴(金世濂)의 『해사록(海槎錄)』에는 '折烏帽子(oriebosi) : 烏里染(浦是)(오리염포시)[18]'가 실려 있다. 마찬가지로 1636년 사행에 참여한 황호(黃㦿)의 『동사록(東槎錄)』에는 '折烏帽子(oriebosi) : 烏里汝甫是(오리여보시)', '烏帽子(ebosi) : 汝甫是(여보시)'가 실려 있다. 여기에서는 [jeᵐ]과 '여, 염'의 대응이 보인다.

1655년 통신사에서 종사관으로 일본에 다녀온 남용익(南龍翼)이 저술한 『문견별록(聞見別錄)』에 실려 있는 일본 지명 가운데 /e/를 포함한 것은 다음과 같다.

(20)

ㄱ. 鴨瀬 [kamoʃe] 加毛世(가모셰)
ㄴ. 下関 [ʃimonoʃeki] 施毛老西其(시모노셔기)
ㄷ. 上関 [kaminoʃeki] 加未老西其(가미노셔기)
ㄹ. 見付 [mitsuke] 未卽界(미즉계)
ㅁ. 懸川 [kakeᵑgawa] 加京加臥(가경가와)
ㅂ. 藤枝 [huⁿʒijeda] 訓之藝多(훈지예다)
ㅅ. 江尻 [jeʒiri] 藝之里(예지리)
ㅇ. 箱根 [hakone] 花久女(화구녀)
ㅈ. 江戸 [jeⁿdo] 延刀(연도)

18) 원문에는 '漆'로 되어 있으나, '染(염)'의 잘못으로 보여 수정하였다.

ㅊ. 越介谷 [jeʦu^{ŋ}gawa] 藝曾加臥(예증가와)

ㅋ. 糟壁 [kasu^{ŋ}gabe] 加升加非(가승가비)[19]

또, 『聞見別錄』에는 일본어의 첩어와 관련하여 '찬미하고 경탄함이 대단할 적에' 쓰는 말로 '沙第沙第(사뎨사뎨)'를 기록하였다. 이것은 '第(뎨)'를 이용하여 일본어의 [te]를 전사한 것이다. 따라서 이 당시 한국어의 /뎨/에는 구개화가 일어나지 않았음을 짐작할 수 있다.

한편 『聞見別錄』과 마찬가지로 남용익이 저술한 『부상록(扶桑錄)』「부상일록(扶桑日錄)」에는 일본 지명이 한자가 아닌 한글로 기록되어 있는데, 이 가운데 /e/를 포함한 것은 다음과 같다.

(21)

ㄱ. 下關 [ʃimonoʃeki] 시모로셔기

ㄴ. 上關 [kaminoʃeki] 가미로셔기

ㄷ. 懸川 [kake^{ŋ}gawa] 가경가와

ㄹ. 藤枝 [hu^{n}ʒijeda] 훈지예다

ㅁ. 江尻 [jeʒiri] 예지리

ㅂ. 江戸 [je^{n}do] 연도

ㅅ. 糟壁 [kasu^{ŋ}gabe] 강승기비

한자와 한글 표기 간에 약간의 차이는 있지만 '[ʃe]-셰~셔, [ke]-계, [ke^{ŋ}]-경, [je]-예, [ne]-녀, [je^{n}]-연, [be]-비'와 같은 대응을 보인다. 통신사 기록에서도 임진왜란 포로 기록에 수록된 지명에서와

---

19) 원문에는 '加什加非'로 되어 있으나 잘못으로 보여 수정하였다.

마찬가지로 /_N/, /_Q/ 환경에서 'ㅖ'가 아닌 'ㅕ'로 전사하는 경향이 두드러진다.

3.3.2.4.2. 18세기 자료 : ㅕ~ㅖ

1719년 통신사에 제술관으로 다녀온 신유한(申維翰)이 지은 『해유록(海遊錄)』에는 지명 외에도 다양한 일본어 어휘가 수록되어 있는데, 이 가운데 /e/와 관련된 것을 정리하면 다음과 같다.

(22)

ㄱ. 青 [ʃei]	世伊(셰이)
ㄴ. 江 [jei]	乂伊(예이)
ㄷ. 天/千/泉 [ʃeɴ]	仙(션)
ㄹ. 御前様 [omajesama]	烏麻伊沙麻(오마이사마)
ㅁ. 筆 [hude]	侯代(후ᄃᆡ)
ㅂ. [jei]	乂伊(예이)
ㅅ. [jesajesa]	乂沙乂沙(예사예사)

1763년 통신사에서 정사로 일본에 다녀온 조엄(趙曮)이 저술한 『해사일기(海槎日記)』에 실려 있는 일본 지명 가운데 /e/를 포함한 것은 다음과 같다.

(23)

ㄱ. 筑前 [ʧikuʒeɴ]	只口前(지구젼)
ㄴ. 赤間関 [akamaʃeki]	我可麻石伊(아가마셕이)
ㄷ. 上関 [kaminoʃeki]	加未老石伊(가미로셕이)

ㄹ. 竹原 [takehara] 多溪所羅(다계소라)

ㅁ. 彥根 [hikone] 屎古禮(히고례)

ㅂ. 見付 [miʦuke] 米즈界(미즈계)

ㅅ. 懸川 [kakeᵑgawa] 加京可臥(가경가와)

ㅇ. 藤枝 [huʒijeda] 後之與多(후지예다)

ㅈ. 江尻 [jeʒiri] 乂之里(예지리)

ㅊ. 清見寺 [ʃeikenʒi] 世以見時(셰이견시)

ㅋ. 箱根 [hakone] 阿古呂(아고려)

ㅍ. 江戸 [jedo] 乂刀(예도)[20]

같은 1763년 통신사로 다녀온 남옥(南玉)의 『일관기(日觀記)』와 『해사일기(海槎日記)』에 기록된 지명들 가운데 /e/를 포함한 것으로 '見付[miʦuke] : 米즈界(미즈계)'가 있다. 또 같은 1763년 통신사행에서 편찬된 저자 미상의 『계미수사록(癸未隨槎錄)』 「노정기(路程記)」에는 일본 지명이 수록되어 있는데, 이 가운데 /e/를 포함한 것을 보면 다음과 같다.

(24)

ㄱ. 彥根 [hikone] 히코네

ㄴ. 赤間関 [akamaᵑgaʃeki] 악가망가셔기

ㄷ. 上関 [kaminoʃeki] 가미노셔기

ㄹ. 見付 [miʦuke] 미쯔계

ㅁ. 懸川 [kakeᵑgawa] 각경가와

---

20) 원문에는 '又刀'로 되어 있으나 '乂刀'의 잘못임이 분명하므로 수정하였다.

ㅂ. 藤枝 [huʒijeda] 후지예다

ㅅ. 江尻 [jeʒiri] 예지리

ㅇ. 箱根嶺 [hakonerjoː] 학고네요오

ㅈ. 江戶 [jedo] 예도

18세기 통신사의 기록에서도 '[ʒen]-젼, [ʃe]-셰, [ʃeki]-셕이~셔기, [ʃeɴ]-션, [ke]-계, [ne]-례~려, [keⁿ]-경, [je]-예, [ken]-견'과 같은 대응을 찾아볼 수 있다. 이 시기 일본 체류 기록에서도 여전히 'ㅕ'와 'ㅖ'가 함께 쓰이는 것을 보면 17·18세기의 학습서류에서 /e/의 전사가 'ㅖ'로 통일되는 양상은 의도적인 개정에 가까움을 짐작할 수 있다.

17·18세기 일본 체류 기록의 일본어 전사 양상 가운데 가장 눈에 띄는 것은 『海遊錄』에서 /hude/의 /de/를 전사하는 데 'ᄃᆡ'를, 『癸未隨槎錄』에서 /hakone/와 /hikone/의 /ne/를 전사하는 데 '네'를 사용하였다는 사실이다. /e/에 'ㆎ'나 'ㅔ'를 대응시킨 예는 이전 시기의 일본 체류 기록에서는 보이지 않는 것으로, 18세기 한국어에서는 /ㆎ/나 /ㅔ/가 단모음화되는 경우가 있었음을 보여주는 것이다(陳南澤 2003: 44). 특히 이러한 단모음화의 징후가 /ㄷ, ㄴ/과 같은 치경 자음 뒤에서 나타난다는 점이 주목되는데, 이는 앞서 다룬 『倭語類解』에서 /te, ne/ 표기에 '데, 네'가 쓰인 사실과 부합하는 것이다. 또한 이러한 전사 양상은 제4장에서 검토할 한국어-가나 전사 자료에서 확인되는 것과도 일치한다. 한국어-가나 전사 자료에서도 비어두의 /ᄃᆡ/가 /te/로 전사되는 예가 있으며 /ㅔ/가 /e/로 전사되는 예는 주로 비어두의 /ㄴ/을 초성으로 갖는 음절에서 나타나기 때문이다. 두 유형의 전사

자료에서 이러한 공통점이 나타나는 것은 우연이라고 하기 어렵다.

3.3.3. 19·20세기 자료 : ㅔ~ㅖ

19세기 말부터 20세기 전반기에 걸쳐 많은 일본어 학습서가 간행되었다. 근대 일본어 학습서에서 일본어 /e/는 거의 'ㅖ'나 'ㅔ'로 전사된다. 근대 일본어 학습서의 일본어 한글 표기를 검토한 김명주(2015), 黃雲(2019)에서 정리한 근대 일본어 학습서의 /e/ 전사를 수합하고 연도별로 정리하여 제시하면 다음과 같다.

[표 3-10] /e/의 전사 양상 (19·20세기 학습서류)

자료명	エ [e]	ケ [ke]	セ [se]	テ [te]	ネ [ne]	ヘ [he]	メ [me]	고 [je]	レ [re]	고 [we]
일어공부(1891)	예	계	셰	데	녜	혜	몌	예	례	예
일어첩경(1895)	에	게	세	데	네	헤	메	에	레	에
일본어독안내(1895)	예	계	셰	데	네	혜	몌	예	레	웨
단어연어 일화조준(1895)	에	계	셰	데	녜	헤	메	예	례	예
간이첩경일어독학(1897)	예	계	셰	데	네	혜	몌	예	레	웨
독수자재일어첩경(1905)	에	계	셰	데	녜	해	메	예	례	웨
일어회화(1905)	예	계	셰	데	네	혜	몌	예	레	웨
독습 일어정칙(1908)	에	게	셰	데	네	헤	메	에	레	예
초등자해 일어문전(1909)	에	게	세	데	네	헤	메	예	레	에
개정 정선일어대해(1909)	에	게	셰	데	네	헤	메	에	레	예
일어정편(1910)	에	게	셰	데	네	헤	메	에	레	예
정선 일어통편(1911)	에	게	셰	데	네	헤	메	에	레	예
일본어학 음어편(1912)	에	게	세	데	네	헤	메	예	레	에
증정개판 중등일문법(1913)	에	게	세	데	네	헤	메	에	레	예
무쌍 일어자통(1914)	에	게	세	데	네	헤	메	예	레	에
속수 국어독본(1914)	에	게	세	데	네	헤	메	에	레	에

19세기 말에 간행된 일본어 학습서에서는 'ㅔ'와 'ㅖ'를 혼용하는 경향이 있는 반면, 20세기에 들어서면 /e/의 전사는 대체로 'ㅔ'로 통일되어 가는 모습을 볼 수 있다. 특히 설정 자음을 지닌 /te, ne, re/를 전사할 때 'ㅖ'보다 'ㅔ'가 많이 쓰이는 것은『倭語類解』에서의 양상과 일치하며, 설정 자음이 초성일 때 한국어 /ㅔ/의 음가가 명확하게 [e]로 인식되었음을 보여준다.

일부 일본어 학습서에서 'ㅔ'가 아닌 'ㅖ'가 쓰이는 것은 이전 시기의 관습적인 표기를 계승하는 것으로 볼 수도 있으나, 당시 일본어 학습서 편찬자들의 인식 속에서 /ㅔ/와 /ㅖ/의 음가에 별 차이가 없었음을 방증하는 것이기도 하다. 19·20세기에 자음 뒤의 /e/와 /je/가 구별되지 않았다는 증거는 문헌상에서도 많이 나타난다(백두현 1992: 192-193).[21)]

따라서 위와 같은 근대 일본어 학습서의 일본어 /e/ 한글 전사 양상은 일본어의 /e/가 'ㅕ'나 'ㅖ'로 표기되던 전근대 시기의 상황과 달리 /ㅔ/의 단모음화가 19세기 말 이전에 확실하게 자리를 잡았음을 보여주는 것이다.

3.4. 정리

이제까지 검토한 일본어-한글 전사 자료의 일본어 /e/ 전사에서 나

21) 예컨대 19세기 문헌인『십구사략언해(十九史略諺解)』에는 '계환ᄌᆞ(季桓子)', '혜왕(惠王)' 등 /ㅖ/를 갖는 단어의 /ㅖ/를 'ㅔ'로 적은 예가 많이 나타난다.

타나는 특징을 정리하면 다음과 같다.

첫째, 일본어 /e/의 전사에는 기본적으로 'ㅖ'가 쓰였으나, 초성에 /ㄴ/이 오거나 폐음절일 경우에는 'ㅕ'가 쓰이는 경향이 있다. 이에 대해서는 일찍이 김완진(1963/1971: 22)도 지적한 바 있는데, 이러한 경향은 치경음이 갖는 [+설정성]과 관련되는 것이다. 자료에 나타나는 양상을 살펴보면 15-18세기 한국어의 /ㅕ/는 /ㄴ/ 뒤나 폐음절에서 [je], 다른 환경에서 [jə]라는 변이음으로 실현되었음을 인정할 수있다.

둘째, 『捷解新語』의 개수 과정에서 일본어 /e/를 전사하기 위해 쓰인 모음자는 'ㅕ'와 'ㅖ'에서 'ㅖ'로 통일되어 갔다. 이는 /ㅕ/의 후설화가 진전되면서 [jə]로 실현되는 빈도가 늘어나게 되어, 언제나 [je(j)]로 실현되어 /e/의 전사에 보다 적합했던 /ㅖ/로 전사를 통일했기 때문일 가능성이 높다. 물론 이러한 의도적인 전사의 통일을 실제 한국어에서 일어난 변화와 등치시킬 수는 없다. 그러나 변화의 방향이 'ㅖ'에서 'ㅕ'가 아니라 'ㅕ'에서 'ㅖ'인 것은 /ㅕ/의 후설화를 암시하는 것이다.

이처럼 300년이 넘는 긴 기간 동안, 서로 다른 한국인 저자가 편찬한 다양한 문헌에서 일본어의 /e/가 'ㅕ'나 'ㅖ'로 전사되는 예가 보인다. 이러한 일관성을 선행 문헌의 답습이나 (한국어나 일본어의) 특정 방언의 영향 때문으로 치부하는 것은 무리한 일이다. 이는 일본어 /e/와 한국어 /ㅕ/, /ㅖ/가 갖는 음성적 유사성, 즉 전설성에 기인한 것으로 보는 것이 타당할 것이다.

셋째, 『倭語類解』의 일본어 /e/ 전사에는 기본적으로 'ㅖ'를 사용하였으나, 선행 자음이 /t/, /n/인 경우에만 'ㅔ'를 사용하였다. 이것은 18세기 말에 이르러 다른 자음보다 선구적으로 /ㄷ, ㄴ/ 뒤에서 /ㅔ/의 전설단모음화가 일어났음을 보여주는 것이다.

넷째, 17·18세기 일본에서 포로 생활을 경험했거나 통신사로 일본에 다녀온 사람들이 지명 등의 일본어 어휘를 한자나 한글로 표기한 자료를 검토해 보면, 앞서 살펴본 일본어-한글 전사 자료의 전사 양상과 대체로 일치하는 것을 알 수 있다. 일본어의 /e/는 /ㄴ/이 선행하거나 폐음절인 환경에서 'ㅖ'보다는 'ㅕ'로 적히는 경향이 분명히 드러나는 것이다. 특히 이 가운데 18세기 자료에서 /te, ne/를 'ᄃᆡ, 네'로 전사한 것은 『倭語類解』에서 /te, ne/를 '데, 네'로 전사한 것과 평행한 현상이며, 단모음화의 확산 시기를 추정하는 데 있어 매우 귀중한 예이다.

다섯째, 19세기 말 이후의 일본어 학습서에서는 일본어의 /e/를 적기 위해 대체로 'ㅔ'를 사용하였다. 이는 19세기 말 이전에 /ㅔ/의 단모음화가 상당히 진행되어 일본어의 /e/를 나타내기에 적합한 모음으로 인식되었기 때문이다.

이상의 검토를 통하여 일본어 전사 자료에서는 일본어의 /e/를 전사하기 위해 'ㅕ'와 'ㅖ'를 사용하였으며, 이 가운데 'ㅕ'는 초성이 치경음이거나 폐음절인 환경에서 유의미하게 높은 비율로 사용됨을 확인하였다. 또한 『捷解新語』의 개수 과정에서는 'ㅕ'와 'ㅖ'의 전사가 'ㅖ' 쪽으로 통일되어 가는 모습을 보이는데, 이는 /ㅕ/가 후설화되고 있었으므로 /e/를 전사하기에는 'ㅖ'가 더 적절해졌기 때문이다. 그리고 18세기 말 『倭語類解』의 전사와 18세기 중엽의 통신사 기록에서 일본어의 /e/를 전사하기 위해 '데, 네'를 사용한 것은 /ㄷ, ㄴ/ 뒤에서 선구적으로 /ㅔ/의 전설단모음화가 이루어졌음을 의미한다. /ㅔ/의 전설단모음화는 19세기를 거치면서 완전히 정착되어 19세기 말부터 간행된 일본어 학습서에서는 /e/를 전사하기 위해 거의 'ㅔ'가 쓰이기에 이른다.

본 장에서 다룬 대부분의 자료가 중앙 관청인 사역원이나 그 관계자가 편찬하여 사용된 일본어 학습서라는 점은 매우 중요하다. 다음 장에서 다룰 한국어-가나 전사 자료는 쓰시마에서 만들어진 것이 많은데, 쓰시마는 부산의 왜관을 통해 조선과 교류하였다는 점에서 한국어-가나 전사 자료에서 나타나는 특이한 전사 양상을 동남 방언의 영향으로 치부하는 경우가 적지 않았기 때문이다. 그러나 사역원 왜학서를 편찬하는 데 관여한 역관이 모두 동남 방언 화자라고 단정할 수 없는 이상, 왜학서의 /e/ 전사 양상을 특정 방언의 영향으로 취급할 수는 없다. 반대로 한국어-가나 전사 자료에서 /ㅕ/가 e로 전사되는 예가 보이더라도 이 또한 특정 방언의 영향으로 단정할 수는 없을 것이다.

제4장

한국어-가나 전사를 통해 본 모음의 변화

4.1. 검토 대상과 방법

본 장에서는 한국어-가나 전사 자료에서 한국어의 모음이 전사된 양상을 확인한다. 이 과정에서 핵심이 되는 방법은 특정한 한국어 모음을 전사하는 데 사용된 가나가 어떤 것인지를 살피는 것이다. 예컨대 /ㅔ/라는 한국어 모음을 전사하는 데 쓰인 가나로 oi와 ei 또는 e가 있다면, 후설적인 요소를 포함하는 oi는 [əj]와 같은 음성 실현을 전사한 것이고 ei 또는 e는 /ㅔ/가 특정한 환경에서 음성적으로 전설화 내지 전설단모음화하여 [ej]~[e]와 같이 실현된 것을 전사한 것이라고 볼 수 있다. 그리고 이처럼 상이한 전사 양상을 자료별·환경별로 검토하면 전설모음의 형성 과정이 어디에서부터 시작되었는지를 짐작할 수 있다. 본 장에서 이러한 방법을 적용하여 전사 양상을 살펴볼 한국어 모음은 /ㅓ, ㅖ, ㅕ, ㅔ/와 /ㆎ, ㅐ, ㅚ, ㅟ/이다.

먼저 /ㅓ, ㅖ, ㅕ, ㅔ/는 모두 /ㅓ/를 핵모음으로 지닌다는 공통점이 있다. 통설에서는 『훈민정음(訓民正音)』의 기술에 의거하여 /ㅓ/의 음가를 [ə]로 추정해 왔다. 따라서 자연스럽게 /ㅖ, ㅕ, ㅔ/ 등 /ㅓ/ 계열

중모음의 핵모음 또한 [ə]인 것으로 보아 그 음가를 [jəj], [jə], [əj] 등으로 추정하였다. 그러나 전사 자료의 전사 양상을 확인해 보면 /ㅓ/의 핵모음은 언제나 o~a로 전사되는 반면, /ㅖ/의 핵모음은 언제나 e로 전사된다. 한편 /ㅕ/는 e로 전사되기도 하고 yo~ya로 전사되기도 하여 /ㅓ/와 /ㅖ/의 중간적인 모습을 보인다. /ㅔ/는 oi로 전사되는 경우가 많지만 e(i)로 전사되기도 한다. 이는 /ㅓ/ 계열 중모음들이 단모음 /ㅓ/의 후설화뿐만 아니라 전설모음의 형성 과정과도 깊은 관련이 있음을 보여주는 것이다. 따라서 먼저 이들 /ㅓ/ 계열 모음의 전사 양상을 검토하여 모음 체계 변화의 단초를 확인하고자 한다.

다음으로는 /ㆎ/의 전사 양상을 살펴본다. /ㆎ/는 선행연구에서 /ㆍ/의 비음운화에 따라 /ㅐ/로 합류하여 [ɛ]로의 전설단모음화를 경험한 것으로 추정되어 왔다. 그러나 실제로 자료상에서 확인되는 /ㆎ/의 전사 양상은 훨씬 복잡하며 크게 /ㅐ/로 합류하는 것, [e(j)]로 전설단모음화하는 것, /ㆍ/로 합류하는 것 등 세 가지 패턴으로 나눌 수 있다. 이러한 패턴은 /ㆎ/와 관련된 몇 가지 문제를 해결하는 데 도움을 줄 수 있다. 먼저 17세기 이후의 한글 문헌 자료 및 현대한국어에서 15·16세기의 /ㆎ/에서 기원한 단어들 중에 모음으로 /ㅐ/가 아니라 /ㅔ/를 갖는 단어가 존재하는 이유를 설명해 줄 수 있다. 다음으로는 15·16세기의 /ㆎ/에서 기원한 단어들 가운데 현대 한국어 여러 방언의 반사형이 /ㅏ/, /ㅡ/로 남아 있는 단어에 대한 설명을 제공해 줄 수 있다. 이 책은 이러한 점에 초점을 맞추어 /ㆎ/를 다룰 것이다.

마지막으로는 한국어 모음 체계에서 변화가 비교적 늦은 모음인 /ㅐ, ㅚ, ㅟ/의 전사 양상을 검토하도록 한다. 이 모음들의 변화에 대해서는 선행연구에서도 한글 문헌 자료를 대상으로 수많은 연구가 축적되어 있으나, 각 모음의 음성 실현 양상이나 변화가 촉발되는 음성적 환경에 대한 검토는 한글 표기 자체의 제약으로 인해 쉽지 않은 상황이었다. 이 책에서는 한국어 모음의 음성적 특징을 비교적 잘 드러낼 수 있는 가나 전사 자료를 중심으로 하여 이들 모음의 전사 양상을 검토한다. 그 과정에서 모음이 선구적으로 전설적으로 실현되는 환경에 대한 정보를 얻을 수 있을 것이다.

4.2. 한국어 모음의 전사 양상과 모음의 변화

4.2.1. /ㅓ/의 변화: [ə]

4.2.1.1. 학습서류

전기 학습서류 자료에서 /ㅓ/의 전사 양상은 아래 표와 같다. 아래 표에서 괄호 안의 숫자는 전체 용례 가운데 '가나'란에서 괄호 안의 가나(장음)로 전사된 예의 수를 나타낸다.[1)]

[표 4-1] /ㅓ/의 전사 양상 (전기 학습서류)

자료명	가나	위치		합계
		어두	비어두	
全一道人	o(o:)	344(6)	400	744 (94.8%)
	a	0	41	41 (5.2%)
	합계	344 (43.8%)	441 (56.2%)	785

1) 이 당시 일본어 표기법에서 owo, oho, ou는 모두 [o:]를 나타낸다. 이 책에서는 혼동을 피하기 위해 '가나'란에 'o:'로 나타내었다.

朝鮮語譯	o(o:)	166(12)	144	310 (69.2%)
	a	0	138	138 (30.8%)
	합계	166 (37.1%)	282 (62.9%)	448
韓語覺書	o(o:)	28(5)	26	54 (98.2%)
	ua	1	0	1 (1.8%)
	합계	29 (52.7%)	26 (47.3%)	55

전기 학습서류 자료에서 /ㅓ/를 전사하는 데에는 일반적으로 o가 쓰였고, 어두 위치에서는 장음 o:로 전사되기도 하였다. 비어두에서는 『全一道人』과 『朝鮮語譯』에서 a로 전사된 예가 보인다. a로 전사된 예는 제2음절 이하 위치에서 나타나는 문법형태소가 거의 대부분이다. 이하에서는 가장 많은 비중을 차지하는 o(:)의 예를 모음의 장단 구별과 관련하여 간략히 설명하고, a가 나타나는 예를 환경에 따라 나누어 살펴보기로 한다.

먼저 이들 자료의 /ㅓ/ 전사에서 어두의 o와 o:가 변별되는 예를 살펴보면 다음과 같다.

(25)

ㄱ. 허언[虛言] ホヲン [hooN] 〈韓072〉

ㄴ. 허:단[毁] ホヲタン [ho:taN] 〈韓068〉

ㄷ. 能히 寶覺올 :허ᄂᆞ·니(能隳寶覺ᄒᆞᄂᆞ니) 〈능엄경언해 9:50a〉

ㄹ. 거풀로 コッフ*ルロ [kopʰulro] 〈全56〉

ㅁ. 거:즛 コウツツ [ko:ʦut] 〈全47〉

ㅂ. 太子ᄂᆞᆫ :거즛:말 몯ᄒᆞ시ᄂᆞᆫ 거시니(夫太子法不應妄語 〈釋迦譜 卷3〉) 〈석보상절 6:10b〉

ㅅ. 머무르면　　　　　　モムルメヨン [momurumjoN] 〈譯81〉

ㅇ. 머:니[遠]　　　　　　モヲニ [mo:ni] 〈譯39〉

ㅈ. 뎌 부텨 滅度로 오미 甚히 키 오라 :머·니

(彼佛滅度已來ㅣ 甚大久遠ᄒᆞ니) 〈법화경언해 3:85b〉

위의 예들에서 알 수 있듯이 이들 자료에서 어두의 o:는 '헐다', '거즛', '멀다' 등 중세어에서 상성(上聲), 현대어에서 장음(長音)으로 나타나는 단어의 /ㅓ/를 전사하는 데 쓰이므로 /ㅓ/의 장음을 나타내는 것이 분명하다(허인영 2014: 99-101; 金文姬 2018: 86-88). 현대 한국어에서는 모음의 장단이 어두에서만 변별되는데, 이들 자료에서 o와 o:의 구별이 어두에서만 나타나는 것은 18세기 전반 한국어에서도 모음의 장단이 어두에서만 변별되었음을 의미한다. 이것은 모음의 길이가 변별적인 일본어 화자가 전사한 자료이기 때문에 분명히 드러나는, 한글 자료만으로는 알기 어려운 사실이다.[2)]

다음으로 /ㅓ/가 a로 전사되는 예를 살펴보자. 어두의 /ㅓ/는 『韓語覺書』에서 ua로 전사된 예 하나만 보일 뿐이다. 쓰시마에서 편찬된 한국어 학습서에서 발견되는 특징적인 표기인 호선(弧線)으로 'su'와 'a'를 연결시킨 것을 보면 한 음절을 나타내려고 한 것으로 보인다.[3)]

---

2) 이들 자료에서 장음으로 나타나는 단어로는 『韓語覺書』에서 '거:즛'(3), '헐:다[毁]'(2), 『全一道人』에서 '거:즛'(2), '거:의'(2), '멋:[何物]'(2), 『朝鮮語譯』에서 '어:이[何]'(9), '멀:다[遠]'(2), '거:의'(1)가 있다(괄호 안의 숫자는 출현 횟수를 나타냄).

3) 호선은 쓰시마의 한국어 학습서에서 사용되는 특징적인 부호 중 하나로, 둘 이상의 가나를 연결하여 그것들이 하나의 단위로 발음됨을 나타낸다. (마침표는 원문에는 없는 부호로, 연속되는 호선 간의 구분을 나타내기 위해 쓰인 것이다.)

ㄱ. 불그미요　　　　ハ*ルク.ミ.ヨ [palku.mi.jo] 〈全49〉

ㄴ. 우레ᄒᆞ며　　　　ウロイハミヨ [urojha.mjo] 〈全52〉

다만 어간 말음 /ㅡ/가 모음 어미 앞에서 탈락하는 현상은 15세기부터 있었으므로 '쓰-'와 '-어셔'의 결합임을 나타낸 형태적 표기일 가능성도 있다.

(26) 써셔[書] スアシヤ [suaʃa] 〈韓078〉

나머지는 모두 『全一道人』과 『朝鮮語譯』에서 비어두의 /ㅓ/가 a로 전사된 예이다. 그런데 이 예들을 살펴보면 전사 대상이 되는 요소에서 다음과 같이 흥미로운 공통점이 발견된다.

[표 4-2]는 두 자료에서 비어두 /ㅓ/가 한번이라도 a로 전사되는 경우, 해당 요소의 o와 a 비율을 제시한 것이다. 표에서 알 수 있듯이, /ㅓ/가 a로 전사되는 예는 불규칙하게 나타나는 것이 아니다. '여러'와 같은 관형사, '이러, 그러, 저러'와 같은 어근이 결합한 단어, '번, 적, 척' 등의 의존명사, 조사 '-부터', 연결어미 '-어', 선어말어미 '-거/어-', '-엇-, -더-' 등 특정한 단어나 형태소가 쓰이는 환경에서 나타난다. 이 요소들 이외의 비어두 /ㅓ/는 모두 o로 전사되므로, 비어두의 /ㅓ/는 대체로 o로 전사되고 특정 요소에서 a로도 전사된다고 정리할 수 있다.

[표 4-2] 비어두 /ㅓ/의 전사 양상 (전기 학습서류)

전사 대상	전사에 사용된 가나 (/o/ : /a/)	
	『全一道人』	『朝鮮語譯』
여러	0 : 1	0 : 5
이러X, 그러X, 져러X	0 : 4	4 : 34
의존명사 '번(番)'	0 : 5	2 : 14

의존명사 '적'	0 : 1	1 : 8
의존명사 '척(隻)'	-	1 : 12
조사 '-부터'	0 : 1	0 : 7
연결어미 '-어'	118 : 21	11 : 10
연결어미 '-거나'	-	0 : 8
선어말어미 '-엇-'	7 : 4	2 : 13
선어말어미 '-더-'	114 : 4	13 : 25
기타('커니와', '-ㄹ런지')	-	0 : 2

(27)

ㄱ. 여러 　 ヱラ [jera] 〈全20, 譯22〉

ㄴ. 이러니 져러니 　 イラニ テ*ラニ [irani ʧerani] 〈譯27〉

ㄷ. 세 번(番)을 　 ソイ バヌル [soi banul] 〈全81〉

ㄹ. 겨읍실 적부터 　 ケヲブシル サ*クフ*ッタ [keopʃil ʦakputʰa] 〈譯49〉

ㅁ. ᄇᆞᄅᆞ미 사오납거나 　 ハ*ラミ サヲナブカナ [parami saonapkana] 〈譯39〉

ㅂ. 니르럿더니 　 ニルラッタニ [nirurattani] 〈全95〉

cf. 돌려 가며 　 トルリヨ カミヨ [tolrjo kamjo] 〈全82〉

/ㅓ/가 a로 전사되는 환경은 '여러', '-부터', 연결어미 '-거나'와 같이 예외가 없는 경우도 있으나, 대체로 o로 전사되는 예가 공존하며 자료에 따라서는 같은 형태라도 o로 전사되는 비중이 훨씬 높은 경우도 있다. 이러한 환경상의 공통점은 후술할 견문록류 자료에서도 유사하게 나타나며, 같은 /ㅓ/ 계열 모음인 /ㅕ/와 /ㅔ/에서도 관찰된다. 이처럼 /ㅓ/가 a로 전사되는 예는 비어두라는 환경에 한정되며 예외가 존재하므로, /ㅓ/와는 다른 음소를 전사한 것이 아니라 비어두에 나타

나는 /ㅓ/의 음성적 특성을 반영했을 가능성이 높다.

[표 4-3] /ㅓ/의 전사 양상 (후기 학습서류)

자료명	가나	위치		합계
		어두	비어두	
物名	o(o:)	23(13)	30(12)	53 (100%)
	합계	23 (43.4%)	30 (56.6%)	53
交隣須知 [애스턴-C16]	o(o:)	28(13)	18(18)	46 (100%)
	합계	28 (60.9%)	18 (39.1%)	46

18세기 후반 이후에 편찬된 『物名』과 『交隣須知』[애스턴-C16]에서는 모두 /ㅓ/를 o로 전사하였다. 『物名』에는 일부 단문(短文)의 예도 실려 있으나 기본적으로 어휘집이므로 앞서 살펴본 전기 학습서류에서와 같이 a로 전사되기도 하는 의존명사나, 연결어미, 선어말어미가 나올 만한 환경이 많지 않다. 그러나 『交隣須知』[애스턴-C16]는 대화에 사용될 만한 문례를 모아 놓은 책이므로 연결어미 '-어'가 자주 나타나는데도 모두 o로 전사된 것이 특이하다.

이들 후기 학습서류 자료의 한 가지 특징은 /ㅓ/를 전사할 때 o 외에 일본어에서 장음 /o:/를 나타내는 데 쓰이는 가나를 사용한 예가 많다는 것이다. 전기 학습서류 자료에서처럼 어두에서 장음으로 실현된 /ㅓ/를 전사한 다음과 같은 예도 보인다.

(28)

ㄱ. 어:ᄉᆞ[御史] ヲヲサア [o:sa:] 〈物15b〉

ㄴ. 거:년[去年] コウニエン [ko:njeɴ] 〈物5a〉〈交337〉

ㄷ. 펴:져시니[擴] ポウチヨウシニイ [po:ʧo:sini:] 〈交333〉

그러나 전기 학습서류 자료에서는 장음을 나타낼 때에만 어두에서 o:가 쓰인 반면, 이들 자료에서는 o:가 어두의 장음을 나타내는 예도 있지만 그 외에는 별다른 규칙 없이 사용되는 것처럼 보인다. 어두/비어두는 물론이고, 선행하는 자음과 같은 음운적 환경과도 별다른 관련성을 찾을 수 없다.

(29)

ㄱ. 어름[氷]　　ヲウロム [o:rom] 〈物10a〉

ㄴ. 서리가[霜]　　ソウリカ [so:rika] 〈物4a〉 〈交331, 332〉

ㄷ. 서늘ᄒᆞ-　　ソヲノルハ [so:nolha] 〈物5b〉 〈交336, 338〉

ㄷ. 머리[頭]　　モウリ [mo:ri] 〈物20b〉

ㄹ. 홍어　　ホヲゴウ [ho:ŋo:] 〈物27b〉

ㅁ. 이삭버레　　イサクポウロイ [isakpo:roj] 〈物29b〉

ㅂ. 드러오니　　トウロウヲニイ [tu:ro:oni:] 〈交336〉

ㅅ. (팥죽) 쑤어　　スウヲヲ [su:o:] 〈交342〉

위에서 볼 수 있듯이 어두와 비어두 위치 모두에서 선후행 자음과 무관하게 장음 표기가 전사에 쓰인 것을 알 수 있다. 이처럼 불규칙한 전사 양상에서도 '서리', '서늘ᄒᆞ-'의 제1음절은 『物名』과 『交隣須知』[애스턴-C16]에서 모두 o:로 전사되어 있어 18세기 후반 이후의 한국어 /ㅓ/가 지닌 모종의 음성적 특성을 반영하는 것일 수도 있으나 단언하기는 어렵다.

4.2.1.2. 견문록류

견문록류의 /ㅓ/ 전사 양상은 다음과 같다.

[표 4-4] /ㅓ/의 전사 양상 (견문록류)

자료명	가나	위치		합계
		어두	비어두	
陰德記 (1660이전)	o	24	7	31 (60.8%)
	a	0	20	20 (39.2%)
	합계	24 (47.1%)	27 (52.9%)	51
朝鮮人來朝義式 (1711)	o	7	0	7 (70%)
	a	0	3	3 (30%)
	합계	7 (70%)	3 (30%)	10
和漢三才圖會 (1712)	o	7	1	8 (100%)
	합계	7 (87.5%)	1 (12.5%)	8
朝鮮物語 (1750)	o(o:)	14(1)	2	15 (88.2%)
	a	0	2	2 (11.8%)
	합계	13 (76.5%)	4 (23.5%)	17
朝鮮通信使 一行座目 (1764)	o	0	15	15 (88.2%)
	oa	0	1	1 (5.9%)
	a:	1	0	1 (5.9%)
	합계	1 (5.9%)	16 (94.1%)	17
朝鮮通言國字 (1786)	o(o:)	24(4)	7	31 (88.6%)
	a	0	4	4 (11.4%)
	합계	24 (68.6%)	11 (31.4%)	35
朝鮮口聞書 (18세기 말)	o(o:)	53(2)	39	92 (89.3%)
	a	0	11	11 (10.7%)
	합계	53 (51.5%)	50 (48.5%)	103
長崎朝鮮風土記 (18세기 말)	o(o:)	11(1)	5	16 (88.9%)
	a	0	2	2 (11.1%)
	합계	11 (61.1%)	7 (38.9%)	18

津島日記 (1818 이후)	o	6	2	8 (88.9%)
	a	0	1	1 (11.1%)
	합계	6 (66.7%)	3 (33.3%)	9
朝鮮聞見錄 (1842)	o	6	2	8 (88.9%)
	a	0	1	1 (11.1%)
	합계	6 (66.7%)	3 (33.3%)	9
朝鮮人見聞書 (1830이후)	o	1	2	3 (33.3%)
	a	1	5	6 (66.7%)
	합계	2 (22.2%)	7 (77.8%)	9

/ㅓ/가 어두에서는 거의 o로 전사되고 a로 전사되는 예는 비어두로 한정된다는 점에서 전반적으로 학습서류 자료와 유사하다. 이 자료들 가운데 『朝鮮物語』, 『朝鮮通言國字』, 『朝鮮口聞書』, 『長崎朝鮮風土記』에서는 다음과 같이 어두에 나타나는 /ㅓ/의 장음을 o:로 전사한 예들이 보인다.

(30)
ㄱ. 머:시가[무엇이] モウシガ [mo:siga] 〈語282〉
ㄴ. 머:신가[무엇인가] モウシンガ [mo:siŋga] 〈通1b, 2a〉
ㄷ. 머:시라[무엇이라고] モウシラ [mo:sira] 〈口3a〉
ㄹ. 범:[虎] ホウミイ [po:m(i)] 〈通11b〉
ㅁ. 거:즌말 コウツンマル [ko:ʦummal] 〈口38a〉
ㅂ. 너:[四] 돈 トウトン [^{d}no: toɴ] 〈長127〉

어두에 한정하여 이러한 장음의 예가 나타나는 것은 학습서류 자료와 공통된다. '멋:'과 같은 의문대명사 형식은 현대어 사전에서 '뭣'의 남부 방언으로 실려 있다. 그러나 '뭣'은 현대의 중앙어에서도 구어에서 /머/로 실현되는 경우가 많으므로, 당시에 '무엇'의 변형인 '뭣'이 느슨하게 발음되어 반모음 /w/가 적극적으로 실현되거나 청취되지 않았음을 보여주는 것으로 해석할 수도 있다.[4)]

비어두에서 /ㅓ/가 a로 전사된 예는 다음과 같이 앞서 학습서류 자료와 동일한 환경에서 주로 나타난다.

[표 4-5] 비어두 /ㅓ/의 전사 양상 (견문록류)

전사 대상	전사에 사용된 가나 (/o/ : /a/)						
	陰	語	來	通	口	長	津
여러			0:1				
이러X, 그러X, 뎌러X, 엇더X	1:3		0:1		0:1		0:1
의존명사 '번(番)'				1:0			
의존명사 '적'				1:0			
연결어미 '-어'	0:9	0:1	0:1	0:2	13:7	1:2	
선어말어미 '-거/어-'	0:8	1:1		2:1	3:3		0:3
선어말어미 '-엇-'				1:0	1:0		
선어말어미 '-더-'					4:0		

특정한 단어의 비어두 위치나 문법형태소의 /ㅓ/가 o 아닌 a로 전사되는 경향은 견문록류 자료에서도 학습서류 자료에서와 동일하게 나타나는데, 이를 우연이라고 보기는 어렵다.

4) '멋:'은 『全一道人』과 『朝鮮語譯』에서도 출현한다. 학습서류와 견문록류 자료에 모두 출현하는 '멋:'을 남부 방언의 증거로 삼을 수도 있으나, 두 문헌이 상당한 격식성을 띠고 있으며 불규칙 활용 등에서 남부 방언의 영향이 거의 보이지 않으므로 이 책에서는 '멋:'을 '뭣'의 변이형으로 취급하기로 한다.

(31)

ㄴ. 닐거라[起]	チルカラ [ᵈnilkara] 〈陰145〉
ㄷ. 무거라[食]	ムカラ [mukara] 〈陰186〉
ㄹ. 주어라[與]	ツハラ [ʦuara] 〈語269〉
ㅁ. 수머[隱]	スマ [suma] 〈陰178〉
ㅂ. 무러보다[問]	ムラボタ [murabota] 〈語259〉
ㅁ. 이러	イラ [ira] 〈陰253,254,255〉, 〈來65〉

한편 견문록류 자료에서는 학습서류 자료와 달리 어두에서도 /ㅓ/가 o 아닌 a로 전사된 다음과 같은 예가 보인다.

(32)

ㄱ. 허규[許圭]	ハアキウ [haːkju] 〈座6b〉
ㄴ. 먹[墨]	マフ [map] 〈見125〉

'허규'는 인명인데, 통신사 일행과 관련된 정보를 받아 적은 『朝鮮通信使一行座目』의 특성상 한자를 한 글자씩 읽을 때 수의적으로 길게 발음한 '허(許)'의 모음을 [aː]로 청취한 결과로 보인다. '먹'의 종성을 hu로 전사한 것은 의심스러우나, 『朝鮮人見聞書』의 저자가 한국어에 대한 정보가 없는 상황에서 표류민의 말을 들리는 대로 받아 적다 보니 생긴 오류인 듯하다.[5] /ㅓ/를 저설적으로 청취하여 a로 전사한 것으로 보인다.

5) 'フ'는 'ク'의 오사(誤寫)일 가능성도 있다.

비어두의 /ㅓ/ 전사 가운데 특이한 것으로는 다음과 같은 것들이 있다.

(33)

ㄱ.	슈건(手巾)	シユクワン [ʃukwaɴ] 〈陰83〉
ㄴ.	원즁거(元仲擧)	ヲンチユグゴウ [wonʧuŋgoː] 〈座2b〉
ㄷ.	슈헌(水軒)	シユオアン [ʃuoaɴ] 〈座5a〉
ㄹ.	뜨겁소	トカソ [toka(p)so] 〈通11a〉
ㅁ.	눈섭	ヌンサブ [nunsap] 〈聞98〉
ㅂ.	셔런[三十]	シヤアラン [ʃaːraɴ] 〈見11,19,23〉

'슈건'의 /건/을 [kwaɴ]으로 전사한 것은 잘못 들었거나 발화자가 '슈관(首冠)'을 의도했을 가능성이 있다.[6] 『朝鮮通信使一行座目』에서 인명에 쓰인 한자 '거(擧)'와 '헌(軒)'의 모음 /ㅓ/를 각각 oː, oa로 전사한 것은 음운적인 차이를 반영한 것이라기보다 한자를 한 글자씩 받아 적는 과정에서 길게 발음하거나 입을 크게 벌려 말하는 것을 듣고 적었기 때문으로 보인다.

(33ㄹ-ㅂ)은 표류민의 발화를 기록하는 상황에서 /ㅓ/를 [a]로 청취한 것으로 보인다. 특히 '셔런'은 1829년 경상도 흥해 출신의 표류민 기록에 남아 있는 어형으로, '서른'의 경북 방언형인 '서런'을 잘 반영하고 있다. 이처럼 /ㅓ/가 a로 전사되는 예외적인 사례들은 견문록류 자료에서만 나타나는데, 이는 견문록류 자료의 비격식성과 함께 한국

6) '首冠'은 『표준국어대사전』에 '머리쓰개'의 북한어로 등재되어 있으나, 과거 한국어에 존재한 단어였을 가능성도 있다.

어에 대한 지식이 없는 일본어 사용자가 표류민 등 대체로 사회적 지위가 높지 않은 한국인의 한국어 발화를 들었을 때 받은 /ㅓ/의 청각적인 인상을 잘 보여준다.[7)]

陳南澤(2003: 167-171)은 /ㅓ/가 비어두에서 o 외에 a로 전사되는 예가 있다는 것을 특징으로 들면서 이러한 현상이 어미에서 현저하다는 사실을 지적하였으나, 구체적으로 어떤 형태소에서 a로 전사되는지까지는 검토하지 않았다. 이러한 현상의 원인에 대해 『全一道人』의 가나 전사를 검토한 高橋誠司(1998: 69)에서는 일본어에 /ㅓ/에 해당하는 음이 없다는 것과 함께 /·/의 비음운화 과정에서 일어난 모음추이와 관련될 가능성이 있다고 주장하였다. 한편 陳南澤(2003: 168)은 비어두에서 /ㅓ/와 /ㅏ/의 구별이 약해졌을 가능성이 보인다고 지적하였고, 『朝鮮語譯』의 모음 표기를 다룬 岸田文隆(2010: 4)은 비어두음절에서 /ㅓ/와 /ㅏ/의 대립이 약화하면서 /ㅏ/ 쪽으로 기울어지는 경향이 있다고 보았다.

허인영(2014: 76)에서 지적하였듯이, /ㅓ/가 a로 전사되는 현상을 모음추이와 관련된다고 본 高橋誠司(1998)의 입장에는 문제가 있다. /·/의 비음운화와 함께 /ㅓ/가 [ə]에서 후설화했다는 것은 일반적으로 받아들여지는 설명이지만, 이는 저설화와는 직접적인 관계가 없다. 그리고 모음추이로 인해 /ㅓ/가 후설화하는 동시에 저설 쪽으로도 움직였다면, 현대로 올수록 /ㅓ/는 /ㅏ/와 혼동되는 일이 늘어나고 전사 자료

7) 『朝鮮人見聞書』에 기록된 당시 표류 기사에서는 어민들에 대해 "이때의 열두 사람은 모두 글을 쓸 줄 모르고 하품(下品)이다.(此時十二人乘無筆ニテ下品也)"라고 하였는데, 이들과의 의사소통에 상당한 어려움이 있었음을 짐작할 수 있다(岸田文隆 1999: 122).

에서도 그러한 양상이 드러나야 하겠지만 실제로는 그렇지 않다. 많은 언어에서 모음의 변별은 어두에서 가장 뚜렷하고 비어두에서 약해지는 경우가 많다. 의존명사나 어미와 같이 주로 비어두 위치에서만 나타나는 요소에서는 그러한 경향이 더 현저할 것이다. 이 현상에 대해서는 비어두 위치의 특정 단어나 형태소의 /ㅓ/와 /ㅏ/의 대립이 약화되어 발음된 것을 [a]로 청취한 결과라고 이해한 陳南澤(2003)과 岸田文隆(2010)의 설명이 보다 설득력이 있다.

이제까지 살펴본 것처럼 한국어의 /ㅓ/는 전사 자료에서 줄곧 o~a로 전사되었다. 이를 통하여 앞서 제3장에서 살펴본 15세기 이후의 일본어-한글 전사 자료에서 일본어의 /e/를 전사하기 위해 'ㅓ'가 아닌 'ㅕ'나 'ㅖ'를 사용할 수밖에 없었던 이유도 짐작할 수 있다. 당시 한국어 화자들에게 /ㅓ/는 전설모음이 아니라는 것이 너무나도 분명했기 때문에 /e/의 전사에 'ㅓ'를 사용할 수 없었던 것이다. 뒤에서 살펴보겠지만 같은 시기 /ㅕ/나 /ㅖ/는 핵모음이 /e/에 가깝게 실현되는 경우가 많았기 때문에 일본어 /e/의 전사에 사용할 수 있었다고 보는 것이 자연스럽다.

4.2.2. /ㅖ/의 변화: [jej] > [je]

4.2.2.1. 학습서류

학습서류 자료에서 /ㅖ/의 전사 양상은 다음과 같다. 아래 표에서 괄호 안의 숫자는 전체 용례 가운데 '가나'란에서 괄호 안의 것으로 전사된 예의 수를 나타낸다.[8]

---

8) 이 당시의 일본어 표기법에서 ewe, ehe는 모두 /eː/를 나타낸다. 이 책에서는 혼동을

[표 4-6] /ㅖ/의 전사 양상 (학습서류)

자료명	가나	위치		합계
		어두	비어두	
全一道人	ei, ey	33	18	51 (55.4%)
	e	10	31	41 (44.6%)
	합계	43 (46.7%)	49 (53.3%)	92
朝鮮語譯	iei	7	0	7 (20%)
	ei	4	2	6 (17.1%)
	e	1	21	22 (62.9%)
	합계	12 (34.3%)	23 (65.7%)	35
韓語覺書	e(e:)	5(1)	2	7 (100%)
	합계	5 (71.4%)	2 (28.6%)	7
物名	iei	0	1	1 (10%)
	ei	3	1	4 (40%)
	ie	2	1	3 (30%)
	e:	2	0	2 (20%)
	합계	7 (70%)	3 (30%)	10
交隣須知 [애스턴-C16]	iei	1	0	1 (20%)
	ei	0	1	1 (20%)
	e(e:)	2(1)	0	2 (40%)
	iya	0	1	1 (20%)
	합계	3 (60%)	2 (40%)	5

앞서 /ㅓ/가 항상 o~a로 전사되었던 것에 비해 /ㅖ/의 핵모음은 일관되게 e로 전사된다. 다만 /ㅖ/의 앞뒤에 존재하는 반모음은 단어에 따라 있기도 하고 없기도 하다. 자료에 따라 전사 양상을 살펴보면, 하향반모음이 탈락한 예는 비어두에 몰려 있다. 특히 /ㅣ/로 끝나는

피하기 위해 '가나'란에 'e:'로 나타내었다.

체언에 후행하는 처격조사 '-예'는 예외 없이 e로 전사되어 있다. 이는 처격조사 '-예'가 이미 18세기 전반기에 현대어와 같은 [je]로 발음되었음을 의미한다. (34ㄹ)에서 처격의 '-예'를 ya로 전사한 것은 오류일 가능성이 높다.

(34)

ㄱ. 죽기예 ツクキヱ [ʦukkije] 〈全20〉
ㄴ. 외나무다리예 ヲイナムタリヱ [ojnamutarije] 〈譯19〉
ㄷ. 불시[不時]예 フルシヱ [pulʃije] 〈語029〉
ㄹ. ᄒᆞ기예 ハキイヤ [haki:ja] 〈交341〉
ㅁ. 관계[關係] グワンゲ [kwange] 〈譯31〉
ㅂ. 젼례[前例] テ*ルレ [ʧelre] 〈語016〉
ㅅ. 낙졔[絡蹄] ナクチヱ [nakʧe] 〈物28a〉

한편 어두에서는 『全一道人』과 『朝鮮語譯』 모두 ei, ey로 전사된 예가 우세하나 하향반모음이 탈락되어 e로 전사된 예가 소수 있고, 『韓語覺書』는 모든 /ㅔ/가 e로 전사되어 있다. 『韓語覺書』와 『物名』에서는 어두 /ㅔ/의 장음을 반영하는 e:의 예가 보인다. '혬'은 중세한국어에서 '생각하다', '세다'의 뜻을 지닌 상성 '혜-'의 명사형이고(金文姬 2018: 113), '혜일'의 '혜(惠)', '세우'의 '세(細)'도 중세한국어에서 상성으로 나타난다.

(35)

ㄱ. 세오다 セヲタ [ʃeota] 〈全25,50〉
ㄴ. 폐빅(幣帛) ヘ*バク [pebak] 〈全65〉

ㄴ'. 폐빅(幣帛)을　　ヘ*イバクル [pejbakul] 〈全84〉

ㄷ. 체[〈體]ᄒᆞ고　　テ*ホコ [ʧehoko] 〈全51〉

ㄹ. 옛과[여기]　　ヱックワ [jetkwa] 〈譯71〉

ㅁ. 례[例]대로　　レタイロ [retairo] 〈語018〉

ㅂ. 혬:을[계산]　　ヘヱムル [he:mul] 〈語076〉

ㅅ. 혜:일[惠逸]　　ヘエイル [he:il] 〈物13b〉

ㅇ. 셰:우[細雨]　　セエウ/セヱウ [ʃe:u] 〈物3b; 交331〉

하향반모음이 탈락한 예는 고유어 '셰오다', '예[여기]'나 '쳬(〈體) ᄒᆞ다', '世, 幣, 制, 例, 細, 蹄, 除, 諸' 등 한자에서도 나타나는데, 초성이 없거나 [+설정성] 자음인 경우가 많다. 한글 표기에서는 잘 드러나지 않지만 /ㅖ/를 모음으로 갖는 한자에서도 /j/ 탈락이 상당히 이른 시기부터 나타났음을 보여준다.

/ㅖ/의 구개성 반영과 관련하여, 상향반모음 /j-/가 반영된 예는 『全一道人』에는 전혀 나타나지 않으나 그 이후의 자료에서는 보인다. /ㅖ/가 ie(i)로 전사된 예는 『朝鮮語譯』에서 '녜[昔]'에, 『物名』과 『交隣須知』[애스턴-C16]에서 '졔(除, 諸, 帝, 祭)'에 나타난다. 『韓語覺書』에는 ie(i)의 예가 보이지 않는데, 초성이 /ㄴ/이나 /ㅈ/인 예가 없어 우연한 공백일 가능성이 있다.

(36)

ㄱ. 녯말이　　ニヱインマリ [njejnmari] 〈譯45〉

ㄱ'. 녜를　　ネイルル [nejrul] 〈全65〉

ㄴ. 졔야(除夜)　　チエヤア [ʧeja:] 〈物7b〉

ㄷ. 졔ᄉᆞᄒᆞᄂᆞᆫ　　チヘイサハノン [ʧejsahanoɴ] 〈交342〉

『全一道人』의 전사에서는 /ㅖ/의 구개성을 반영하려는 의도가 보이지 않는 반면, 이후의 자료에서는 주로 /ㄴ, ㅈ/ 등 [+설정성] 자음 뒤에서 /ㅖ/의 구개성을 반영하려는 의도가 보인다. 반대로 [−설정성] 자음이나 /ㅅ/ 뒤에서는 /ㅖ/의 구개성을 반영하는 예가 보이지 않는다.[9)]

학습서류 자료에서 /ㅖ/의 구개성 반영 양상

① /ㅖ/가 −ie(i)로(구개성 반영):

예[여기], 녜[昔], 除, 諸, 帝, 蹄, 祭

② /ㅖ/가 −e(i)로(구개성 미반영):

계(〈芥), 戒, 係, 溪, 弊, 惠 / 世, 細, 例

한편 /ㅖ/의 가나 전사에서 구개성이 반영되는 양상과 관련하여 참고할 수 있는 것이 현대한국어 /ㅖ/의 발음이다. 현행 어문규범에는 이중모음 /ㅖ/의 발음이 다음과 같이 규정되어 있다.

한글 맞춤법 제8항

'계, 례, 몌, 폐, 혜'의 'ㅖ'는 'ㅔ'로 소리 나는 경우가 있더라도 'ㅖ'로 적는다.

표준 발음법 제5항

'ㅑ ㅒ ㅕ ㅖ ㅘ ㅙ ㅛ ㅝ ㅞ ㅠ ㅢ'는 이중 모음으로 발음한다.

다만 2. '예, 례' 이외의 'ㅖ'는 [ㅔ]로도 발음한다.

---

9) /ㅅ/은 [+설정성] 자음이지만 당시 일본어의 /se/는 [ʃe]로 발음되었으므로 /셰/의 가나 전사에서는 /ㅖ/의 구개성을 ie로 드러낼 필요가 없었을 것이다.

이 두 가지 규정은 모순적인데, 한글 맞춤법에 따르면 '례'도 /레/로 소리 나는 경우가 있지만 표준 발음법에 따르면 그렇지 않게 되기 때문이다. 하지만 실제로 언중들의 발음을 들어 보면 어떤 자음 뒤에서든 상향반모음이 없는 채로 발음하는 경우가 굉장히 많다. 결국 '례'도 /레/로 소리 나는 경우가 많으므로 /ㅖ/는 초성이 없는 경우를 제외하고 모든 자음 뒤에서 상향반모음 [j-] 없이 [e]로 발음할 수 있는 것이다. 한글 맞춤법과 표준 발음법에는 초성이 /ㄱ, ㄹ, ㅁ, ㅍ, ㅎ/만 제시되어 있는데, 이는 현대한국어의 중앙어에서는 /ㅈ, ㅊ/와 j계 상향이중모음의 결합이 불가능하고, 형태소 내부에서는 /ㅅ/과 /j/의 결합도 사라졌기 때문이다. 또한 현대한국어의 중앙어에는 /녜, 뎨, 볘, 켸, 톄/ 등의 음절도 존재하지 않는다.

이러한 한글 맞춤법과 표준 발음법의 규정은 현대한국어의 많은 방언에서 자음 뒤의 /ㅖ/가 항상 [e]로 실현되는 사실을 떠올리게 한다. 한글 문헌 자료에서는 /ㅔ/의 단모음화가 정착한 19, 20세기 자료에 가서야 /ㅖ/를 'ㅔ'로 표기한 예가 나타나 /ㅖ/의 구개성이 반영되지 않았음을 짐작할 수 있지만, 18-19세기에도 한국인들은 /ㅖ/를 [jej]가 아닌 [e(j)]로 발음하는 경향이 있었으며, 이러한 발음 실현은 가나 전사에 고스란히 반영되어 있는 것이다. 특히 [-설정성] 자음에서 구개성이 반영되지 않은 예가 많이 나타나는 것은, 중자음보다 변자음에서 구개적 요소가 남아 있기 어렵다는 범언어적 경향에 잘 부합한다 (Bateman 2011; Kochetov 2011).

가나 전사 자료로 미루어 보면 모든 자음 뒤에서 상향반모음 [j]가 필수적으로 실현되다가 후대에 와서 탈락한 것은 아니고, 18세기 혹은 그 이전부터 자음 뒤에서 /ㅖ/의 상향반모음 [j]가 잘 발음되지 않는 현상이 존재했을 가능성이 높다. 『全一道人』에는 상향반모음 [j]를 반영한 예가 아예 없는 것 또한 당시 한국어에서 수의적으로 [j]가 탈락하는 현상을 고려한 전사 양상이라고 생각된다. 19세기 이전의 한글 문헌 자료에서 /ㅖ/가 [e(j)]로 실현되었다는 근거를 찾아보기 어려운 이유는 전설중모음의 형성과 관련이 있다. /ㅖ/에서 상향반모음이 탈락하여 [e(j)]로 실현되었다고 하더라도, 전설중모음 [e]가 음소로 확립되어 있지 않은 상황에서는 그것을 표기할 만한 마땅한 한글 자모가 존재하지 않기 때문이다. 그러므로 /ㅔ/가 확고하게 전설중모음 /e/로 자리잡은 19세기 이후에야 /ㅖ/를 'ㅔ'로 표기한 예가 활발하게 나타나는 것이다.

4.2.2.2. 견문록류

견문록류 자료에서 /ㅖ/의 전사 양상은 다음과 같다.

[표 4-7] /ㅖ/의 전사 양상 (견문록류)

자료명	가나	위치		합계
		어두	비어두	
尊海渡海日記 (1539)	ei	1	0	1 (100%)
	합계	1 (100%)	0 (0%)	1
陰德記 (1660이전)	ei	3	1	4 (44.4%)
	e	4	1	5 (55.6%)
	합계	7 (77.8%)	2 (22.2%)	9
朝鮮人來朝義式 (1711)	ei	0	1	1 (33.3%)
	e	2	0	2 (66.7%)
	합계	2 (66.7%)	1 (33.3%)	3

朝鮮物語 (1750)	ei	0	1	1 (100%)
	합계	(0%)	(100%)	
朝鮮通信使 一行座目 (1764)	iei	0	3	3 (20.0%)
	eei	0	2	2 (13.3%)
	eai	0	1	1 (6.7%)
	ei	2	1	3 (20.0%)
	iee	1	4	5 (33.3%)
	ee	0	1	1 (6.7%)
	합계	3 (20%)	12 (80%)	15
朝鮮通言國字 (1786)	ei	2	0	2 (%)
	합계	2 (100%)	0 (0%)	100
朝鮮口聞書 (18세기 말)	e	3	2	5 (100%)
	합계	3 (60%)	2 (40%)	5
長崎朝鮮風土記 (18세기 말)	ei	1	2	3 (100%)
	합계	1 (33.3%)	2 (66.7%)	3
津島日記 (1818 이후)	ei	1	1	2 (50%)
	e	0	2	2 (50%)
	합계	1 (25%)	3 (75%)	4
朝鮮聞見錄 (1842)	ei	0	1	1 (50%)
	e	1	0	1 (50%)
	합계	1 (50%)	1 (50%)	2

견문록류 자료에서도 /ㅖ/의 핵모음은 항상 e로 전사되어 있다. 하향반모음이 탈락한 예를 먼저 살펴보면 견문록류 자료에서는 /ㅖ/를 (i)e로 전사한 예가 학습서류 자료와 달리 비어두에 몰려 있지는 않은데, 이는 학습서류 자료인 『全一道人』이나 『朝鮮語譯』과 달리 견문록류 자료는 어휘집의 성격을 띤 것이 많아 처격조사의 용례가 거의 없기 때문이다. 『朝鮮口聞書』와 『津島日記』에서는 처격조사 '-예'가 e

로 전사되어 있어 학습서류 자료와 동일한 양상을 보인다.

(37)

ㄱ. 궤예　　コイヘ [koj.je] 〈口27b〉

ㄴ. ᄒᆞ옵기예　　ハヲフキヘ [haopkije] 〈津128〉

처격조사 '-예' 외에 하향반모음이 탈락한 예는 비어두의 '엇뎨'와, 어두의 '예[여기]', '폐(弊)' 정도를 제외하면 보이지 않는다.

(38)

ㄱ. 엇뎨　　ヲシテ [oste] 〈陰359〉[10)]

ㄴ. 예[여기]　　ヱ [je] 〈陰129,132,228,243)〉

ㄷ. 예셔ᄂᆞᆫ　　ヱシヤノン [jeʃanon] 〈口34a〉

ㄹ. 예ᄭᆞ지　　エッカチ [jek'atʃi] 〈來115; 閒219〉

ㅁ. 폐(弊)로오시거니와　　ベロオシコニハ [perooʃikoniwa] 〈津154〉

견문록류 자료에서 /ㅖ/의 상향반모음이 전사에 ie(i)로 반영된 예는 어두의 '예'를 제외하면 관찰되지 않는다. 한국어 학습서에서 가나로 한국어를 전사한 이유는 발음 교육에 있기 때문에 최대한 한국어의 음성 실현을 잘 반영하려고 하였고, 따라서 학습서류 자료에서는 /ㅖ/를 ie(i)로 전사하여 구개성을 반영한 예가 일찍부터 나타난 것으로

---

10) 『陰德記』의 전사에서 'si'는 음절 말 /ㅅ/에 대응하는 것으로, 16세기 말 한국어 남부 방언에는 음절 말 위치의 /ㅅ/이 조음되는 사례가 남아 있었음을 보여준다. 志部昭平(1988), 이기문(1988) 참조.

보인다. 한편 견문록류 자료는 표류민 등 우연한 기회에 만난 한국인의 발화를 기록한 경우가 많기 때문에 /ㅖ/의 구개성을 주의해서 청취할 만한 이유가 없었고, 따라서 /ㅖ/의 구개성이 상대적으로 잘 반영되지 않았을 것이다.

견문록류 자료에서 /ㅖ/의 구개성 반영 양상

① /ㅖ/가 -ie(i)로(구개성 반영): 예[여기], 製, 濟, 弟 / 季

② /ㅖ/가 -e(i)로(구개성 미반영):

癸, 鷄, 溪, 啓, 弊, 惠 / 셰[舌], 禮, 弟

한국어-가나 전사 자료에서 /ㅖ/는 언제나 핵모음이 e로 전사되어 /ㅕ/가 후설화하는 것과 무관하게 전설성을 유지하고 있었음을 보여준다(陳南澤 2003: 186). /ㅖ/의 전설성 유지에는 /ㅕ/와 달리 /ㅖ/는 /ㅓ/를 사이에 두고 2개의 전설적 요소가 나타난다는 점이 크게 기여하였을 것이다(河野六郎 1952: 41). 일본어-한글 전사 자료에서는 15세기부터 'ㅖ'가 /e/를 나타낸 것을 고려하면, /ㅖ/가 [jej]로 발음되기 시작한 시기는 상당히 오래되었을 것이다.

그리고 학습서류와 견문록류를 막론하고 모든 자료에서 처격조사 '-예'가 예외 없이 하향반모음 /-j/가 없는 (i)e로 전사되는 것은, /ㅖ/의 음가가 [jej] 〉 [je]로 변하는 /j/ 탈락 현상이 비어두의 문법형태소에서 먼저 일어났음을 보여주는 것이다. 또한 '셰오다', '쳬ᄒᆞ다', '예[여기]'나 '世, 細, 例' 등 초성이 없거나 [+설정성] 자음을 초성으로 지니는 단어나 한자에서 하향반모음의 탈락이 두드러지는 것 또한 하향반모음의 탈락 과정을 생각하는 데 있어 중요한 사례가 된다. 한글 문헌 자료만 검토해서는 'ㅖ'라는 표기가 하향반모음을 반영하는 것인지 아닌지 판단하기가 불가능하지만, 가나 전사 자료는 형태적 환경에 따라 탈락 속도에 분명한 차이가 있었음을 보여주는 것이다. 이러한 정보는 한국어 모음의 변화 과정을 그려 보는 데 있어 상당히 중요하다.

4.2.3. /ㅕ/의 변화 : [je]~[jə] > [jə]

4.2.3.1. 학습서류

전기 학습서류 자료에서 /ㅕ/의 전사 양상은 다음과 같다.

[표 4-8] /ㅕ/의 전사 양상 (전기 학습서류)

자료명	가나	위치		합계
		어두	비어두	
全一道人	e	225	195	420 (50.8%)
	yo	28	62	90 (10.9%)
	ya	0	316	316 (38.3%)
	합계	253 (30.6%)	573 (69.4%)	826
朝鮮語譯	e	74	72	146 (30.6%)
	yo	6	44	50 (10.5%)
	eyo	0	64	64 (13.4%)
	ya	0	217	217 (45.5%)
	합계	80 (16.8%)	397 (83.2%)	477
韓語覺書	e	25	31	56 (77.8%)
	yo	0	4	4 (5.5%)
	ya	0	12	12 (16.7%)
	합계	25 (34.7%)	47 (65.3%)	72

이들 자료에서 먼저 눈에 띄는 것은 /ㅕ/가 어두 위치에서 e, 비어두 위치에서 ya로 전사되는 강한 경향을 보인다는 것이다. /ㅕ/의 음가가 [jə]에 가까웠다면 가장 적합할 yo는 어두·비어두를 통틀어 비율이 10% 정도밖에 되지 않는다. yo가 어두 위치에서 사용되는 비율은 절반 이하이며, 『韓語覺書』에서는 아예 어두에서 쓰이지 않는다.

(39)

ㄱ.	겨울의	ケヲルイ [keorui] 〈全18〉
ㄴ.	녀겨	ネキヤ [nekja] 〈全45〉
ㄷ.	션물을	センムルル [ʃenmurul] 〈全113〉
ㄹ.	명ᄒᆞ여	メグハヤ [meŋhaya] 〈全46〉

앞서 제3장에서 일본어-한글 전사 자료의 전사 양상을 설명하면서 일본어 /e/의 전사에 'ㅕ'가 사용되는 이유를 /ㅕ/가 특정 환경에서 [je]로 실현되는 경우가 존재했기 때문이라고 하였다. 한국어-가나 전사 자료에서도 이에 부합하는 현상이 존재하였음을 알 수 있다. /ㅕ/가 e로 전사되는 비율이 높은 것은 학습서류 자료를 관통하는 특징이다.

한편 /ㅕ/가 비어두 위치에서 전사되는 양상을 환경에 따라 나누어 살펴보면, ya로 전사되는 비율이 압도적으로 높으나 용언 어간에 결합하는 어미의 유형에 따라 /ㅕ/의 전사가 분명히 나뉘는 것을 알 수 있다.

/i, j/로 끝나는 어간에 연결어미 '-어'가 이어진 /ㅕ/는 yo로 전사된 예와 ya로 전사된 예가 모두 보인다. '-려', '-고져', '-셔' 등 비어두 위치에 오는 여러 문법요소의 /ㅕ/는 항상 ya로 전사된다. 'ᄒᆞ여',

[표 4-9] 비어두 /ㅕ/의 전사 양상 (전기 학습서류)

전사 대상	전사에 사용된 가나	
	全一道人	朝鮮語譯
연결어미 '-어'	e 22 : yo 26 : ya 80	e 5 : yo 15 : ya 44
선어말어미 '-엇-'	e 5 : yo 3 : ya 9	ya 4
연결어미 '-면'	e 22	yo 1 : eyo 42
연결어미 '-며'	yo 15	eyo 21
연결어미 '-려'	yo 1 : ya 9	yo 1 : ya 9
연결어미 '-고져'	ya 10	ya 4
'-셔' 구성[11]	ya 19	ya 61
'ᄒᆞ다'의 활용형	ya 173	ya 91

'ᄒᆞ엿-' 등 'ᄒᆞ다'의 모음어미 활용형도 언제나 ya로 전사된다. 이는 비어두 위치에서 /ㅓ/가 상대적으로 저설적으로 발음되는 경향이 있었고 특정 문법형태소에서는 그러한 경향이 상당히 강했음을 보여주는 것이다. 18세기의 한글 문헌에는 'ᄒᆞ야~ᄒᆞ여', '-샤~-셔', '-고쟈~-고져'라는 표기가 공존하였으므로, 이 요소들의 모음이 ya로 전사된 예만 보고 /ㅑ/가 아닌 /ㅕ/가 ya로 전사된 것이라고 단정할 수 있느냐는 의문을 제기할 수 있다. 그러나 『全一道人』과 『朝鮮語譯』의 본문 곳곳에 기입되어 있는 한글 표기 중에는 '져머셔', 'ᄒᆞ엿ᄂᆞ니라', 'ᄒᆞ여'와 같이 'ㅕ'로 적은 것은 있지만 'ㅑ'로 적은 것은 보이지 않는다. 적어도 두 문헌의 편찬자는 해당 요소들이 /ㅕ/ 모음을 지닌 것으로 인식하였을 가능성이 높다.[12]

11) 여기에는 조사+'-셔' 구성인 '-로셔, -에셔, -의셔'뿐만 아니라 어미+'-셔' 구성인 '-아셔', 기원적으로 주체대우 선어말어미 '-시-'가 포함된 종결어미 '-읍셔', '-읍쇼셔' 등이 포함된다.

반면 연결어미 '-면'과 '-며'는 『全一道人』에서 '-면'이 e로, '-며'가 yo로 전사가 고정되어 있으나 『朝鮮語譯』에서는 eyo로 바뀌는 모습을 보인다. 이러한 현상은 당시 일본어 화자에게 한국어 '-면'의 모음부 음가가 일본어의 /e/나 /yo/ 중 한쪽으로 들리지 않고 모호하게 인식되었음을 의미한다.

이를 방증해 주는 것이 『全一道人』 가나 전사의 교정이다. 『全一道人』의 유일한 현전본은 저자의 수고본(手稿本)으로 전해지는데, 그 안에는 쓰던 내용에 덧쓰거나 원래 내용을 지우고 다시 쓰거나 부전(附箋)을 붙이는 등 다양한 방법으로 100군데 넘게 가나 전사를 교정해 두었다(허인영 2015ㄱ). 『全一道人』에는 '-면'의 /며/를 yo로 전사했다가 e로 교정한 예가 있다. 특히 (40ㄱ)은 '-면'이라는 연결어미가 처음 출현하는 예라는 점에서도 주목되는데, 편찬자는 '-면'의 발음을 전사할 때 yo를 사용할지 e를 사용할지 고민하다가 e를 선택한 것으로 보인다. 이후로는 흔들림 없이 21개의 '-면'이 모두 e로 전사되기 때문이다(허인영 2015ㄱ: 196).

(40)

ㄱ. 이시면 [iʃimjoN] → [iʃimeN] [004][13]

---

12) 한글 문헌 자료에서 '져머셔'는 보이지만 '져머샤'는 한 예도 보이지 않는다. 'ᄒᆞ여'의 경우 'ᄒᆞ여'와 'ᄒᆞ야'를 모두 전사하였을 가능성도 있으나, 한국어 복원 과정에서는 이들 요소의 모음을 어느 한쪽으로 결정해야 하므로 18세기 한글 문헌에서 더 많은 비중을 차지하는 /ㅕ/ 쪽으로 통일한 것이다. 이것들의 모음을 모두 /ㅑ/로 복원하면 비어두에서 /ㅕ/가 ya로 전사된 예는 상당수 줄어들게 되지만 이 책에서 관찰한 내용의 핵심, 즉 /ㅕ/가 어두에서 e, 비어두에서 ya로 전사된다는 강한 경향성에는 아무런 영향도 미치지 않는다.

13) [ ] 안의 숫자는 허인영(2015ㄱ)에서 정리한 『全一道人』 가나 전사 교정 목록의 연번을

ㄴ. 어듸면 [otojmjoN] → [otojmeN] [068, 072]

한편『全一道人』의 어말 /ㅕ/ 전사 교정에서는 yo로 적었던 것을 ya로 교정한 예만 있고, ya를 e나 yo로 교정한 예는 존재하지 않는다.

(41)

ㄱ. 숣펴(察)	[solpjo]	→ [solpja]	[002, 092]
ㄴ. 드듸여	[totejjo]	→ [totejja]	[008, 017, 021]
ㄷ. 즐겨(樂)	[ʦulkjo]	→ [ʦulkja]	[030]
ㄹ. 끌혀(沸)	[kulhjo]	→ [kulhja]	[031]
ㅁ. 끄려(沸)	[kurjo]	→ [kurja]	[049]
ㅂ. 놀려(飛)	[nolrjo]	→ [nolrja]	[054]
ㅅ. 두려(恐)	[torjo]	→ [torja]	[055]
ㅇ. 녀겨	[nekjo]	→ [nekja]	[079]

어말 /ㅕ/의 전사 경향은 /ㅕ/가 어두 위치에서 e로 전사되는 강한 경향성과 좋은 대조를 이룬다. 특히 어말의 /ㅕ/는 연결어미 '-어', '-려', '-고져'나 '-셔' 등의 문법 요소일 때 a로 전사되는데, 이는 어말 위치에서 /ㅕ/와 /ㅑ/의 대립이 약해져 중설의 [jə], 또는 그보다 저설화된 발음으로 실현되었음을 의미한다. 이처럼 /ㅕ/가 ya로 전사되는 양상은 앞서 4.2.1절에서 검토한 /ㅓ/의 전사에서 의존명사 '번', '적'이나 연결어미 '-어', 선어말어미 '-엇-'의 /ㅓ/가 o가 아닌 a로

나타낸다. 이하 동일.

전사되는 현상과 평행하다. 이러한 현상은 /ㅓ/를 핵모음으로 지닌 /ㅕ/가 /ㅓ/와 유사하게 비어두 위치에서 저설적으로 발음되는 경향이 있었음을 보여주는 것이다. 물론 해당 환경에서 항상 그렇게 실현되는 것은 아니므로 음운적인 차이라고 볼 수는 없다. 일본인이 한국어의 비어두 위치에 오는 /ㅓ/나 /ㅕ/를 청취할 때 [(j)ə]를 후설의 [(j)a]에 가깝게 들었을 가능성이 높다.

한편 /ㅕ/의 전사를 단어 내의 위치뿐만 아니라 고유어와 한자어라는 어종(語種)에 따라 검토해 보면 대단히 흥미로운 양상이 드러난다.

[표 4-10] /ㅕ/ 의 어종·위치별 전사 양상 (전기 학습서류)

자료명	위치 / 어종	어두		비어두		
		e	yo	e	yo	ya
全一道人	고유어	88 (80.7%)	21 (19.3%)	66 (15.2%)	53 (12.2%)	316 (72.6%)
	한자어	137 (95.1%)	7 (4.9%)	128 (92.8%)	10 (7.2%)	0 (0%)
朝鮮語譯	고유어	57 (90.5%)	6 (9.5%)	59 (15.4%)	106 (27.8%)	217 (56.8%)
	한자어	17 (100%)	0 (0%)	13 (86.7%)	2 (13.3%)	0 (0%)
韓語覺書	고유어	23 (100%)	0 (0%)	3 (15%)	1 (6.7%)	11 (73.3%)
	한자어	2 (100%)	0 (0%)	28 (87.5%)	3 (9.4%)	1 (3.1%)

세 문헌 모두에서 어종을 막론하고 /ㅕ/는 어두에서 80% 이상이 e로 전사되는 반면, 한자어는 어두와 비어두를 막론하고 80% 이상이 e로 전사되었다. 이는 고유어에 비해 한자어에서 e로 전사되는 강력한

경향이 존재함을 의미한다. 또한 어두에서는 고유어의 /ㅕ/도 e로 전사되는 것과 관련시켜 생각하면 /ㅕ/는 명료하게 발음되는 어두 위치와 음운 변화에 보수적인 한자어라는 환경에서 [je]라는 음가로 실현되는 강한 경향이 있었던 것으로 보인다. 이것을 단적으로 보여주는 것이 『全一道人』 가나 전사의 교정 양상이다. 가나 전사가 교정된 부분 중에서 어두와 어중의 /ㅕ/의 교정은 yo로 전사한 것을 e로 고친 것만 나타나고 ya로 고친 것은 하나도 보이지 않는다(허인영 2015ㄱ: 192-194).

(42)

가.	열흘	[jolhul]	→ [jelhul]	[022]
나.	념녀	[njomnjo]	→ [nemnjo]	[051]
다.	벼슬	[pjosul]	→ [pesul]	[013]
라.	싀어미	[sujomi]	→ [sujemi]	[015]
마.	어엿비	[ojotpi]	→ [ojetpi]	[034]
바.	방영	[paŋjoŋ]	→ [paŋjeŋ]	[090]

이상의 교정 패턴에서는 /ㅕ/를 yo에서 e로 수정하는 강한 경향이 포착된다. 여기에는 편찬자의 규범적인 발음에 대한 인식이 작용하였을 것이다. 즉, /ㅕ/의 변이음 가운데 후설적인 [jə]보다는 전설적인 [je]가 보다 격식적이고 학습서에 제시할 만한 발음이라고 생각했다는 것이다. /ㅕ/가 어두 위치와 한자어에서 e로 전사되는 강한 경향성 또한 이를 뒷받침할 수 있는 근거이다. 음운 변화에 보수적인 어두 위치와 한자어에서 /ㅕ/는 전설적인 [je]로 실현되었고, 당시의 한국어 학

습서 편찬자들은 이를 규범적인 발음으로 인식했을 가능성이 높다.

후기 학습서류 자료에서 /ㅕ/의 전사 양상은 다음과 같다.

[표 4-11] /ㅕ/의 전사 양상 (후기 학습서류)

자료명	가나	위치		합계
		어두	비어두	
物名	e(e:)	37(8)	32(1)	69 (87.3%)
	yo(yo:)	3(1)	3	6 (7.6%)
	ya	0	4	4 (5.1%)
	합계	40 (50.6%)	39 (49.4%)	79
交隣須知 [애스턴-C16]	e(e:)	22(5)	40(4)	62 (70.4%)
	yo(yo:)	1	7(4)	8 (9.1%)
	ya	0	18	18 (20.5%)
	합계	23 (26.1%)	65 (73.9%)	88

후기 학습서류 자료에서도 전기와 유사하게 /ㅕ/는 어두에서 e로 전사되며 ya는 비어두로 한정된다. 어두에서는 e로 전사되는 양상이 두드러지며, 전기 학습서류와 마찬가지로 yo로 전사되는 비율은 전체의 10%에 미치지 못한다. 전기 학습서류와의 차이점은 /ㅓ/의 전사에서와 마찬가지로 장음이 아닌 경우에도 e:와 같은 장음을 나타내는 가나가 쓰인다는 점이다. 여기에서도 어두/비어두나 선행 자음 등 환경에 따른 차이는 찾기 어렵다.

(43)

ㄱ. 셔뉴(石榴)　　セグニウ [ʃeŋnju] 〈物1a〉

ㄴ. 녀름[夏]　　ニエエロム [nje:rom] 〈物4a〉

ㄷ. 벼슬 ペエスル [pe:sul] 〈物16a〉

ㄹ. ᄀᆞᆯ며기 カルメエキ [kalme:ki] 〈物23a〉

ㅁ. 졈졈(漸漸) チヱムチヱム [ʧemʧm] 〈交331〉

ㅂ. 겨울은 ケヲルン [keorun] 〈交336〉

ㅅ. 별이라 ペリラ [perira]〈交326〉

ㅇ. ᄒᆡ변의 ハイペヱヌイ [haipe:nui] 〈交329〉

한편 /ㅕ/가 비어두 위치에서 전사되는 양상을 환경에 따라 나누어 살펴보면, ya로 전사되는 비율이 높으나 전기 학습서류 자료에서와 마찬가지로 결합하는 어미의 유형에 따라 /ㅕ/의 전사가 나뉜다.

[표 4-12] 비어두 /ㅕ/의 전사 양상 (후기 학습서류)

전사 대상	전사에 사용된 가나	
	物名	交隣須知[애스턴-C16]
연결어미 '-어'	-	yo 4 : ya 1
선어말어미 '-엇-'	yo 1 : ya 2	e 1 : yo 3 : ya 3
연결어미 '-면'	-	e 8
'ᄒᆞ다'의 활용형	ya 2	ya 13

모음 /ㅣ/나 반모음 /j/로 끝나는 어간에 연결어미 '-어'나 선어말어미 '-엇-'이 이어질 때는 yo와 ya가 모두 쓰인다. 연결어미 '-면'은 항상 e로, 'ᄒᆞ여', 'ᄒᆞ엿-' 등 'ᄒᆞ다'의 모음어미 활용형은 언제나 ya로 전사된다. 이는 앞서 살펴본 『全一道人』, 『朝鮮語譯』의 전사 양상과 일치하는 것으로, 비어두의 문법형태소가 사용되는 위치에서 /ㅕ/가 비교적 저설화되어 발음되었음을 의미하는 것이다.

후기 학습서류 자료에서도 /ㅕ/를 어종/위치별로 나누어 확인해 보면 마찬가지로 고유어/한자어라는 어종과 어두/비어두라는 위치에 따라 확연하게 전사가 나뉘는 현상이 관찰된다.

[표 4-13] /ㅕ/ 의 어종·위치별 전사 양상 (후기 학습서류)

자료명	위치 / 어종	어두		비어두		
		e	yo	e	yo	ya
物名	고유어	20 (83.3%)	4 (16.7%)	6 (46.2%)	3 (23.1%)	4 (30.7%)
	한자어	25 (100%)	0 (0%)	27 (100%)	0 (0%)	0 (0%)
交隣須知 [애스턴-C16]	고유어	7 (100%)	0 (0%)	14 (38.9%)	7 (19.4%)	15 (41.7%)
	한자어	20 (95.2%)	1 (4.8%)	24 (100%)	0 (0%)	0 (0%)

두 문헌 모두 /ㅕ/는 어두에서는 80% 이상이 e로 전사되고 한자어는 위치에 관계없이 95% 이상이 e로 전사된다. 이는 앞서 살펴본 전기 학습서류 자료의 양상과 동일하며, 18세기 후반 이후에도 학습서류 자료에서는 어두 위치와 한자어라는 음운 변화에 보수적인 환경에서 /ㅕ/의 [je]라는 음가가 유지되었음을 암시하는 것이다.

학습서류 자료의 /ㅕ/ 전사와 관련한 자료로 『講話』(가기야역사관본)가 있다. 이 책에는 한국어가 기본적으로 한글로 표기되어 있고 오른쪽에 일본어 대역문을 적었는데, 행간 여러 곳에 주의해야 할 한국어 발음을 가나로 적어 두었다. /ㅕ/의 발음과 관련된 내용이 가장 많은데, 구체적인 예는 다음과 같다.

(44)

ㄱ. 어두 e: 졀영도 〈上:1a〉, 녑픠 〈上:1a〉, 셩열 〈上:4a〉, 젼례 〈上:5b〉, 쳔연 〈上:6b〉, 별양 〈下:6a〉, 여영ᄒᆞ올 〈下:19a〉

ㄴ. 어두 yo: 여ᄎᆞ 〈上:2b〉, 엿흔[淺] 〈上:3b〉, 여쇠[六日] 〈上:7a〉, 엿틔 〈下:3b〉

ㄷ. 비어두 e: 졀영도 〈上:1a〉, 한염 〈上:3a, 下:1a〉, 셩열 〈上:4a〉, 필연 〈上:4b〉, 쳔연 〈上:6b〉, 민력 〈下:2a〉, 졀녕 〈下:6b〉, 지어근년ᄒᆞ와ᄂᆞᆫ 〈下;7b〉, 뎜녈ᄒᆞ오와 〈下:7b〉, 분녕ᄒᆞ여 〈下:9b〉, 고념ᄒᆞ옵셔 〈下:12b〉, 여영ᄒᆞ올 〈下:19a〉, 홀연 〈下;20b〉, -려- 〈上:3b, 5b, 7a, 12a; 下:4a, 14b, 15a〉, -렷- 〈上:5a〉, -련- 〈下:10b〉, -연- 〈下:22b〉

ㄹ. 비어두 yo: ᄉᆞᆫ허져, 어려올 〈上:7b〉, 거시여ᄂᆞᆯ 〈上:12b〉, ᄂᆞ려지고 〈下:3a〉, 거간션력ᄒᆞ시고 〈下:10b〉, 남겨 〈下:13a〉, 동심젼력ᄒᆞ셔 〈下:16b〉

ㅁ. 비어두 ya: 혜아려 〈上:6b〉, 셜연ᄒᆞ려 〈上:14a〉, ᄉᆡ여 〈下:3a〉, 뵈오려 〈下:7a〉

『講話』(가기야역사관본)에서도 다른 학습서류 자료와 마찬가지로 /ㅕ/를 어두와 한자어에서는 e로, 비어두나 고유어에서는 yo, ya로 전사하는 경향이 보인다. /ㅕ/와 관련된 발음 주석이 가장 많은 것은 당시 일본인 한국어 학습자에게 한국어 /ㅕ/의 발음이 [je]인지 [jə]인지 구별하는 것이 상당히 중요한 것이었음을 의미한다. 한편 『講話』의 난상에는 과거와 『講話』 편찬 당시의 한국어 발음 차이를 '古-今'으로 구별하여 적은 예들이 있는데, 이 가운데 /ㅕ/의 발음과 관련된 것은 다음과 같다(許秀美 2018: 32).

(45)

ㄱ. -면　　ミヨン [mjoN] 古　　メン [meN] 今 〈上:1a난상〉

ㄴ. -려-　　リヨ [rjo] 古　　レ [re] 今 〈上:7a난상〉

어미 '-면'과 '-려-'의 발음이 과거에는 [jo]에 가까웠고 당시에는 [je]에 가까웠다는 난상 주석의 내용은 /ㅕ/의 후설화를 생각하면 사실이 아닐 가능성이 높다. 다만 이러한 기록은 『全一道人』의 가나 전사 교정에서와 마찬가지로 18세기 후반에도 한국어 학습서 편찬자들이 /ㅕ/의 규범적인 발음을 [je]에 가깝게 인식했음을 보여준다.

4.2.3.2. 견문록류

견문록류 자료에서 /ㅕ/의 전사 양상은 다음과 같다.

[표 4-14] /ㅕ/의 전사 양상 (견문록류)

자료명	가나	위치		합계
		어두	비어두	
尊海渡海日記 (1539)	e	5	9	14 (100%)
	합계	5 (35.7%)	9 (64.3%)	14
陰德記 (1660이전)	e	20	15	35 (77.8%)
	yo	2	2	4 (8.9%)
	ya	2	4	6 (13.3%)
	합계	24 (53.3%)	21 (46.7%)	45
朝鮮人來朝義式 (1711)	e	6	9	15 (79.0%)
	yo	0	2	2 (10.5%)

	ya	0	2	2 (10.5%)
	합계	6 (31.6%)	13 (68.4%)	19
和漢三才圖會 (1712)	e	5	4	9 (81.8%)
	yo	2	0	2 (18.2%)
	합계	7 (63.6%)	4 (36.4%)	11
朝鮮物語 (1750)	e	17	13	30 (78.9%)
	yo	5	1	6 (15.8%)
	ya	0	2	2 (5.3%)
	합계	22 (57.9%)	16 (42.1%)	38
朝鮮通信使 一行座目 (1764)	e(e:)	52	59(2)	111 (63.0%)
	yo	14	15	29 (16.5%)
	ya	6	27	33 (18.8%)
	기타	0	3	3 (1.7%)
	합계	72 (40.9%)	104 (59.1%)	176
朝鮮通言國字 (1786)	e(e:)	37	18(1)	55 (60.4%)
	yo	9	11	20 (22.0%)
	ya	0	16	16 (17.6%)
	합계	46 (50.5%)	45 (49.5%)	91
朝鮮口聞書 (18세기 말)	e	43	35	78 (65.0%)
	yo	7	14	21 (17.5%)
	ya	0	21	21 (17.5%)
	합계	50 (41.7%)	70 (58.3%)	120
長崎朝鮮風土記 (18세기 말)	e(e:)	11(2)	5	16 (51.6%)
	yo(yo:)	8(1)	2	10 (32.3%)
	ya	1	4	5 (16.1%)
	합계	20 (64.5%)	11 (35.5%)	31
津島日記 (1818 이후)	e	9	3	12 (54.6%)
	yo	2	1	3 (13.6%)
	ya	0	7	7 (31.8%)
	합계	11 (50%)	11 (50%)	22

朝鮮聞見錄 (1842)	e(e:)	6(2)	6	12 (60%)
	yo	4	1	5 (25%)
	ya(ya:)	2(1)	1	3 (15%)
	합계	12 (60%)	8 (40%)	20
朝鮮人見聞書 (1830이후)	e	3	2	5 (21.7%)
	yo	3	3	6 (26.1%)
	ya(ya:)	7(4)	5	12 (52.2%)
	합계	13 (56.5%)	10 (43.5%)	23

견문록류 자료의 전사 양상에서 학습서류 자료와 차이를 보이는 것은 18세기 전반기 자료, 즉『朝鮮物語』시기까지는 /ㅕ/가 어두 위치에서 e로 전사되는 경향이 강하고 /ㅕ/ 전사에서 e가 차지하는 비율이 70%가 넘었으나, 점차 70% 이하로 떨어져『朝鮮人見聞書』에서는 /ㅕ/ 전사에 사용되는 e와 ya의 비율이 역전되는 상황에 이르렀다는 점이다. 시기가 내려올수록 학습서류 자료에서는 어두에서 쓰이는 일이 없던 ya가 어두에서 쓰이는 비중이 늘어나며, 학습서류 자료에서는 문헌별로 10% 남짓하던 yo의 비중이 점차 늘어남을 알 수 있다. 어두에서 ya가 쓰인 예를 몇 가지만 제시하면 다음과 같다.

(46)

ㄱ. 벼로 ピヤロ [pjaro] 〈陰068〉

ㄴ. 벼개 ピヤカイ [pjakaj] 〈陰112〉

ㄷ. 청직(廳直) チヤグチク [ʧaŋʧik] 〈座7a〉

ㄹ. 병(甁) ピヤン [pjaŋ] 〈長172〉

ㅁ. 녕히(寧海) ニヤアハイ [nja:(ŋ)hai] 〈聞55〉

ㅂ. 경샹(慶尙) キヤンシヤン [kjaŋʃaŋ] 〈見1〉

학습서류 자료에서는 주로 e로 전사된 어두의 /벼/나 /청/ 같은 음절도 ya로 전사되는 것을 볼 수 있다. 한편 어두에 yo가 쓰인 단어들의 목록을 보면 공통점이 발견된다.

(47)
『陰德記』: 져, 져러[彼]
『和漢三才圖會』·『朝鮮物語』: 여섯, 여돏
『朝鮮通言國字』: 여긔셔, 여긔, 여드렌날, 여섯, 여돏, 여든, 져구리
『朝鮮口聞書』: 여든, 여긔, 녀어[入], 념녀(念慮)
『長崎朝鮮風土記』·『津島日記』: 여섯, 열; 열쇠, 셔방, 졀[箸], 졈심(點心), 졉시
『朝鮮聞見錄』: 엿냥, 여돌냥, 열냥, 져구리
『朝鮮人見聞書』: 셔런[三十]

어두에서 yo가 쓰이는 단어들은 초성이 없거나 초성이 /ㄴ, ㄷ, ㅅ, ㅈ/ 등 [+설정성] 자음임을 알 수 있다. 이상의 견문록류 자료의 전사 양상에서 확인할 수 있는 것은 /ㅓ/가 [ə]에서 후설 쪽으로 이동함에 따라 /ㅕ/ 또한 점차 [je]에서 후설 쪽으로 이동하는 과정이다.

앞서 학습서의 전사 양상을 살펴볼 때에는 어종/위치별로 /ㅕ/의 전사 양상을 검토해 보았는데, 이와 관련하여 함께 생각해 보아야 하는 것이 /ㅕ/가 포함된 음절의 폐음절 여부이다. 제3장에서 일본어-한글 전사 자료인 『捷解新語』의 원간본에서는 /_N/, /_Q/ 환경의 /e/를 전사할 때 'ㅔ' 대신 'ㅕ'가 쓰이는 경향이 강하다는 것을 확인하였

다. 그렇다면 /ㅕ/의 전설성은 치경 자음이 있을 경우나 음절 구조가 폐음절일 경우에 강하게 유지되었다고 추정할 수 있다. 그러한 환경에서 /ㅕ/가 [je]처럼 발음되었기 때문에, 동일한 환경에 위치한 일본어의 /e/를 'ㅕ'로 전사할 수 있었던 것이다. 이러한 일본어-한글 전사 자료의 전사 양상에서 힌트를 얻어 허인영(2016)에서는 전사 양상이 유사한 『全一道人』과 『朝鮮語譯』에서 /ㅕ/를 갖는 한자를 모아 그 전사를 분석하였는데, 『捷解新語』의 전사 양상과 마찬가지로 한자의 음절 구조가 폐음절인 경우에 /ㅕ/로 전사되는 경향이 압도적으로 높다는 결론을 얻을 수 있었다. 이 책에서는 좀 더 범위를 넓혀, 학습서류 전체와 견문록류 가운데 『朝鮮通信使一行座目』에서 /ㅕ/를 갖는 한자의 전사 양상을 종성에 따라 정리하여 다음과 같이 통계를 내 보았다.[14)]

자료의 따라 약간의 편차는 있으나, 학습서류 자료에서는 모음 /ㅕ/를 갖는 한자 가운데 종성이 있는 한자는 항상 90% 이상이 e로 전사되고, 종성이 없는 한자는 e로 전사되는 비율이 높긴 하지만 yo, ya로 전사되는 비율도 26%에 달한다. 특히 모음이 /ㅕ/인 한자 가운데 종성이 치경음 /ㄴ/, /ㄹ/인 한자, 즉 '변(變)·젼(錢)·션(鮮)·연(延)·별(別)' 등은 예외 없이 e로 전사되는 모습을 보인다. 종성이 /ㅁ, ㅂ, ㅇ, ㄱ/ 등 비치경음인 한자는 93-95% 정도가 e로 전사되고, 종성이 없는 개음절 한자는 74%만 e로 전사된다. e로 전사되지 않고 yo, ya로 전사된

14) 견문록류 자료 가운데 『朝鮮通信使一行座目』만을 선정한 이유는, 다른 견문록류 자료는 고유어 어휘로 이루어진 질문과 답변이 주를 이루어서 한자어의 비중이 매우 낮고, 따라서 통계를 낼 만큼의 /ㅕ/를 갖는 한자가 존재하지 않는 경우가 많았기 때문이다.

[표 4-15] /ㅕ/ 포함 한자의 종성별 전사 양상

<table>
<tr><th rowspan="2">자료</th><th rowspan="2">가나</th><th colspan="4">종성 여부 및 조음위치</th><th rowspan="2">합계</th></tr>
<tr><th>/ㄴ, ㄹ/</th><th>/ㅁ, ㅂ/</th><th>/ㅇ, ㄱ/</th><th>없음</th></tr>
<tr><td rowspan="2">全一道人</td><td>e</td><td>93
(100%)</td><td>21
(91.3%)</td><td>123
(95.3%)</td><td>27
(75%)</td><td>264</td></tr>
<tr><td>yo</td><td>0
(0%)</td><td>2
(8.7%)</td><td>6
(4.7%)</td><td>9
(25%)</td><td>17</td></tr>
<tr><td rowspan="2">朝鮮語譯</td><td>e</td><td>17
(100%)</td><td>3
(100%)</td><td>9
(90%)</td><td>1
(50%)</td><td>30</td></tr>
<tr><td>yo</td><td>0
(0%)</td><td>0
(0%)</td><td>1
(10%)</td><td>1
(50%)</td><td>2</td></tr>
<tr><td rowspan="2">韓語覺書</td><td>e</td><td>3
(100%)</td><td>2
(100%)</td><td>24
(92.3%)</td><td>0
(0%)</td><td>29</td></tr>
<tr><td>yo/ya</td><td>0
(0%)</td><td>0
(0%)</td><td>1/1
(7.7%)</td><td>2
(100%)</td><td>4</td></tr>
<tr><td rowspan="2">物名</td><td>e</td><td>21
(100%)</td><td>3
(100%)</td><td>21
(100%)</td><td>6
(100%)</td><td>51</td></tr>
<tr><td>yo</td><td>0
(0%)</td><td>0
(0%)</td><td>0
(0%)</td><td>0
(0%)</td><td>0</td></tr>
<tr><td rowspan="2">交隣須知
[애스턴-C16]</td><td>e</td><td>22
(100%)</td><td>2
(100%)</td><td>17
(100%)</td><td>4
(100%)</td><td>45</td></tr>
<tr><td>yo</td><td>0
(0%)</td><td>0
(0%)</td><td>0
(0%)</td><td>0
(0%)</td><td>0</td></tr>
<tr><td rowspan="2">합계</td><td>e</td><td>156
(100%)</td><td>31
(93.9%)</td><td>194
(95.6%)</td><td>38
(76%)</td><td>419
(94.8%)</td></tr>
<tr><td>yo/ya</td><td>0
(0%)</td><td>2
(6.1%)</td><td>1/8
(4.4%)</td><td>12
(24%)</td><td>23
(5.2%)</td></tr>
<tr><td rowspan="2">朝鮮通信使
一行座目</td><td>e</td><td>44
(73.3%)</td><td>12
(85.7%)</td><td>33
(45.8%)</td><td>1
(14.3%)</td><td>90
(58.8%)</td></tr>
<tr><td>yo/ya</td><td>11/5
(26.7%)</td><td>0/2
(14.3%)</td><td>13/26
(54.2%)</td><td>4/2
(85.7%)</td><td>63
(41.2%)</td></tr>
</table>

다는 것은 후설적인 성격을 띤다는 것이므로, 바꾸어 말하자면 종성 유무 및 종성의 조음위치에 따라 /ㅕ/의 후설화가 진전되는 모습을 보

이고 있다고 할 수 있다. 이것은『全一道人』의 비어두 /ㅕ/의 전사에서 연결어미 '-면'은 항상 e로, '-며'는 항상 yo로 전사되어 서로 상보적인 모습을 보이는 것과 평행한 현상이라고 할 수 있다.

그리고 18세기 후반의 자료인『朝鮮通信使一行座目』에서는 전반적으로 /ㅕ/가 yo, ya로 전사되는 비중이 크게 늘어나지만 여전히 종성이 없는 환경보다 종성이 있는 환경에서 /ㅕ/가 e로 전사되는 비율이 높다는 점에서 학습서류 자료와 유사한 경향을 보인다. 격식적인 학습서류 자료와 달리 견문록류 자료가 반영하는 한국어에서는 /ㅕ/의 후설화가 좀 더 진전되었음을 알 수 있다.

이처럼 종성이 있는 환경에서 /ㅕ/가 전설적으로 실현되는 현상은 15세기 초에 편찬된『조선관역어(朝鮮館譯語)』에서도 나타난다. 권인한(1995/1998: 329-330)에서는 한자로 전사된 한국어 /ㅕ/가 중국어의 /jə/가 아니라 /je/에 대응하는 현상에 대하여 다음과 같이 설명하고 있다.

> (124)의 예[인용자 주: 輦, 點, 顚, 免, 扁, 閃, 撿, 展, 諂, 忝, 賢]들은 모두 先天韻에 속하는 글자들이며, 국어의 대응 음절도 /ㅕㄴ/ 또는 /ㅕㅁ/이라는 결합관계상의 제약이 발견된다. 이 대응관계는 단모음 /ㅓ/:/ə/의 대응에 평행되지 않는데, 이것은 음성적인 대응관계를 나타낸 것이 아닐까 한다. [⋯] (124)의 예들에서 한어의 /-jen/이 국어의 /ㅕㄴ/ 또는 /ㅕㅁ/에 대응되는 것도 당시 국어의 /ㅕ/가 음성적으로 [je]에 가까운 음이었음을 반영한 것일 가능성이 충분할 것이다. (밑줄 필자)

즉, 전사 대상이 되는 한국어 단어의 음절이 /ㅕㄴ/ 또는 /ㅕㅁ/일 때, 중국인은 해당 음절을 전사하기 위해 /-jən/이 아닌 /-jen/에 해당하는 한자를 사용했다는 것이다. 이처럼 15세기 초 중국인이 청취한 한국어에서도 /ㅕ/는 종성이 있을 때, 그리고 그 종성이 치경음일수록 다른 환경에서보다 더 전설적으로 실현되었던 것이다. 이러한 양상은 제3장에서 살펴본 일본어-한글 전사 자료에서도 15세기부터 18세기까지 일관되게 나타났다. 따라서 우리는 일본어와 한국어 전사 자료를 아울러 검토한 결과에 기반하여 15-18세기 /ㅕ/는 어두나 폐음절에서 [je], 그 밖의 환경에서 [jə]의 변이음으로 실현되었다고 확신을 갖고 말할 수 있게 되었다.

이제까지 검토한 한국어-가나 전사 자료의 /ㅕ/ 전사에서 나타나는 특징을 정리하면 다음과 같다. 어두와 비어두, 한자어와 고유어라는 환경에 따라 한국어 /ㅕ/를 어두·한자어는 e로, 비어두의 일부 문법형태소에서는 ya로 전사하는 강한 경향이 존재하였다. 즉 어두·한자어 환경에서 /ㅕ/가 전설적으로 실현되는 것은 음운변화에 보수적인 환경에서 /ㅕ/의 핵모음의 전설성이 유지되고 있었음을 의미한다. 그리고, 음운적으로 그 전설성은 폐음절인 경우, 특히 그 종성이 치경음인 경우에 보다 유지되기 쉬웠던 것이다. 거꾸로 생각하면 음운변화가 일어나기 쉬운 비어두·고유어(주로 문법형태소) 환경에서부터 /ㅕ/의 후설화가 시작되었음을 암시한다. 이와 함께 /ㅕ/ 모음을 갖는 한자의 전사를 종성에 따라 분류해 본 결과, 종성이 'Ø 〉 비치경음 〉 치경음' 쪽으로 갈수록 /ㅕ/가 e로 전사되는 경향이 강하였다. 이것은 제3장에서 살펴본바, 일본어-한글 전사 자료인 『捷解新語』에서 /_N/, /_Q/ 환경의 일본어 /e/가 'ㅖ'보다는 'ㅕ'로 전사되는 경향이 강한 것과 완전히 평행한 모습이다.[15)]

/ㅕ/가 어두에서 e, 비어두에서 ya로 전사되는 현상에 대하여 『朝鮮語譯』의 모음 표기만을 검토한 岸田文隆(2010: 10-11)은 "많은 /ㅕ/가 순행동화에 의해 전설화하여 [ə] → [e]의 변화를 입었으나, 비어두 위치에서는 일부가 저설의 [ə]인 채로 남아 있었음을 나타낸다고 생각된다."라고 하였다. 『韓語覺書』의 가나 전사 전반을 검토한 金文姬(2018: 98)도 이러한 주장을 답습하였다. 그러나 순행동화에 의한 전설화가 그렇게까지 강력하다면, 현대한국어에서 /ㅕ/는 '[jə] 〉 [je]'의 변화를 거쳐 모두 [je]가 되었어야 할 것이다. 그보다는 /ㅕ/가 비어두·고유어라는 환경에서 먼저 '[je] 〉 [jə]'의 후설화를 경험하고, 음운변화에 보수적인 어두·한자어라는 환경에서는 전설적인 [je]에 가까운 음가를 유지하고 있었다고 보는 것이 자연스럽다.

陳南澤(2003: 184)에서는 한국어-가나 전사 자료를 검토한 결과 자립어는 어두·비어두를 막론하고 e, 일부는 yo로 전사되고, 어미에는 yo, ya를 사용하는 경향이 분명히 드러난다고 하였다. 그리고 그 이유에 대해서는 /ㅕ/가 환경에 따라 전설과 중설(또는 후설)로 발음되었음을 의미한다고 해석하였다. 이와 관련하여 흥미로운 것이 18세기 후반 이후에 쓰시마에서 편찬된 것으로 추정되는 한글 자모 학습서인

---

15) 『全一道人』에서 한글 방훈(傍訓)으로 'ㅕ', 'ㅖ'가 달려 있는 예에 한정하여 가나 전사를 검토한 민병찬(2003: 116-118)은 /ㅕ/의 전사에 e, yo, ya가 쓰인 것을 언급하면서 e가 쓰인 이유에 대하여 다음과 같이 설명하였다. 『全一道人』의 편찬자인 雨森芳洲는 『捷解新語』와 같은 한국의 일본어 학습서에서 일본어 /e/의 전사에 한국어 'ㅕ', 'ㅖ'를 사용한 것을 알고 있었고, 그것을 참고하여 하나의 관용으로 취급하였기 때문에 한국어 /ㅕ/, /ㅖ/를 전사할 때에도 e를 사용하였다는 것이다. 그리고 /ㅖ/에 대하여 ei와 같은 전사를 사용한 것은 /ㅕ/와 /ㅖ/를 구별하려는 노력의 결과라고 보았다. 그러나 훨씬 많은 가나 전사 자료의 /ㅕ/와 /ㅖ/를 검토한 이 책의 입장에서는 이처럼 하나의 자료, 그중에서도 소수의 예만 가지고 내린 결론을 받아들이기는 어렵다.

『언문(諺文)』이다. 이 자료에서는 언문 중에 양음(兩音)이 있는 것이 있다고 하면서 '겨', '여', '벼'라는 한글 자모에 각각 가나로 'ke, kyo:', 'ye, yo:', 'pe, pyo:'와 같이 두 가지 발음을 표시하였다(정승혜 2006). 이것은 한국어 /ㅕ/의 변이음적인 음가 차이를 당시의 일본인이 음성적으로 인식하였음을 암시한다. 이 책에서 검토한 결과에 따르면 /ㅕ/의 이러한 변이음적 차이는 17세기부터 19세기 전반기까지 지속적으로 존재하였으며, 『朝鮮館譯語』의 전사를 고려하면 15세기까지도 거슬러 올라갈 수 있다. 그리고 /ㅕ/의 변이음 가운데 [je]는 점차 후설화하고 있었으며, 종성이 있고 그 종성이 치경음일 경우에는 후설화가 지연되는 모습을 보인다. 이와 같은 양상은 [+설정성] 자음이나 폐음절이라는 환경이 /ㅕ/의 전설성이 유지되는 데 도움을 줄 뿐만 아니라 /ㅕ/의 후설화를 저지하는 동인으로도 작용하였음을 암시한다.

4.2.4. /ㅔ/의 변화: [əj] > [e(j)]

4.2.4.1. 학습서류

학습서류 자료에서 /ㅔ/의 전사는 다음과 같다.

[표 4-16] /ㅔ/의 전사 양상 (학습서류)

자료명	가나	위치		합계
		어두	비어두	
全一道人	oi, oy	42	84	126 (85.1%)
	ai	0	15	15 (10.1%)
	ei	0	2	2 (1.4%)
	e	0	5	5 (3.4%)
	합계	42 (28.4%)	106 (71.6%)	148

朝鮮語譯	oi	12	73	85 (66.4%)
	ai	1	33	34 (26.6%)
	ei	0	5	5 (3.9%)
	e	0	4	4 (3.1%)
	합계	13 (10.2%)	115 (89.8%)	128
韓語覺書	oi	1	1	2 (25%)
	ai	0	4	4 (50%)
	ei	0	1	1 (12.5%)
	e	0	1	1 (12.5%)
	합계	1 (12.5%)	7 (87.5%)	8
物名	oi, oy	3	4	7 (77.8%)
	ai	1	0	1 (11.1%)
	ei	0	1	1 (11.1%)
	합계	4 (44.4%)	5 (55.6%)	9
交隣須知 [애스턴-C16]	oi	0	9	9 (69.2%)
	ai	0	4	4 (30.8%)
	합계	0 (0%)	13 (100%)	13

/ㅔ/는 oi로 전사되는 경우가 가장 많다. /ㅔ/의 전사는 /ㅓ/와 마찬가지로 어두와 비어두에서 확연한 차이를 보인다. 어두에서는 /ㅓ/의 음가인 [ə]가 유지되는 oi로 전사되는 경우가 거의 대부분이다. (48ㄴ)에서 '데여'가 toyo로 전사되어 /ㅔ/의 하향반모음이 후행 음절의 상향반모음으로 전사된 것을 보면 /ㅔ/가 하향이중모음 [əj]로 실현되었음을 알 수 있다.

(48)

ㄱ. 네(汝) ドイ [^{d}noj] 〈全40〉

ㄴ. 데여 トヨ [tojo] 〈全60〉

ai, ei, e 등은 주로 비어두에서 나타난다. 흥미로운 점은 ai가 나타나는 환경 중 일부는 /ㅓ/의 전사에서 o가 아닌 a가 쓰이는 환경과 겹친다는 것이다. 부사형어미 '-게'는 『全一道人』의 어간이 '크-'인 6예와 『交隣須知』[애스턴-C16]의 어간이 '보-'인 경우 1예를 제외하면 모두 ai로 전사된다. 이 밖에 /ㅔ/가 ai로 전사된 예로 의존명사 '제'(1예)가 있는데, 이것은 의존명사 '적'과 같은 비어두 위치의 /ㅓ/가 a로 전사되는 것와 평행한 현상이다.

(49)

ㄱ.	죽게	ツクカイ [ʦukkaj] 〈全54〉
ㄴ.	주시게	ツシカイ [ʦuʃikaj] 〈譯39〉
ㄷ.	죠케	チヨッカイ [ʧokʰaj] 〈交331〉
ㄹ'.	크게	クコイ [kukoj] 〈全31〉
ㄹ''.	보게	ポウコイ [po:koj] 〈交335〉
ㅁ.	어려실 제	ヲレシル サ*イ [oresil ʦaj] 〈全70〉

[표 4-17] 비어두 /ㅔ/의 전사 양상(1) (학습서류)

전사 대상	전사에 사용된 가나 (/oi/ : /ai/)			
	全一道人	朝鮮語譯	韓語覺書	交隣須知 [애스턴-C16]
제(적에)	4:1	0:7	-	-
연결어미 '-게'	6:10	0:26	0:4	1:4

비어두에서 /ㅔ/가 ei와 e로 전사되는 예에도 패턴이 있다. 『全一道人』에서는 조사 '-에셔'의 /ㅔ/가 모두 e로 전사되고, 여격조사 '-(의)

게'의 /ㅔ/는 항상 oi로 전사되며, 조사 '-에'의 /ㅔ/는 보통 oi로 전사되지만 ei로 전사된 경우가 2예 있다. 『朝鮮語譯』이나 『韓語覺書』에서는 '-에셔'의 /ㅔ/가 e로 전사되는 것은 동일하지만 '-에'가 ei나 e로 전사되는 수가 늘어나고, 조사 '-게'도 ei로 전사되기 시작한다.

(50)

ㄱ. 싱모에셔	サグモヱシヤ [saŋmoeʃa] 〈全66〉
ㄴ. 기레셔	キレシヤ [kireʃa] 〈全61,93,103,108〉
ㄷ. 各官에셔	各官ネシヤ [-neʃa] 〈譯38〉[16]
ㄹ. 기레	キレイ [kirej] 〈全63〉
ㅁ. 모혜	モヘイ [mohej] 〈全95〉
ㅂ. 朝鮮에	朝鮮ネ [-ne] 〈譯22〉
ㅅ. 죄인(罪人)에	ソ*イイネ [ʦojine] 〈韓3a〉
ㅇ. 스승의게	ススグイコイ [susuŋujkoj] 〈全118〉
ㅈ. 우리게	ウリケイ [urikej] 〈譯24〉
ㅊ. 사롬게	サロムケイ [saromkej] 〈韓2a〉

16) 『朝鮮語譯』에서는 한자어와 모음 조사가 이어질 경우 한자어의 발음을 전사하지 않은 경우가 많다. 그리고 이어지는 조사의 초성으로 한자어의 말음(이 예에서는 /ㄴ/)을 사용하였다.

[표 4-18] 비어두 /ㅔ/의 전사 양상(2) (학습서류)

전사 대상	전사에 사용된 가나 (/oi/ : /e(i)/)		
	全一道人	朝鮮語譯	韓語覺書
조사 '-에셔'	0:5	0:2	-
조사 '-에'	44:2	46:2	1:1
조사 '-게'	27:0	9:4	0:1

『朝鮮語譯』과 『韓語覺書』에서 '-에(셔)'가 e(i)로 전사되는 경우는 선행 체언이 '朝鮮', '各官', '舊館', '罪人' 등 종성이 /ㄴ/인 경우로 한정되는 점도 흥미롭다. 이러한 /ㅔ/의 전사 양상은 /ㅔ/의 전설단모음화와 [+설정성] 자음 간의 관련성을 시사하는 것이다. 기타 특이한 전사례를 살펴보면 다음과 같다.

(51)

ㄱ. (구롬을) 헤치고 　　ハイチコ [hajʧiko] 〈譯22〉

ㄴ. 진네[蚣] 　　チンデイ [ʧin^{d}nej] 〈物29a〉

'헤치고'의 /ㅔ/를 ai로 전사한 것은 청취상의 문제인 것으로 보인다. '진네'는 제2음절이 dei로 전사된 것을 보면 후행 음절의 초성이 일본어의 탁음처럼 인식되었음을 의미한다. '지'와 '네'를 끊어서 발음한 것을 듣고 적었기 때문에 이렇게 전사된 듯하다. 여기에서도 /ㅔ/가 ei로 전설화되어 전사되는 환경이 [+설정성] 자음 뒤라는 점이 주목된다.

4.2.4.2. 견문록류

견문록류 자료에서 /ㅔ/의 전사 양상은 다음과 같다.

[표 4-19] /ㅔ/의 전사 양상 (견문록류)

자료명	가나	위치		합계
		어두	비어두	
陰德記 (1660이전)	oi	5	0	5 (50%)
	ai	0	1	1 (10%)
	e	0	4	4 (40%)
	합계	5 (50%)	5 (50%)	10
朝鮮人來朝義式 (1711)	oi	1	0	1 (50%)
	ai	0	1	1 (50%)
	합계	1 (50%)	2 (50%)	2
和漢三才圖會 (1712)	oi	2	1	3 (100%)
	합계	2 (%)	1 (%)	3
朝鮮物語 (1750)	oi	2	2	4 (100%)
	합계	2 (50%)	2 (50%)	4
朝鮮通言國字 (1786)	oi	4	2	6 (40.0%)
	ai	0	2	2 (13.3%)
	e	0	7	7 (46.7%)
	합계	4 (26.7%)	11 (73.3%)	15
朝鮮口聞書 (18세기 말)	oi	2	1	3 (75%)
	ai	0	1	1 (25%)
	합계	2 (50%)	2 (50%)	4
長崎朝鮮風土記 (18세기 말)	oi	1	0	1 (33.3%)
	ai	0	1	1 (33.3%)
	eː	0	1	1 (33.3%)
	합계	1 (33.3%)	2 (66.7%)	3
津島日記 (1818 이후)	oi(oːi)	2(2)	2	2 (100%)
	합계	2 (50%)	2 (50%)	4

朝鮮聞見錄 (1842)	e	1	0	1 (100%)
	합계	1 (100%)	0 (0%)	1
朝鮮人見聞書 (1830이후)	oi(oːi)	1	3(2)	4 (80%)
	ei	0	1	1 (20%)
	합계	1 (20%)	4 (80%)	5

견문록류 자료의 /ㅔ/ 전사 패턴은 기본적으로 학습서와 유사하다. /ㅔ/ 전사에는 어두와 비어두에서 oi가 가장 많이 쓰이고, ai는 비어두의 연결어미 '-게'에서 주로 나타난다.

(52)
ㄱ. 네[汝] ドイ [ᵈnoj] 〈陰190〉
ㄴ. 지게 チカイ [ʧikaj] 〈陰109〉
ㄷ. 세[三] ソイ [soj] 〈通4b〉
ㄹ. 말숨ᄒᆞ게 マルソムハカイ [malsomhakaj] 〈通1a〉

한편 /ㅔ/ 전사에 ei나 e가 쓰인 예는 학습서와 비슷하면서도 훨씬 진전된 양상을 보인다.

(53)
ㄱ. 살게 サルケ [salke] 〈陰129, 242〉
ㄴ. 크게 クケ [kuke] 〈陰346〉
ㄷ. 거번(去番)에 コポネ [kopone] 〈通7b〉
ㄹ. ᄒᆡ변(海邊)에셔 ハイペネシヤ [hajpeneʃa] 〈通2b〉
ㅁ. 朝鮮에 朝鮮ネ [-ne] 〈通3a〉

ㅂ. 니렌날 ジレンナル [^{d}nirennal] 〈通4a〉
ㅅ. 여드렌날 ヨドレンナル [jodorennal] 〈通4a〉
ㅇ. 흔 돈 네[四] 닢 ハンドン テヱニ [handon ^{d}ne:ni(p)] 〈長119〉
ㅈ. 네[四] デイ [^{d}nej] 〈見4a〉

『陰德記』의 '살게', '크게'처럼 연결어미 '-게'의 /ㅔ/가 e로 전사된 것은 다른 자료에서는 보이지 않는 현상이다. 다른 자료에서는 거의 ai로 전사되고 드물게 oi로 나타나기 때문이다. 그러나 /ㅔ/와 e의 대응은 유일례가 아니므로 예외로 치부하기도 어렵다. 이 예들은 16세기 말 남부 방언에서 문법형태소 /ㅔ/의 전설단모음화가 상당 부분 진전되었을 가능성을 보여준다. 『朝鮮通言國字』의 조사 전사 양상은 학습서류 자료와 완전히 일치한다. '-에', '-에셔'의 /ㅔ/가 /ㄴ/ 뒤에서 e로 전사되었다. 본래 '닐웻날', '여드랫날'에서 온 '니렌날'과 '여드렌날'의 /ㅔ/가 e로 전사된 것도 대단히 흥미롭다. 이는 특정 방언이나 구어에서 /ㅞ/나 /ㅐ/가 변한 모음이 [e]로 실현되고 있었음을 보여주기 때문이다. 현대한국어에서 이 단어들이 '이레', '여드레'로 남아 있는 것과 관련해서도 생각해 볼 문제이다. 『長崎朝鮮風土記』의 '네 닢'에서 '네'는 전설단모음화되어 장음으로 발음되었고, 『朝鮮人見聞書』의 '네'는 하향반모음 [j]를 유지하고 있다.

이제까지 살펴본 /ㅔ/의 전사 양상에서는 전반적으로 하향이중모음의 상태를 계속 유지하면서도 비어두 위치의 문법형태소인 '-에', '-에셔', '-게' 등에서 선구적으로 전설단모음화가 일어나고 있음을 알 수 있었다. 특히 복수의 자료에서 전설화가 촉발되는 환경이 선행하는 자음이 [+설정성] 자음인 /ㄴ/이라는 사실은 /ㅔ/의 단모음화 과정을 생각하는 데 있어서 중요한 점이다.[17]

4.2.5. /ㆎ/의 변화: ([ʌj] >) [aj], [e(j)], [a]

일반적으로 /ㆎ/는 /ㆍ/의 비음운화 과정과 마찬가지로 /ㅐ/에 합류한 뒤 전설단모음화를 경험했을 것으로 추정해 왔다. 그러나 실제로 전사 자료를 살펴보면 사정이 그렇게 간단치 않음을 알 수 있다. 이하에서는 학습서류와 견문록류 각각에서 /ㆎ/의 전사 양상을 ① 하향이중모음 /ai/, ② 전설단모음화되는 /e(i)/, ③ 일부 /ㆎ+C/ 음절의 /a/라는 세 가지 패턴으로 나누어 살펴보기로 한다.

4.2.5.1. 학습서류

학습서류 자료에서 /ㆎ/의 전사 양상은 다음과 같다.

[표 4-20] /ㆎ/의 전사 양상 (학습서류)

자료명	가나	위치		합계
		어두	비어두	
全一道人	oi	3	41	44 (21.8%)
	ai	65	28	93 (46.0%)
	ei	0	27	27 (13.4%)

17) 『全一道人』에서 한글 방훈(傍訓)으로 'ㅔ'가 달려 있는 예에 한정하여 /ㅔ/의 가나 전사를 검토한 민병찬(2003: 118-120)은 /ㅔ/를 가나 oi로 표기한 이유를 다음과 같이 설명하였다. 『全一道人』의 편찬자인 雨森芳洲는 실제 모음의 음가에 구애받지 않고 한글 표기 'ㅔ'를 'ㅓ+ㅣ'로 분해하여 가나 oi로 치환하였다는 것이다. 그러나 우리가 살펴보았듯이 학습서류 자료에서도 /ㅔ/는 oi로만 전사된 것이 아니고, 견문록류에서는 더욱 다양한 전사 양상이 나타나므로 이러한 설명은 받아들이기 어렵다.

	e	5	1	6 (3.0%)
	a	17	15	32 (15.8%)
	합계	90 (44.6%)	112 (55.4%)	202
朝鮮語譯	oi	1	25	26 (22.8%)
	ai	40	25	65 (57.0%)
	ei	0	17	17 (14.9%)
	a	4	2	6 (5.3%)
	합계	45 (39.5%)	69 (60.5%)	114
韓語覺書	oi	1	3	4 (33.3%)
	ai	2	3	5 (41.7%)
	a	2	1	3 (25.0%)
	합계	5 (41.7%)	7 (58.3%)	12
物名	oi	0	12	12 (27.9%)
	ai(a:i)	19	3	22 (51.2%)
	ae	1	0	1 (2.3%)
	ei	0	2	2 (4.7%)
	e:	0	1	1 (2.3%)
	a	1	4	5 (11.6%)
	합계	21 (48.8%)	22 (51.2%)	43
交隣須知 [애스턴-C16]	oi	0	40	40 (65.6%)
	ai(a:i)	13(2)	4	17 (27.8%)
	e(e:)	0	2(1)	2 (3.3%)
	a	1	1	2 (3.3%)
	합계	14 (23.0%)	47 (77.0%)	61

4.2.5.1.1. 하향이중모음 /ㆎ/

/ㆎ/는 ai, ay로 전사되는 예가 많다. (54ㄱ)에서 'ᄆᆡ여'의 /ㆎ/가 ay로 전사된 것을 보면 /ㆎ/의 /ㅣ/가 후행 음절에 속하는 것으로 인식되었는데, 이는 /ㆎ/가 하향이중모음이라는 사실을 잘 보여준다.

(54)

ㄱ. ᄆᆡ여 マヤ [maja] 〈全36〉

ㄴ. ᄡᅡᆼᄒᆡ셔 ^{ス}タグハイシヤ [staŋhajʃa] 〈全93〉

ㄷ. ᄒᆡᄌᆞ(垓字)를 ハイソ*ルル [haiʦorul] 〈譯37〉

ㄹ. ᄀᆞᆯᄒᆡ여 カルハイヨ [kalhaj.jo] 〈譯43〉

ㅁ. ᄁᆡ쳐 カイッチヤ [kaiʧʰa] 〈韓2a〉

ㅂ. 견ᄃᆡ다 ケンドイタ [kendojta] 〈韓2b〉

ㅅ. ᄂᆡ년(來年) ナイニエン [najnjen] 〈物5a〉

ㅇ. 아ᄒᆡ[兒] アアハイ [aːhai] 〈物22a〉

ㅈ. ᄇᆡ[船]가 パイカ [pajka] 〈交327〉

ㅊ. 셔가여래(釋迦如來) セカヨウライ [ʃekajoːraj] 〈交339〉

/ㆎ/는 oi로 전사되는 예도 있어 일부 환경에서 /ㆎ/의 /ㆍ/ 음가가 유지되었음을 알 수 있다. 어두에서 oi로 전사되는 예는 소수이며 그마저도 후기 자료(『物名』, 『交隣須知』[애스턴-C16])로 가면 아예 나타나지 않는 반면, 비어두에서는 oi로 전사된 예가 많은 비중을 차지한다. 이것들은 대체로 '-ᄉᆡ', '-ᄂᆡ' 등 절단형 종결어미들이다.

(55)

ㄱ. ᄆᆡ이[激] モイ [moi] 〈全103〉

ㄴ. 즁ᄆᆡ(仲媒)를 チユグモイルル [ʧuŋmojrul] 〈全65〉

ㄷ. 마즐ᄉᆡ マツルソイ [maʦulsoj] 〈全41〉

ㄹ. 잇습ᄂᆡ イッスブノイ [itsupnoj] 〈譯6〉

ㅁ. ᄇᆡ반(背反) ホ*イバン [poibaɴ] 〈韓3a〉

ㅂ. ᄆᆞᄃᆡ モトイ [motoj] 〈韓2b, 3a〉

ㅅ. 밤이올ᄉᆡ　　　　ハ*アミヲルソイ [paːmiolsoj] 〈物2b〉

ㅇ. 먹ᄉᆞᆸᄂᆡ　　　　モクソフノイ [moksopnoj] 〈交342〉

명사 등에서 /ㆎ/가 oi로 전사되는 예는 점차 줄어들고 ai로 합류하지만, 절단형 종결어미에서는 계속해서 유지되는 모습을 보인다. /ㆎ/가 ai와 oi로 전사되는 양상의 차이를 보면 한글 문헌 자료에서 /ㆎ/의 혼기만으로는 파악하기 어려운 /ㆍ/의 음성 변화의 일단을 파악할 수 있다.

4.2.5.1.2. 전설단모음화되는 /ㆎ/

비어두 위치에서 /ᄃᆡ/의 /ㆎ/는 ei나 e로 전사되는 경우가 많다. 이는 학습서류 자료뿐만 아니라 견문록류 자료에서도 관찰되는 현상이다.

[표 4-21] 비어두 /ᄃᆡ/, /ᄐᆡ/의 전사 양상 (학습서류)

전사 대상	전사에 사용된 가나			
	全一道人	朝鮮語譯	物名	交隣須知 [애스턴-C16]
ᄃᆡ	oi 3 : ei 1	oi 2 : ei 5	–	–
어ᄃᆡ	e 1	–	–	–
가온ᄃᆡ	ai 12	–	ei 1	eː 1
본ᄃᆡ	ei 8	ei 1	–	–
부ᄃᆡ	ei 1	–	–	e 1
겨ᄐᆡ	ei 4	ei 3	–	–
미ᄐᆡ	–	ei 1	–	–
드ᄃᆡ여	ei 11	–	–	–
업ᄃᆡ여	ey 1	–	–	–
연결어미 '-ㄴᄃᆡ'	oi 1	oi 1 : ei 7	–	e 1

(56)

ㄱ. 어ᄃᆡ　　ヲテ [ote] 〈全95〉

ㄴ. 부ᄃᆡ　　フ*テイ [putej] 〈全26〉

ㄷ. 겨ᄐᆡ　　ケッテイ [ket^{h}ej] 〈全23〉

ㄹ. 간 ᄃᆡ　　カン デイ [kan dej] 〈全41〉

ㄹ'. 다ᄅᆞᆫ ᄃᆡ　　タロン ドイ [taron doj] 〈全37〉

ㅁ. 드ᄃᆡ여　　トテイヤ [totej.ja] 〈譯38〉

ㅂ. 본ᄃᆡ　　ホ*ンデイ [pondej] 〈譯38〉

위 표에서 알 수 있듯이, 기원적으로 의존명사 'ᄃᆡ'를 포함한 단어 외에도 '겨ᄐᆡ', '미ᄐᆡ'와 같이 체언+조사 결합으로 인해 /ᄐᆡ/라는 음절이 형성되었을 때에도 /ㆎ/가 ei로 전사되었음을 알 수 있다. 이는 /ㆎ/의 전설단모음화의 단초가 'ᄃᆡ'라는 의존명사 자체에 있는 것이 아니라 [+설정성]을 지닌 자음 /ㄷ, ㅌ/에 있다는 것을 의미한다. 특히 18세기 전반기의 『全一道人』과 『朝鮮語譯』에서는 oi나 ei로 전사되던 예들이 19세기 초의 『交隣須知』[애스턴-C16]에서는 모두 하향반모음이 없는 e로 전사된 것은 전설단모음화의 과정이 어떻게 일어났는지를 방증한다. 그리고 /ᄃᆡ/는 이처럼 일찍부터 전설단모음화를 경험하였기 때문에 현대한국어에서도 '대'가 아닌 '데'로 남아 있는 것이다. 다음과 같이 /ㄷ, ㅌ/ 외의 다른 자음 뒤에서도 /ㆎ/가 전설단모음화를 경험하여 e(i)나 ae로 전사되기도 한다.

(57)

ㄱ. ᄆᆡᆫᄃᆞ라　　メンドラ [mendora]
〈全26, 全36, 全56, 全72〉

ㄴ. 민밥　　メンバブ [menbap] 〈全76〉

ㄷ. 말믜야마　　マルメヤマ [malmejama] 〈全121〉

ㄹ. 쉼[泉]　　サエム [saem] 〈物10b〉

ㅁ. 동닉부스(東萊府使)　　トグネエフ*サ [toŋne:pusa] 〈物15b〉

『全一道人』에서는 '민돌-', '민밥', '말믜야마'의 /ㆎ/가 e로 전사되었다. 『物名』의 '쉼'과 '동닉부스'는 각기 어두와 어중에서 /ㆎ/가 전설단모음화되는 과정을 보여준다. /ㅁ/과 달리 /ㅅ/, /ㄴ/은 [+설정성] 자음이라는 점이 주목된다.

4.2.5.1.3. 일부 /ㆎ+C/ 음절의 /ㆎ/

'싱', '빅' 등 일부 /ㆎ+C/ 음절의 /ㆎ/는 /a/로 전사되는 경향이 뚜렷하게 관찰된다.

(58)

ㄱ. 싱션(生鮮)　　サグセン [saŋʃen] 〈全30〉

ㄴ. 슌힝(巡行)　　シユンハグ [ʃunhaŋ] 〈全105〉

ㄷ. 빅발(白髮)　　ハ*クハ*ル [pakpal] 〈譯9〉

ㄹ. 시힝(施行)　　シハグ [ʃihaŋ] 〈譯5〉

ㅁ. 싱광(生光)　　サグクワグ [saŋkwaŋ] 〈韓2b〉

ㅂ. 잉무(鸚鵡)　　アグムウ [aŋmu:] 〈物22b〉

ㅅ. 은힝(銀杏)　　ウナグ [uaŋ] 〈物1b〉

ㅇ. 오식(五色)　　ヲサク [osak] 〈交333〉

폐음절의 /ㆎ/가 a로 전사되는 예에 대해 허인영(2014: 17-19; 2016:

223-225)에서는 이러한 현상이 주로 중고음(中古音)의 梗攝 二等 開口에 속하는 한자에서 나타난다는 사실을 지적하였다. 그리고 이런 한자들은 /ㆍ/를 유지하다가 '초승(<初生)', '동상(<同生)'과 같이 /ㅡ/와 /ㅏ/로의 변화를 경험했을 것이라고 추정하였다. 허인영(2019: 258-260)에서는 'ᄌᆡᆫ납'에서 기원한 '잔나비'를 다루면서 /C+ㆎ+C/ 환경에서 /ㅣ/가 탈락하는 현상이 아래와 같이 한자어뿐만 아니라 고유어에서도 일어난다는 것을 지적하였다.

(59)

ㄱ. ᄉᆡᆼ(生,柱): 이승(<이生), 저승(<뎌生), 초승(<初生), 짐승(<衆生),
장승(<長柱)
고상(<苦生), 동상(<同生), 선상(<先生)
상치/상추(*상츼<ᄉᆞᆼ치<ᄉᆡᆼ치<生菜)

ㄴ. ᄎᆡᆨ(册): 착(강원, 경남, 경북, 전남, 충남), 척(경북)

ㄷ. 다(全)+ᄆᆡᆫ(素) > 다ᄆᆞᆫ > 다만

ㄹ. ᄌᆡᆺᄂᆞᆸ~ᄌᆡᆫ납 > ᄌᆡᆺ납(이)~ᄌᆡᆫ납(이) > ᄌᆞᆫ납(이) > 잣납(이)~잔납(이)

ㅁ. 원ᄉᆡᆼ(猿猩)이 > 원승(이) > 원슝(이) > 원숭이

cf. 先生 션ᄉᆞᆼ, 生菜 ᄉᆞᆼ채 <방언유석 1:36b, 3:28a>

한국어-가나 전사 자료에서 /ㆎ/가 a로 나타나는 현상은 /ㆎ/ > /ㆍ/ > /ㅏ/의 단계를 반영하는 것으로 보인다. 이를 방증할 수 있는 증거로는 후술할 견문록류 자료 가운데 17세기 전반기의 자료인 『陰德記』에서 'ᄉᆡᆼ션'이나 '동ᄉᆡᆼ'의 /ㆎ/를 o로 전사한 것을 들 수 있다. 한글 문헌 자료에서는 /ㆎ/가 /ㆍ/로 표기된 예가 흔하지 않지만, 전

사 자료의 전사 양상을 보면 변화 과정을 좀 더 구체적으로 추적할 수 있는 것이다.

이처럼 광범위하게 a로 전사되던 /ㆎ/가 현대한국어에서 /ㅐ/로 합류한 이유는 명확하게 밝히기 어렵다. 다만 /ㆎ/가 a로 전사되는 단어 중에는 한자어가 많고, 대다수가 /ㅐ/로 합류한 /ㆎ/의 규범적인 발음을 따라 /ㅐ/로 교정되었을 가능성이 있다. 이와 관련하여 /ㆍ/를 지녔던 어미의 변화를 언급한 정경재(2015/2019: 229-230)를 참고할 수 있다. 어미 '-ᄂᆞ-'와 '-ᄉᆞᆸ-'은 현대한국어에서 '-사옵나이다', '-사옵니다', '-습니다'나 '-나니', '-느냐'와 같이 /ㅏ/형(문어형)과 /ㅡ/형(구어형)으로 이어진 어형이 모두 존재한다. 즉, /ㆍ/를 지닌 어미는 문체적인 차이를 지닌 채로 /ㅏ/형과 /ㅡ/형이 공존해 왔다고 볼 수 있다. 자연스러운 /ㆍ/의 제1단계 변화에 따르는 /ㅡ/형이 일상적인 어법과 이어지는 반면, 보수적으로 남아 있던 문어형(표기형) /ㆍ/는 /ㅏ/로 이어진 것이다. 이처럼 /ㆎ/에서도 보수적인 환경에서는 표기인 'ㆎ(> ㅐ)'에 이끌리는 변화가 일어났을 가능성이 있다.[18)]

4.2.5.2. 견문록류

견문록류 자료에서 /ㆎ/의 전사 양상은 다음과 같다.

18) 참고로 현대 서울 방언을 다룬 유필재(2001/2006: 68)에서는 기원적으로 /징/을 지닌 단어들이 '경:장(競爭)', '전:장(戰爭)', '장반(錚盤)'으로 발음된다고 하였다.

[표 4-22] /ㆎ/의 전사 양상 (견문록류)

자료명	가나	위치		합계
		어두	비어두	
尊海渡海日記 (1539)	oi	0	1	1 (33.3%)
	ui	0	1	1 (33.3%)
	e	0	1	1 (33.3%)
	합계	0 (0%)	3 (100%)	3
陰德記 (1660이전)	oi	2	3	5 (13.5%)
	ai	10	17	27 (73.0%)
	a	2	0	2 (5.4%)
	o	1	2	3 (8.1%)
	합계	15 (40.5%)	22 (59.5%)	37
朝鮮人來朝義式 (1711)	ai	5	2	7 (70%)
	a	1	2	3 (30%)
	합계	6 (60%)	4 (40%)	10
和漢三才圖會 (1712)	oi	0	1	1 (16.7%)
	ai	2	0	2 (33.3%)
	e	0	1	1 (16.7%)
	a	1	1	2 (33.3%)
	합계	3 (50%)	3 (50%)	6
朝鮮物語 (1750)	oi	0	3	3 (17.6%)
	ai	6	1	7 (41.2%)
	ei	0	1	1 (5.9%)
	e	0	3	3 (17.6%)
	o	1	1	2 (11.8%)
	a	1	0	1 (5.9%)
	합계	8 (47.1%)	9 (52.9%)	17
朝鮮通信使一行座目 (1764)	ai	3	14	17 (70.8%)
	ei	0	1	1 (4.2%)
	a	2	4	6 (25.0%)
	합계	5 (20.8%)	19 (79.2%)	24

朝鮮通言國字 (1786)	oi	0	6	6 (12.8%)
	ai	18	9	27 (57.4%)
	ei	0	1	1 (2.1%)
	e	0	2	2 (4.3%)
	a(a:)	0	11(1)	11 (23.4%)
	합계	18 (38.3%)	29 (61.7%)	47
朝鮮口聞書 (18세기 말)	oi	0	3	3 (13.6%)
	ai	10	3	13 (59.2%)
	e	0	3	3 (13.6%)
	a	2	1	3 (13.6%)
	합계	12 (54.5%)	10 (45.5%)	22
長崎朝鮮風土記 (18세기 말)	oi	0	1	1 (7.2%)
	ai	7	0	7 (50.0%)
	e(e:)	2(1)	1	3 (21.4%)
	a	2	1	3 (21.4%)
	합계	11 (78.6%)	3 (21.4%)	14
津島日記 (1818 이후)	oi	0	2	2 (25.0%)
	ai	4	1	5 (62.5%)
	iya	1	0	1 (12.5%)
	합계	5 (62.5%)	3 (37.5%)	8
朝鮮聞見錄 (1842)	ai	4	4	8 (66.7%)
	e	1	2	3 (25.0%)
	a	1	0	1 (8.3%)
	합계	6 (50%)	6 (50%)	12
朝鮮人見聞書 (1830이후)	ai	0	1	1 (14.3%)
	ei	1	0	1 (14.3%)
	e	2	0	2 (28.6%)
	a	2	1	3 (42.8%)
	합계	5 (71.4%)	2 (28.6%)	7

4.2.5.2.1. 하향이중모음 /ㆎ/

16세기 전반 자료인 『尊海渡海日記』에는 ai로 전사된 예가 아예 없고 oi나 ui로 전사되어 /ㆎ/가 /ㆍ/의 음가를 여전히 지니고 있음을 보여준다. 17세기 이후의 자료에서는 oi로 전사된 예가 비어두에서 조금 나타날 뿐 거의 보이지 않는다. 이는 견문록류 자료가 반영하는 방언에서 /ㆎ/의 /ㅐ/로의 합류가 일찍 일어났음을 암시한다. 먼저 oi로 전사된 예를 살펴보면 다음과 같다.

(60)

ㄴ. 듀봉ᄇᆡ(晝奉盃)	チクンボイ [tikuŋboj] 〈尊29〉[19]
ㄷ. 슉ᄇᆡ(肅拜)	シッフイ [ʃikpuj] 〈尊27〉
ㄹ. ᄆᆡ여	ホヤ [ᵇmoja] 〈陰236〉
ㅁ. 글ᄑᆡ	クルホイ [kulpoj] 〈陰296〉
ㅂ. 죠ᄒᆡ	チヨホイ [ʧohoj] 〈和55〉 〈語141〉
ㅅ. 잇ᄉᆞᆷᄂᆡ	イソムノイ [i(t)somunoj] 〈通1b〉
ㅇ. ᄒᆞ엿ᄉᆞᆷᄂᆡ	ハヤッソムノイ [hajatsomnoj] 〈津159〉

학습서류 자료에서와 마찬가지로 oi 계열은 어두에 쓰이는 일이 잘 없고, 비어두에서는 절단형 종결어미 '-ᄂᆡ' 등에 쓰이는 것이 대부분이다. 어미를 제외한 환경에서 oi 계열이 점점 줄어들고 ai가 늘어나는 것은 /ㆎ/가 /ㅐ/로 합류하는 과정을 보여주는 것이다.

19) ク(ku)는 フ(hu)의 오기일 수도 있다.

4.2.5.2.2. 전설단모음화되는 /ㆎ/

견문록류 자료에서도 학습서류 자료에서처럼 /ㆎ/가 ei나 e로 전사되는 예가 확인되는데, 이는 /ㆎ/가 특정 환경에서 전설단모음화를 일찍부터 경험했음을 보여주는 것이다.

(61)

ㄱ. 어ᄃᆡ　　ヲテ [ote] 〈語244; 口2a,33a; 聞240〉

ㄱ'. 어ᄃᆡ　　ヲテイ [otej] 〈通1a〉

ㄴ. ᄆᆞᄃᆡ　　モテ [mote] 〈通1a〉

ㄷ. 더ᄃᆡ　　トテ [tote] 〈口16b〉

ㄹ. 가온ᄃᆡ　　カヲンデ [kaonde] 〈長194〉

ㄹ'. 가온ᄃᆡ　　カヲンダイ [kaondaj] 〈語90〉

가장 많이 보이는 것은 학습서에서와 마찬가지로 비어두의 /ᄃᆡ/이다. /ᄃᆡ/는 e나 ei로 전사되어 전설화는 일찍부터 경험하였으나 단모음화가 완료되지 않았음을 보여준다. 이처럼 의존명사 'ᄃᆡ'에서 유래한 단어들이나 연결어미가 일찍부터 단모음화를 경험했음은 학습서류 자료에서도 살핀 바 있는데, 어휘 중심의 견문록류 자료에서는 '-ㄴᄃᆡ'라는 연결어미 구성이 나올 만한 맥락이 많지 않아 상대적으로 빈도가 적은 것으로 보인다. /ᄃᆡ/ 외의 다른 /ㆎ/가 단모음화된 예로는 다음과 같은 것들이 있다.

(62)

ㄱ. ᄀᆞᆫ나ᄒᆡ[女]　　カンナヘ [kannahe] 〈和61; 語111〉

ㄴ. ᄉᆞᆫ나ᄒᆡ[男] ソンナヘ [sonnahe] 〈語110〉

ㄷ. 경ᄌᆡ(景齋) ケグゼイ [keŋzej] 〈座3b〉

ㄹ. ᄉᆡᆼ강(生薑) センガン [ʃeŋgaŋ] 〈長311〉

ㅁ. ᄂᆡ일(來日) ネエル [ne:l] 〈長324〉

ㅂ. ᄇᆡ[船;腹] ペエ [pe:] 〈聞182; 見96.99〉

ㅂ'. ᄇᆡ[船] ヘヒ [pej] 〈見121〉

ㅂ''. ᄇᆡ[腹] パヱ [pae] 〈長257〉

(62ㄱ-ㄷ)은 비어두의 예로, /ᄒᆡ/나 /ᄌᆡ/와 같은 음절도 e나 ei로 전사되었음을 볼 수 있다. (62ㄹ-ㅂ)은 어두의 예로, 18세기 후반 이후의 자료들에서는 어두에서도 /ㆎ/가 단모음화가 진전되고 있음을 알 수 있다. 특히 (62ㅂ)은 같은 'ᄇᆡ'가 e와 ei로 전사되어 이 단어에서도 단모음화가 끝나지 않았음을 보여준다. '동ᄂᆡ(東萊)'라는 지명과 관련되는 것으로 추정되는 'トクネギ'〈尊2; 聞58〉의 예도 있으나, 여기에는 의문점이 적지 않다.[20)]

4.2.5.2.3. 일부 /ㆎ+C/ 음절의 /ㆎ/

한자를 중심으로 하여 폐음절의 /ㆎ/는 /o/나 /a/로 전사되는 경향

20) 지명 '동ᄅᆡ(東萊)'는 『捷解新語』 원간본에도 'tonegi : 동녕기'로 자주 나타나는데, 대응하는 언해문에는 '東萊'라고 되어 있으나 '녕'에 주로 대응하는 가나인 negi가 사용된 것이 의심스럽다. 『尊海渡海日記』를 검토한 辻星児(2007: 74-75)에서는 한국어에서 /ㆎ/가 [ɛ]로 변하지 않은 시기에 /ㆎ/를 전사하기 위해 가나 e를 사용하였다고 보기는 어려우므로, '동래부사(東萊府使)'를 '동래영감(東萊令監)'이라고도 하는데 만일 이를 줄여 '동령'이라고 불렀다면 음의 측면에서는 일치한다고 하여 '동령'설을 제안한 바 있다.

이 강하다. 이 가운데 /o/로 전사되는 예는 『陰德記』와 『朝鮮物語』에서만 나타난다.

(63)

ㄱ. 동싱	トグソキ [toŋsoŋ]	〈陰015, 364〉〈語117〉
ㄴ. 싱션	ソグセン [soŋʃeɴ]	〈陰065〉

/싱/의 모음이 o로 전사된 것은 /C+ㆎ+C/ 구조에서 /ㅣ/가 탈락하고 /·/만 남아 있는 상황임을 보여준다. 그리고 o로 전사된 것을 통하여 여전히 /·/의 음가가 /ㅏ/나 /ㅡ/에 합류하지 않은 채 유지되고 있었음을 알 수 있다. 앞서 살펴보았듯이 이 음절 구조의 /·/는 /ㅏ/로 합류하기도 하고 /ㅡ/로 합류하기도 하는데, 견문록류에서는 대체로 a로 전사되어 /ㅏ/로 합류한 모습을 보이고, 간혹 yo나 ya로 나타나기도 한다.

(64)

ㄱ. 빅셩(百姓)	ハキシヤン [pakʃaŋ]	〈陰007〉
ㄴ. 깅(羹)	カギ [kaŋ]	〈陰217〉
ㄷ. 싱각ᄒᆞ다	サンガクハタ [saŋgakhata]	〈來85〉
ㄹ. 다힝(多幸)	タハグ [tahaŋ]	〈通3a〉
ㅁ. 빅(百)	パク [pak]	〈通5a; 口6a, 11b〉
ㅂ. 칙(冊)	サク [ʦak]	〈口16b, 21b〉
ㅅ. 심[泉]	シヨン [ʃom]	〈語20〉
ㅇ. 오깃다	ヲガヤッタ [ogajatta]	〈長202〉
ㅈ. 빗귀모[臍]	ピヤックイモウ [pjatkujmoː]	〈津49〉

(64ㄱ-ㅂ)은 어두와 비어두에서 /ㆎ/가 a로 전사된 예인데, 폐음절의 /ㆎ/가 전사되는 가장 전형적인 사례이다. (64ㅅ)은 '싑'의 /ㆎ/가 yo로 전사되었고, (64ㅇ,ㅈ)의 /ㆎ/는 ya로 전사되었다. 이러한 소수 전사례에 [j]가 들어간 이유는 알기 어렵다. 다만 현대일본어에서 영어의 'cat [kæt]'을 /kjatto/로 차용하는 것을 고려하면, 근대에 가까워질수록 외국어의 [æ]를 [ja]로 청취하는 경우가 늘어난 것은 아닐까 추측해 볼 따름이다.[21)]

4.2.6. /ㅐ/의 변화: [aj] > [aɛ]~[ɛ(j)]

4.2.6.1. 학습서류

학습서류 자료에서 /ㅐ/의 전사 양상은 다음과 같다.

[표 4-23] /ㅐ/의 전사 양상 (학습서류)

자료명	가나	위치		합계
		어두	비어두	
全一道人	ai, ay	67	122	189 (99.5%)
	a	1	0	1 (0.5%)
	합계	68 (35.8%)	122 (64.2%)	190
朝鮮語譯	ai, ay	29	101	130 (100%)
	합계	29 (22.3%)	101 (77.7%)	130
韓語覺書	ai	0	12	12 (92.3%)
	a	0	1	1 (7.7%)
	합계	0 (0%)	13 (100%)	13

21) 박기영(2005: 20)에서는 근대의 한국어-가나 전사 자료인 『日韓英三國對話』(1892)를 소개하면서 '깃', '닉', '빅' 등이 ya로 전사된 예를 소개한 바 있다. 따라서 /ㆎ/가 ya로 전사된 예는 이 시기와 19세기 말의 한국어 전사 자료 편찬자가 청취한 한국어 /ㆎ/의 발음에 어느 정도 유사성이 있음을 보여주는 것이다.

物名	ai, ay	15	23	38 (97.4%)
	uwai	1	0	1 (2.6%)
	합계	16 (41.0%)	23 (59.0%)	39
交隣須知 [애스턴-C16]	ai	7	5	12 (75%)
	oi	2	2	4 (25%)
	합계	9 (56.2%)	7 (43.8%)	16

/ㅐ/는 기본적으로 ai로 전사되어 [aj]와 같은 음가로 실현되었음을 알 수 있다. /ㅐ/ 뒤에 모음이 후행하는 경우 ay로 전사된다. 음운 체계에 하향이중모음이 존재하지 않는 일본어 화자가 /ㅐ/의 하향반모음 [-j]를 후행 음절에 속하는 것으로 인식했음을 알 수 있다.

(65)

ㄱ. 개(狗)	カイ [kaj] 〈全29〉
ㄴ. 내가	ナイカ [najka] 〈譯30〉
ㄷ. 례(例)대로	レタイロ [retajro] 〈韓1a〉
ㄹ. 안개가	アンガイカ [angajka] 〈交332〉
ㅁ. 보내여	ホ*ナヤ [ponaja] 〈全25〉
ㅂ. 내여	ナヤ [naja] 〈譯40〉
ㅅ. 보채야	ホ*ッサ*イヤ [pots^{h}ajja] 〈譯14〉
ㅇ. 개연(介然)ᄒᆞ더니	カエンハトニ [kajenhatoni] 〈全35〉

ay로 전사되는 예는 (65ㅁ, ㅂ)과 같이 용언 어간에 연결어미 '-어'가 후행하는 경우가 많지만, (65ㅅ)처럼 어간의 /ㅣ/와 후행 음절의 /ㅣ/가 모두 전사에 드러나는 예도 있다. 이는 중세한국어에서 하향이

중모음으로 끝나는 용언에 모음 어미가 결합할 때 '뮈다'가 '뮈여~무여'와 같이 반모음이 첨가되기도 하고 후행 음절에만 나타나기도 하는 것과 유사한 것이다. 이는 당시의 /ㅐ/가 하향이중모음임을 분명히 보여주는 것이다. 이러한 /ㅣ/ 첨가나 유동 현상이 용언의 활용에서만 나타나는 것은 아니고, (65ㅇ)처럼 /ㅐ/를 갖는 한자와 /ㅕ/를 갖는 한자가 결합한 경우에 하향반모음 [-j]와 상향반모음 [j-]가 중복되어 후행 음절에만 반모음이 표시되기도 한다.[22]

이 밖에 특이한 예로는 /ㅐ/가 a로 전사된 예가 『全一道人』과 『韓語覺書』에서 하나씩 보이고, 『交隣須知』[애스턴-C16]에서는 /ㅐ/가 oi로 전사된 예가 보인다.

(66)

ㄱ. 댄니프로(댓잎으로)	タンニップ*ロ [tannip^{h}uro] 〈全36〉
ㄴ. 영매(英邁)	ヨグマ [jeŋma] 〈韓1b〉
ㄷ. 재(岾)	ツワイ [ʦaj] 〈物8b〉
ㄷ'. 잔풍(殘風)	ツアンフ*グ [ʦanpuŋ] 〈物3b〉
ㄹ. ᄒᆞ옵새	ハヲプソイ [haopsoj] 〈交338〉
ㄹ'. ᄒᆞ옵새	ハヲプサイ [haopsaj] 〈交325〉

'댓잎'이나 '영매'의 /ㅐ/에서 /j/가 탈락하는 것과 같은 현상은 이 시기의 한글 문헌에서도 드물지 않게 나타난다. 백두현(1992: 184)는 이러한 현상이 하향이중모음이 단모음화되는 18세기 이후에는 거의 보

22) '개연'의 전사에 사용된 가나는 kaeN이지만, 이 당시의 일본어 표기법에서 e는 ye와 합류하여 초성이 없을 때는 동일하게 [je]로 실현되었다.

이지 않으며 이는 /ㅐ/가 하향이중모음이라는 음운론적 지위를 유지하고 있었음을 반영한다고 해석하였다. /ㅐ/와 같은 모음이 동등한 모음끼리의 결합(복모음)이었다면 /j/가 쉽게 탈락하고 첨가되기 어렵다는 것인데, 예가 적어 /ㅐ/에서 /j/가 탈락되고 첨가되는 조건을 밝히기는 어려우나 이러한 해석은 타당해 보인다.

한편 '재'를 전사하는 데 uwai가 쓰인 것은 이 당시 /ㅈ/이 치경경구개음이 아닌 치경음이었기 때문이다. 일본어에서 치경파찰음을 나타내는 데 사용되는 가나 tu [ʦu]는 /u/ 모음을 동반하고 있으므로, [ʦaj]와 같이 치경파찰음에 후행하는 모음이 /u/가 아닌 경우에는 tu+ai와 같이 전사할 수밖에 없는 것이다.[23] ai가 아닌 wai를 사용한 것은 선행하는 가나에 /u/가 포함되기 때문인 듯하다. 『交隣須知』[애스턴-C16]에서는 종결어미 '-ᄋᆞᆸ새'의 /ㅐ/를 oi로 전사한 예가 두 가지 보이는데, ai로 전사한 예도 있으므로 오류일 가능성이 있다.

4.2.6.2. 견문록류

견문록류 자료에 보이는 /ㅐ/ 전사 양상은 다음과 같다.

[표 4-24] /ㅐ/의 전사 양상 (견문록류)

자료명	가나	위치		합계
		어두	비어두	
尊海渡海日記 (1539)	ai	0	2	2 (100%)
	합계	0 (0%)	2 (100%)	2

23) 현대일본어에서 외래어의 치경파찰음을 표기할 때 같은 식의 표기법을 사용한다. 예컨대 중국어의 '蔡[tsaj]'를 'ツァイ(tuai)'로 적는 것과 같다.

<table>
<tr><td rowspan="6">陰德記
(1660이전)</td><td>ai</td><td>5</td><td>10</td><td>15 (78.8%)</td></tr>
<tr><td>a</td><td>1</td><td>0</td><td>1 (5.3%)</td></tr>
<tr><td>ae</td><td>0</td><td>1</td><td>1 (5.3%)</td></tr>
<tr><td>ei</td><td>0</td><td>1</td><td>1 (5.3%)</td></tr>
<tr><td>e</td><td>0</td><td>1</td><td>1 (5.3%)</td></tr>
<tr><td>합계</td><td>6 (31.6%)</td><td>13 (68.4%)</td><td>19</td></tr>
<tr><td rowspan="2">朝鮮人來朝義式
(1711)</td><td>ai</td><td>6</td><td>6</td><td>12 (100%)</td></tr>
<tr><td>합계</td><td>6 (50%)</td><td>6 (50%)</td><td>12</td></tr>
<tr><td rowspan="2">和漢三才圖會
(1712)</td><td>ai</td><td>4</td><td>3</td><td>7 (100%)</td></tr>
<tr><td>합계</td><td>4 (57.1%)</td><td>3 (42.9%)</td><td>7</td></tr>
<tr><td rowspan="2">朝鮮物語
(1750)</td><td>ai</td><td>8</td><td>6</td><td>14 (100%)</td></tr>
<tr><td>합계</td><td>8 (57.1%)</td><td>6 (42.9%)</td><td>14</td></tr>
<tr><td rowspan="2">朝鮮通信使
一行座目
(1764)</td><td>ai(a:i)</td><td>3</td><td>14(1)</td><td>17 (100%)</td></tr>
<tr><td>합계</td><td>3 (17.6%)</td><td>14 (82.4%)</td><td>17</td></tr>
<tr><td rowspan="3">朝鮮通言國字
(1786)</td><td>ai, ay</td><td>10</td><td>5</td><td>15 (88.2%)</td></tr>
<tr><td>a</td><td>1</td><td>1</td><td>2 (11.8%)</td></tr>
<tr><td>합계</td><td>11 (64.7%)</td><td>6 (35.3%)</td><td>17</td></tr>
<tr><td rowspan="3">朝鮮口聞書
(18세기 말)</td><td>ai, ay</td><td>5</td><td>11</td><td>16 (94.1%)</td></tr>
<tr><td>a</td><td>0</td><td>1</td><td>1 (5.9%)</td></tr>
<tr><td>합계</td><td>5 (29.4%)</td><td>12 (70.6%)</td><td>17</td></tr>
<tr><td rowspan="5">長崎朝鮮風土記
(18세기 말)</td><td>ai(a:i)</td><td>7(1)</td><td>9</td><td>16 (78.9%)</td></tr>
<tr><td>a</td><td>0</td><td>2</td><td>1 (5.3%)</td></tr>
<tr><td>ae</td><td>0</td><td>1</td><td>1 (5.3%)</td></tr>
<tr><td>e</td><td>0</td><td>1</td><td>2 (10.5%)</td></tr>
<tr><td>합계</td><td>7 (36.8%)</td><td>12 (63.2%)</td><td>19</td></tr>
<tr><td rowspan="2">津島日記
(1818 이후)</td><td>ai</td><td>1</td><td>4</td><td>5 (100%)</td></tr>
<tr><td>합계</td><td>1 (20%)</td><td>4 (80%)</td><td>5</td></tr>
<tr><td rowspan="2">朝鮮聞見錄
(1842)</td><td>ae</td><td>0</td><td>2</td><td>100 (%)</td></tr>
<tr><td>합계</td><td>0 (0%)</td><td>2 (100%)</td><td>2</td></tr>
<tr><td>朝鮮人見聞書</td><td>ai</td><td>0</td><td>1</td><td>1 (25%)</td></tr>
</table>

(1830이후)	a	0	1	2 (50%)
	e	0	2	1 (25%)
	합계	0 (0%)	4 (100%)	4

견문록류 자료에서도 /ㅐ/는 원칙적으로 ai로 전사되어 [aj]를 나타내지만, 그 밖의 표기도 보인다. 그리고 이러한 다양한 표기는 /ㅐ/의 전설화가 어떻게 시작되었는지에 대한 힌트를 제공해 준다. ai 이외의 전사가 나타나는 자료는 17세기의 『陰德記』와 그로부터 시간이 훨씬 지나 편찬된 것들로, 후자는 주로 조선인 표류민에게서 들은 한국어를 기록한 것이다. 『陰德記』에서 /ㅐ/가 ai 이외의 가나로 전사된 예는 다음과 같이 a, ae, ei, e로 전사한 것들이다.

(67)

ㄱ. 대졍(大匠) タチヨン [taʧon] 〈陰123〉

ㄴ. 놀개[歌] ドロカエ [^{d}norkaɛ] 〈陰248〉

ㄷ. 닷새 タッセイ [tatʃej] 〈陰301〉

ㄹ. 오래 (사괸 사름) [知人] ヲレ [ore] 〈陰267〉

'대졍'은 '대장장이'를 뜻하는 '대쟝'과 관련되는 단어로, 현대한국어 남부 방언에도 '대정'으로 남아 있다. /대/의 /ㅐ/가 a로 전사된 것은 앞서 학습서에서 살펴본 /j/ 탈락과 동일한 현상이다. '놀개'는 일찍이 志部昭平(1988: 47), 이기문(1988: 17)에서 주목한 어형으로, 중세어 /ㄹ$ㅇ/ 연쇄의 /ㅇ/이 /ㄱ/으로 실현되는 방언을 반영한 것으로 보인다.[24] '놀개'의 제2음절 모음은 ae로 전사되어 있어 /aj/가 전설단모음화되는 과정의 중간 단계인 [aɛ]를 보여준다. '닷새'는 15세기에

'닷쇄', '다쐐'로 표기되고 16세기 들어 '닷새'라는 어형이 나타나며, '닷세'와 같은 표기는 잘 보이지 않는다.[25] 따라서 제2음절 모음은 /ㅙ/가 아닌 /ㅐ/로 볼 수밖에 없는데, 이 모음이 ei로 전사되어 있는 것은 전설화의 진전을 보여주는 것이다. '오래'는 심지어 /ㅐ/가 e로 전사되어 있다. 이제까지 살펴본 『陰德記』의 예는 17세기에 /ㅐ/의 단모음화가 상당히 진행된 방언이 있었음을 보여주며, 그러한 방언에서도 단어에 따라 단모음화의 속도에 차이가 있었음을 암시한다. 특히 어두의 /ㅐ/는 하나를 제외하면 모두 ai로 전사되어 있고 전설단모음화의 진전을 보이는 것은 모두 비어두 환경이라는 점도 주목된다. 이러한 양상은 이후의 표류민 관련 자료에서도 반복해서 나타난다.

18세기 말의 표류민 관련 기록 이전에 『朝鮮人來朝義式』과 『朝鮮通信使一行座目』에서는 /ㅐ/가 /ai/ 외의 다른 가나로 전사된 예가 없다. 해당 자료의 한국어-가나 전사는 통신사를 비롯하여 공식적으로 일본에 방문한 이들을 제보자로 삼아 기록한 것들로, 이러한 자료의 성격이 반영된 것으로 보인다. 『和漢三才圖會』 또는 『朝鮮物語』에 실려 있는 한국어 어휘의 출전이 무엇인지에 대해서는 확실히 밝혀진 바가 없다.[26]

---

24) 중세어의 '몰애(沙)', '멀위(머루)'는 방언에서 '몰개', '멀구' 등으로 나타난다. 중세어에서 'ㄹ'이 연철되지 않고 'ㄹ$ㅇ'으로 분철되는 어형에서 나타나는 /ㅇ/이 음가를 지니고 있으며 기원적으로 /ㄱ/과 관련되는 경우가 많다는 주장에 대해서는 이기문(1972: 19-23) 참조.

25) 1881년에 간행된 『조군영적지(竈君靈蹟誌)』에서 "둘ᄶᅢ ᄯᆞᆯ의 역질이 닷세 되ᄆᆡ 검ᄭᅩ 쓔구러지믈 근심ᄒᆞ야(次女患痘症五朝痘已焦陷)"(45b)가 보일 따름이다.

26) 濱田敦(1970/1983: 59)은 『朝鮮物語』가 출판된 1750년과 1748년 통신사행 간에 어떤 영향이 있었을 가능성을 지적한 바 있다.

이런 자료들과 달리 18세기 말부터 19세기 전반기까지 편찬된 표류민 관련 서적에서는 『陰德記』에서 보인 패턴이 유사하게 나타난다.

(68)

ㄱ. 샛ᄇᆞ름	サッパラミ [satparam] 〈通7a〉
ㄴ. 모래[沙]	モラ [mora] 〈通7b〉
ㄷ. 보내ᄂᆞ니[遣]	ホナノニ [ponanoni] 〈口27b〉
ㄹ. 아래 하(下)	アラ ハ [ara ha] 〈長195〉
ㅁ. 노래[歌]	ノラ [nora] 〈長203〉
ㅂ. 김금대(金今大)	チンチンタ [ʧinʧinta] 〈見4b〉

위의 예에서는 '샛ᄇᆞ름', '모래', '보내-', '아래', '노래', '대(大)'의 /ㅐ/가 a로 전사되었다. 이는 학습서류 자료와 『陰德記』의 전사에서 확인한 /j/ 탈락형 a와 동일한 것으로, 당시 /ㅐ/의 지위가 하향이중모음이었음을 잘 보여주는 것이다.[27)]

한편 후기 견문록류 자료에서는 『陰德記』에서 보인 것과 같은 /ㅐ/의 전설화 내지 단모음화를 시사하는 예도 적지 않게 보인다.

(69)

ㄱ. 대패	タイパヱ [tajpae] 〈長267〉
ㄴ. 내라[出]	ナエラ [naera] 〈聞235〉
ㄷ. 셰(혀) 내라[舌出]	セヱ ナエラ [ʃeː naera] 〈聞235〉

27) '아래 하'의 /j/ 탈락형은 '아라+우ㅎ[上下]'와 같은 합성어에서 나타나는 '아래'의 고형(古形)을 보여주는 것일 가능성도 있다.

ㄹ. 목대기[枕] モクテキ [mokteki] 〈長219〉

ㅁ. 팔때기[手] ハリテキ [palteki] 〈見8a〉

'대패'의 제2음절 모음과 '내라'의 제1음절 모음이 ae로 전사된 것은 '놀개'의 예에서처럼 '[aj] 〉 [ɛ]'의 중간 과정인 [aɛ]를 보여주는 것이다. '목대기', '팔때기'는 '목침'과 '팔'의 방언형인데, 완전히 전설단모음화를 경험한 e로 전사되어 있다.[28] 앞서 살펴본 『陰德記』에서처럼 제2음절 이하의 예가 많지만 '내라'와 같이 어두에서도 ae로 전사된 예가 보이는 것은 해당 방언에서 /ㅐ/의 전설화가 진전되고 있었음을 보여준다.

/ㅐ/ 전사를 검토한 결과, 18세기 전반기부터 19세기 초까지 편찬된 학습서류 자료에서는 /ㅐ/를 ai로 전사한 예가 거의 대부분이었다. 반면 17세기 초부터 19세기 전반기까지 편찬된 견문록류 자료에서는 양상이 조금 달랐다. 통신사 관계 자료에서는 ai로만 전사되는 반면 표류민 등 한국인과의 직접 접촉을 통하여 주로 남부 방언을 기록한 자료에서는 /ㅐ/가 ai뿐만 아니라 ae, ei, e로 전사되는 등 다양한 전사 양상이 관찰되었다. 그리고 이처럼 전설단모음화를 암시하는 전사의 예가 학습서류 자료가 아닌 견문록류 자료의 비어두 환경에서 많이 나타난다는 사실은 흥미롭다. 이를 통하여 한국어-가나 전사 자료는

---

28) 비하의 뜻을 더하는 접미사 '-때기'는 한글 문헌 자료에서 거의 찾아볼 수 없어 본래 모음이 /ㅐ/였는지 /ㅔ/였는지 판단하기 쉽지 않다. 이 책에서는 많은 '-때기' 파생어형이 사전에 /ㅐ/형으로 등재되어 있고, 19세기 말 자료에 '백때기'〈국한회어 坤:134〉가 출현하는 것을 참고하여 /ㅐ/에 대응하는 것으로 보았다.

격식적인 학습서류 자료와 비격식적인 견문록류 자료의 둘로 크게 나눌 수 있지만, 견문록류 내에서도 통신사 등 공식적으로 일본을 방문한 제보자로부터 격식적인 발화를 청취하여 기록한 자료와 상대적으로 사회적 계층이 낮은 어민 등의 표류민을 대상으로 비격식적인 발화를 청취해서 기록한 자료 간의 차이가 존재함을 알 수 있다. 이처럼 비격식적인 자료에서만 /ㅐ/의 전설단모음화를 보이는 예가 나타난다는 것은 지리적으로는 중앙어가 아닌 방언에서, 계층적으로는 하위 계층에서 /ㅐ/의 전설단모음화가 선구적으로 일어났음을 암시하는 것이다.[29] 이것은 /ㅔ/의 전설단모음화가 비어두의 문법형태소를 중심으로 학습서류 자료에서도 일찍부터 나타나는 것과 대조된다. /ㅐ/는 /ㅔ/보다 늦게 전설단모음화를 겪었을 가능성이 높다.[30]

4.2.7. /ㅚ/의 변화: [oj] > [we]~[ej]

4.2.7.1. 학습서류

학습서류 자료에서 /ㅚ/의 전사 양상은 다음과 같다.

---

29) /ㅐ/에서 /j/가 탈락하는 예는 이러한 지리적·사회적 방언의 영향과는 직접적인 관계가 없는 것처럼 보인다. 백두현(1992: 179-180)에서 제시한 것처럼 17세기부터 'ㅐ, ㅔ, ㅚ, ㅟ'에서 /j/가 탈락한 어형이 다양한 자료에서 나타나기 때문이다.

30) 『全一道人』에서 한글 방훈(傍訓)으로 'ㅐ'가 달려 있는 예에 한정하여 /ㅐ/의 가나 전사를 검토한 민병찬(2003: 118-120)은 /ㅐ/를 가나 ai로 표기한 이유를 다음과 같이 설명하였다. 『全一道人』의 편찬자인 雨森芳洲는 실제 모음의 음가에 구애받지 않고 한글 표기 'ㅐ'를 'ㅏ+ㅣ'로 분해하여 가나 ai로 치환하였다는 것이다. 그러나 우리가 살펴보았듯이 학습서류 자료에서도 /ㅐ/는 ai로만 전사된 것이 아니고, 견문록류에서는 더욱 다양한 전사 양상이 나타나므로 이러한 설명은 받아들이기 어렵다.

[표 4-25] /ㅚ/의 전사 양상 (학습서류)

자료명	가나	위치		합계
		어두	비어두	
全一道人	oi, oy	34	106	140 (92.7%)
	ui	0	4	4 (2.6%)
	ei	0	2	2 (1.3%)
	oe	3	0	3 (2.0%)
	o	1	0	1 (0.7%)
	ai	0	1	1 (0.7%)
	합계	38 (25.2%)	113 (74.8%)	151
朝鮮語譯	oi, oy	40	67	107 (93.8%)
	oe	6	0	6 (5.3%)
	ei	1	0	1 (0.9%)
	합계	47 (41.2%)	67 (58.8%)	114
韓語覺書	oi	3	0	3 (60%)
	oe	1	1	2 (40%)
	합계	4 (80%)	1 (20%)	5
物名	oi, oy	7	13	20 (90.9%)
	oe	2	0	2 (9.1%)
	합계	9 (40.9%)	13 (59.1%)	22
交隣須知 [애스턴-C16]	oi, oy	8	46	54 (100%)
	합계	8 (14.8%)	46 (85.2%)	54

학습서류 자료에서는 모든 자료에서 60% 이상(/ㅚ/의 출현 빈도가 적은 『韓語覺書』를 제외하면 86% 이상), 『交隣須知』[애스턴-C16]는 100%가 oi, oy로 전사된다.

(70)

ㄱ. 괴혼　　　　コイハン [kojhan] 〈全68〉

ㄴ. 사회 サホイ [sahoj] 〈全38〉
ㄷ. 되여 トヤ [toja] 〈全21〉
ㄹ. 되엿더니 トヤットニ [tojattoni] 〈全102〉

(70ㄷ,ㄹ)의 oy는 /ㅚ/의 하향반모음 /j/가, 음운체계에 하향이중모음이 존재하지 않는 일본어 화자에게 후행 음절에 속하는 반모음으로 인식된 것이다. 이러한 현상은 /ㅚ/가 하향이중모음이었음을 보여준다. 이러한 대다수의 예를 제외하고 소수의 예에서 oi, oy 이외의 가나로 전사된 것들이 보인다. 먼저 『全一道人』에서 나타나는 특이한 예를 살피고 나서 나머지 자료에 공통된 소수의 예를 검토하도록 하겠다.

(71)
ㄱ. 무뢰빅(無賴輩) ムライバイ [muraibai] 〈全62〉
ㄴ. 계뫼[繼母+ㅣ] ケイムイ [kejmuj] 〈全17〉
ㄴ'. 계뫼 ケイモイ [kejmoj] 〈全20〉
ㄷ. 뫼헤[山] モヘイ [mohej] 〈全95〉

먼저 '뢰(賴)'가 rai로 전사된 유일례가 있다. '賴'의 일본한자음이 rai이므로 일본한자음에 영향을 받았을 가능성이 있다. '모(母)'에 'ㅣ'가 후행할 때 mui로 전사된 경우가 4예 있다. 『全一道人』에서 '계모'는 총 9번 출현하는데, keimo로 전사된 6예 중 3예는 원래 mu로 적었던 것을 mo로 고친 것이다(허인영 2015ㄱ). '계모' 3예 외에 '부모' 1예를 제외하면 '모'가 mu로 전사된 예는 보이지 않는다. 이는 '모'가 'ㅣ'와 결합하여 /뫼/가 되었을 때 음성적으로 [muj]로 인식될 수 있었음을 의미한다.[31] (71ㄷ)은 '뫼'에서 하향반모음이 탈락한 예이다. 이것 또한 /ㅐ/에서 하향반모음이 탈락한 예와 같이 /ㅚ/가 하향이중모음임을 잘 보여주는 예로, 한글 문헌 자료에서도 17세기부터 '모(뫼)', '괴오ᄒᆞ-(괴외ᄒᆞ-)'와 같은 예들이 보인다(백두현 1992: 180).

다음으로는 다른 문헌에서도 나타나는 소수 예를 검토해 보자. 먼저 어간 모음이 /ㅚ/인 용언 '되다'의 전사 양상이다.

(72)

ㄱ. 되니	トヱニ [tweni] 〈全63, 122〉
ㄴ. 된	トヱン [twen] 〈全109〉
ㄷ. 될	トヱル [twel] 〈譯10〉
ㄷ'. 된	テイン [tein] 〈譯30〉
ㄹ. 되면	トヱメヨン [twemeyon] 〈譯39, 53〉
ㅁ. 되다	トヱタ [tweta] 〈譯51〉
ㅂ. 되ᄂᆞ니도	トヱノニト [twenon ito] 〈譯53〉
ㅅ. 되도록	トヱトロク [twetorok] 〈韓059〉
ㅇ. 그릇되ᄂᆞᆫ	クルットヱノン [kuruttwenon] 〈韓083〉

(73) '되다'의 전사 양상

ㄱ. 『全一道人』: 총 22예 중 oe 3예(13.6%)

---

31) '계뫼'와 같이 말음으로 /ㅗ/를 갖는 단어가 주격조사와 결합하여 /ㅚ/로 실현되는 경우, 현대한국어에서 '계모가'로 변화하기 때문에 다른 /ㅚ/ 모음과 동일하게 취급하는 것이 문제가 있다고 볼 수도 있다. 그러나 이 책에서는 이러한 주격조사 결합형 /ㅚ/도 공시적으로는 하향이중모음 /ㅚ/로 실현되었을 것이라는 점에서 다른 /ㅚ/와 함께 다룬 것이며, 주격조사 결합형을 제외하더라도 이 책의 /ㅚ/ 전사 양상 기술에서는 전체 비율의 분모(分母)가 줄어들 뿐이며 논지에는 영향이 없다.

ㄴ. 『朝鮮語譯』: 총 22예 중 oe 5예(22.7%), ei 1예(4.5%)

ㄷ. 『韓語覺書』: 총 2예 중 oe 2예(100%)

ㄹ. 『交隣須知』[애스턴-C16]: 총 7예 중 oi, oy 7예(100%)

'되다'의 활용형을 살펴보면 『全一道人』에서는 13.6%가 oe로, 『朝鮮語譯』에서는 22.7%가 oe, 4.5%가 ei로, 『韓語覺書』에서는 예가 지나치게 적지만 100%가 oe로 전사된다. 『交隣須知』[애스턴-C16]에서는 보수적인 oi, oy로만 전사되어 있는데, 이는 『交隣須知』[애스턴-C16]가 반영하는 한국어의 격식성 때문일 수도 있으나 예가 적어 단정하기 어렵다. '되다' 외에 다른 단어에서도 /ㅚ/가 oe나 ei로 전사된 예가 보인다.

(74)

ㄱ. 뵈고[謁]	ホ*ヱコ [pweko] 〈譯28〉
ㄴ. 괸 물[溜水]	コエン ムル [kwen mul] 〈物10a〉
ㄷ. 왼손	オエンソン [wenson] 〈物8a〉
ㄹ. 되[升]	テイ [tej] 〈全35, 69〉
ㅁ. 반되[螢]	ハ*ンデイ [pandej] 〈物29b〉

'뵈-', '괴-'의 활용형과 '왼손'의 '왼'이 oe로 전사된 예가 있어 '되다'의 경우와 유사하게 /ㅚ/의 전설화의 진전을 보여준다는 점에서 주목된다. '되'와 '반되'의 /ㅚ/는 ei로 전사되는데, 이것들은 [oj]에서 [ej]로 바로 변한 것이 아니라 [wej]와 같은 단계를 거쳤을 가능성도 있다.

4.2.7.2. 견문록류

견문록류 자료에서 나타나는 /ㅚ/의 전사 양상은 다음과 같다.

[표 4-26] /ㅚ/의 전사 양상 (견문록류)

<table>
<tr><th rowspan="2">자료명</th><th rowspan="2">가나</th><th colspan="2">위치</th><th rowspan="2">합계</th></tr>
<tr><th>어두</th><th>비어두</th></tr>
<tr><td rowspan="3">陰德記
(1660이전)</td><td>oi</td><td>4</td><td>4</td><td>8 (80%)</td></tr>
<tr><td>o</td><td>1</td><td>1</td><td>2 (20%)</td></tr>
<tr><td>합계</td><td>5 (50%)</td><td>5 (50%)</td><td>10</td></tr>
<tr><td rowspan="2">朝鮮人來朝義式
(1711)</td><td>oi, oy</td><td>2</td><td>1</td><td>3 (100%)</td></tr>
<tr><td>합계</td><td>2 (66.7%)</td><td>1 (33.3%)</td><td>3</td></tr>
<tr><td rowspan="4">和漢三才圖會
(1712)</td><td>oi</td><td>1</td><td>0</td><td>1 (33.3%)</td></tr>
<tr><td>ei</td><td>0</td><td>1</td><td>1 (33.3%)</td></tr>
<tr><td>owe</td><td>1</td><td>0</td><td>1 (33.3%)</td></tr>
<tr><td>합계</td><td>2 (66.7%)</td><td>1 (33.3%)</td><td>3</td></tr>
<tr><td rowspan="3">朝鮮物語
(1750)</td><td>oi</td><td>4</td><td>1</td><td>5 (83.3%)</td></tr>
<tr><td>ei</td><td>0</td><td>1</td><td>1 (16.7%)</td></tr>
<tr><td>합계</td><td>4 (66.7%)</td><td>2 (33.3%)</td><td>6</td></tr>
<tr><td rowspan="6">朝鮮通信使
一行座目
(1764)</td><td>uoi</td><td>2</td><td>0</td><td>2 (33.2%)</td></tr>
<tr><td>oui</td><td>1</td><td>0</td><td>1 (16.7%)</td></tr>
<tr><td>ui</td><td>1</td><td>0</td><td>1 (16.7%)</td></tr>
<tr><td>uai</td><td>1</td><td>0</td><td>1 (16.7%)</td></tr>
<tr><td>oie</td><td>1</td><td>0</td><td>1 (16.7%)</td></tr>
<tr><td>합계</td><td>6 (100%)</td><td>0 (0%)</td><td>6</td></tr>
<tr><td rowspan="2">朝鮮通言國字
(1786)</td><td>oi</td><td>2</td><td>6</td><td>8 (100%)</td></tr>
<tr><td>합계</td><td>2 (25.0%)</td><td>5 (62.5%)</td><td>8</td></tr>
<tr><td rowspan="2">朝鮮口聞書
(18세기 말)</td><td>oy</td><td>1</td><td>0</td><td>1 (100%)</td></tr>
<tr><td>합계</td><td>1 (100%)</td><td>0 (0%)</td><td>1</td></tr>
<tr><td rowspan="2">長崎朝鮮風土記
(18세기 말)</td><td>oi</td><td>1</td><td>1</td><td>2 (33.3%)</td></tr>
<tr><td>oe</td><td>2</td><td>2</td><td>4 (66.7%)</td></tr>
</table>

	합계	3 (50%)	3 (50%)	6
津島日記 (1818 이후)	oi	0	6	6 (100%)
	합계	0 (0%)	6 (100%)	6
朝鮮聞見錄 (1842)	oi	1	0	1 (100%)
	합계	1 (100%)	0 (0%)	1
朝鮮人見聞書 (1830이후)	eː	1	0	1 (100%)
	합계	1 (100%)	0 (0%)	1

견문록류 자료에서 /ㅚ/는 출현 빈도가 낮긴 하나, 학습서류 자료와 마찬가지로 전반적으로 oi, oy로 전사됨을 알 수 있다. 먼저 가장 특이한 전사 양상을 보이는 『朝鮮通信使一行座目』의 예를 검토해 보도록 하겠다.

(75)

ㄱ. 회:빅(晦伯) ホウイ [hoːi]〈座2b〉
ㄴ. 최(崔) ツアイ [tsoj]〈座3b〉
ㄷ. 최(崔) ツイ [tsoj]〈座4a〉
ㄹ. 최(崔) ツヲイ [tsoj]〈座4a, 4b〉
ㅁ. 퇴셕(退石) トヱイシヨク [twejʃok]〈座2b〉

이상의 예들은 통신사 일행의 이름과 호(號), 자(字)의 일부분으로, 통신사 일행이 한 글자씩 불러준 것을 일본 측에서 받아 적은 것이다. '회(晦)'는 oːi로 반영되어 있는데, 중세한국한자음에서 '晦'가 상성(上聲)인 것과 관련될 가능성이 있다.[32] '최(崔)'는 음절 구조가 일본어 화자

32) 『훈몽자회(訓蒙字會)』(1527)에 '·그·믐 :회'〈上:2a〉로 되어 있다.

에게는 난해한 '파찰음 + /ㅚ/' 구성인 탓에 전사에 어려움을 겪은 듯하다. 치경파찰음을 나타내기 위해 일단 세 예 모두에서 tu [ʦu]를 사용하였고, 그 뒤에 오는 /ㅚ/는 ai, i, oi 등으로 다양하게 전사했음을 알 수 있다. '퇴(退)'는 /ㅚ/를 oei로 전사하고 있어, 앞서 살펴본 학습서류 자료에서 oe로 전사된 /ㅚ/에는 모두 하향반모음 /j/가 없는 것과 대조를 이룬다. 이 또한 전설화의 예로 볼 수 있을 것이다.

그 밖의 견문록류 자료의 몇몇 예에서는 학습서류 자료에서와 유사하게 oe, ei로 전사되는 패턴이 관찰된다.

(76)

ㄱ. 최촉(催促)	ソッソク [ʦoʦʰok] 〈陰291〉
ㄴ. 뫼[山]	モエ [mwe] 〈和14〉
ㄷ. 쇠[鐵]	ソエ [swe] 〈長168〉
ㄹ. 괴[猫]	コエ [kwe] 〈長237〉
ㅁ. 열쇠	ヨルソエ [jolswe] 〈長246〉
ㅂ. 모괴[蚊]	モコヘ [mokwe] 〈長348〉
ㅅ. 슈되[升]	シウテイ [sjuːtej] 〈和44〉, 〈語44〉
ㅇ. 쇠[鐵]	セエ [ʃeː] 〈見144〉

'최(催)'의 모음 /ㅚ/의 하향반모음 /j/가 탈락한 것은 앞서 학습서류 자료에서 '뫼'의 모음이 o로 전사된 것과 같은 패턴으로 /ㅚ/가 하향이중모음임을 잘 보여준다. (76ㄴ-ㅂ)의 예는 /ㅚ/가 oe로 전사된 것들로, /ㅚ/에 선행하는 초성이 /ㄷ/ 외에도 /ㅁ, ㅅ, ㄱ/ 등으로 다양해졌음을 알 수 있다. (76ㅅ, ㅇ)의 예는 /ㅚ/가 ei나 eː로 전사된 것들로, 원순성도 반영되지 않고 완전히 단모음으로 실현되는 모습을 보인다.

이상에서 확인한 /ㅚ/의 전사 양상은 18-19세기 /ㅚ/가 하향이중모음의 지위를 굳건히 유지하고 있었음을 보여주는 동시에, '되다'의 활용형에서 /ㅚ/의 전설화가 선구적으로 일어났음을 보여준다. 이는 '되다' 자체가 시기와 무관하게 한국어에서 출현 빈도가 극도로 높은 용언이라는 점에 기인하는 것으로 생각된다.[33] 유형 빈도가 낮고 출현 빈도가 높은 요소는 그 자체로 하나의 덩어리(chunk)를 형성하여 언어 사용자에게 각인될 수 있다(Bybee 2015: 제2장). 또한 /ㅚ/가 oi가 아닌 oe나 ei로 전사된 단어의 초성이 주로 [+설정성] 자음인 /ㄷ/이라는 사실 또한 주목할 만하다. 이러한 예들은 /ㅚ/의 전설화가 어떤 음운적·형태적 환경에서부터 시작되었는지를 알려주는 것이다. 18세기 후반 이후의 자료에서 초성이 /ㅂ, ㄱ, ㅅ, ㅌ/('뵈, 괴, 쇠, 퇴')이거나 초성이 없는('왼') 단어들까지 oe로 전사되는 것을 보면 전설화가 점차 확산되고 있음을 알 수 있다.

가나 oe로 전사된 모음의 추정 음가는 [oe], [we], [ø] 등 여러 가지일 수 있는데, 이 책에서는 일단 상향이중모음인 [we]로 처리하였다. oe로 전사된 모음이 단모음 [ø]일 가능성도 있으나, 가나 전사만으로는 /ㅚ/의 단모음 실현 여부를 판정하기가 쉽지 않다.[34] oe와 함께 나

---

33) 현대한국어의 어휘 사용 빈도를 조사한 결과에서도 '되다'는 국립국어연구원(2002: 825)에서 5위, 국립국어원(2005: 179)에서는 6위를 차지하여 가장 많이 사용되는 단어 중 하나임을 알 수 있다.

34) 이와 관련하여 독일의 문호(文豪) 괴테(Goethe)의 이름을 근대 일본어 화자가 어떻게 적었는지가 참고가 된다. '괴테'의 독일어 발음은 [gø:tə]로 단모음 [ø]가 포함돼 있는데, 20세기 초까지 수십 종의 가나 표기가 존재했다고 한다(品川力 1953). 이에 따르면 '괴테'의 [ø]를 적기 위해 wi, u:, je:, jo:, ju:, jue, jou, joe, jo, u:i:, u:, ei, e:, ejo, oa, oi, oe 등 상상할 수 있는 거의 모든 가나 표기가 동원되었다. 이를 통하여 [ø]의 일관된 표기가 일본어 사용자에게 상당히 어려웠음을 알 수 있다.

타나는 ei, e: 등 순음성마저 탈락한 예들과의 연결을 생각하면 복모음 구조인 [oe]보다는 상향이중모음인 [we]로 보는 것이 /w/의 탈락을 상정하기에 더 좋을 듯하다.[35]

4.2.8. /ㅟ/의 변화: /uj/

4.2.8.1. 학습서류

학습서류 자료에서 /ㅟ/의 전사 양상은 다음과 같다.

[표 4-27] /ㅟ/의 전사 양상 (학습서류)

<table>
<tr><th rowspan="2">자료명</th><th rowspan="2">가나</th><th colspan="2">위치</th><th rowspan="2">합계</th></tr>
<tr><th>어두</th><th>비어두</th></tr>
<tr><td rowspan="3">全一道人</td><td>ui</td><td>17</td><td>8</td><td>25 (92.6%)</td></tr>
<tr><td>oi, oy</td><td>2</td><td>0</td><td>2 (7.4%)</td></tr>
<tr><td>합계</td><td>19 (70.4%)</td><td>8 (29.6%)</td><td>27</td></tr>
<tr><td rowspan="3">朝鮮語譯</td><td>ui</td><td>9</td><td>3</td><td>12 (85.7%)</td></tr>
<tr><td>oi, oy</td><td>2</td><td>0</td><td>2 (14.3%)</td></tr>
<tr><td>합계</td><td>11 (78.6%)</td><td>3 (21.4%)</td><td>14</td></tr>
<tr><td rowspan="2">韓語覺書</td><td>ui</td><td>0</td><td>3</td><td>3 (100%)</td></tr>
<tr><td>합계</td><td>0 (0%)</td><td>3 (100%)</td><td>3</td></tr>
<tr><td rowspan="2">物名</td><td>ui</td><td>3</td><td>3</td><td>6 (100%)</td></tr>
<tr><td>합계</td><td>3 (50%)</td><td>3 (50%)</td><td>6</td></tr>
<tr><td rowspan="3">交隣須知
[애스턴-C16]</td><td>ui</td><td>2</td><td>1</td><td>3 (75%)</td></tr>
<tr><td>uwau</td><td>1</td><td>0</td><td>1 (25%)</td></tr>
<tr><td>합계</td><td>3 (75%)</td><td>1 (25%)</td><td>4</td></tr>
</table>

/ㅟ/는 어두와 비어두를 막론하고 ui로 전사되는 경향을 보인다. ui

35) 프랑스어의 /oi/는 /we/를 거쳐 /wa/로 변화하였다고 한다(亀井孝 외 1996: 897).

라는 가나 표기만으로는 [uj]인지 [wi]인지 알 수 없으나, 일부 자료에서 (77ㅁ)과 같이 /ㅟ/가 oy로 전사되어 후행하는 모음으로 /j/가 이동하는 현상을 보인다. 이것은 음절 구조에 하향이중모음이 존재하지 않는 일본어 화자가 한국어의 /Vj.V/를 /V.jV/로 분석했기 때문에 일어나는 현상이다. 따라서 /ㅟ/의 음가는 하향이중모음 [uj]로 볼 수 있다.

(77)

ㄱ. 위ᄒᆞ여　　ウイハヤ [uihaja] 〈全20〉

ㄴ. 여윈　　ヨウイン [jouiɴ] 〈全100〉

ㄷ. 쉬지　　スイチ [suiʧi] 〈譯14〉

ㄹ. 쉰[五十]　　スイン [suiɴ] 〈譯52〉

ㅁ. 지져귀오되　　チチヨクヨトイ [ʧiʧokujotoi] 〈譯26〉

/ㅟ/가 oi, oy로 전사된 예는 『全一道人』과 『朝鮮語譯』에서만 나타나는데, 모두 초성이 /ㄸ/, /ㄴ/인 경우로 한정된다. 이것은 [tu], [du]라는 음절이 존재하지 않는 당시 일본어의 사용자가 /뛰, 뉘/와 같은 음절을 전사할 때 부득이하게 toi, doi 또는 toy, doy를 사용했기 때문에 생기는 현상이다.

(78)

ㄱ. 뛰여[走]　　トヨ [tojo] 〈全31〉

ㄴ. 뉘요처[悔]　　ドヨッサ* [^{d}nujotʧa] 〈全19〉

ㄷ. 뉘옷브미[悔]　　ドヨッフ*ミ [^{d}nujoppumi] 〈譯20〉

/뉘/의 경우 nui를 사용할 수도 있었을 텐데 doy를 사용한 것은 당시 일본인 화자가 한국어 어두에서 비저모음에 선행하는 /ㄴ/에 발생하는 선파열음화를 인식하였기 때문이다(송민 1986). 한국어-가나 전사 자료에서는 이러한 환경의 /ㄴ/을 d와 같은 탁음으로 전사한 예가 자주 보인다. 17세기 이후 일본어에는 파찰음화로 인해 [du]가 아닌 [dzu]만 존재하므로 부득이하게 do를 사용한 것이다.

한편 『交隣須知』[애스턴-C16]에는 '귀엿골'의 '귀'가 wau로 전사된 예가 있는데 이는 전사 과정에서의 착오로 보인다.

(79) 귀엿골 クワウヲッコル [kwauotkol] 〈交326〉

4.2.8.2. 견문록류

견문록류 자료에서의 /ㅟ/ 전사 양상은 다음과 같다.

[표 4-28] /ㅟ/의 전사 양상 (견문록류)

자료명	가나	위치		합계
		어두	비어두	
陰德記 (1660이전)	ui	5	1	6 (100%)
	합계	5 (83.3%)	1 (16.7%)	6
朝鮮人來朝義式 (1711)	ui	1	1	2 (100%)
	합계	1 (50%)	1 (50%)	2
和漢三才圖會 (1712)	ui	0	1	1 (100%)
	합계	0 (0%)	1 (100%)	1
朝鮮物語 (1750)	ui, uy	2	0	2 (100%)
	합계	2 (100%)	0 (0%)	2
朝鮮通言國字 (1786)	ui	3	1	4 (100%)
	합계	3 (75%)	1 (25%)	4

朝鮮口聞書 (18세기 말)	ui	6	1	7 (87.5%)
	oi	1	0	1 (12.5%)
	합계	7 (87.5%)	1 (12.5%)	8
長崎朝鮮風土記 (18세기 말)	ui	2	3	5 (83.3%)
	ie	0	1	1 (16.7%)
	합계	2 (33.3%)	4 (66.7%)	6
津島日記 (1818 이후)	ui	2	1	3 (100%)
	합계	2 (66.7%)	1 (33.4%)	3
朝鮮聞見錄 (1842)	ui	1	0	1 (50%)
	i	1	0	1 (50%)
	합계	2 (100%)	0 (0%)	2
朝鮮人見聞書 (1830이후)	ui	1	0	1 (100%)
	합계	1 (100%)	0 (0%)	1

17세기부터 19세기까지 편찬된 견문록류 자료에서도 /ㅟ/는 거의 ui로 전사되었다. 특히 (80ㄹ)에서는 /ㅟ/가 uy로 전사되어 있는데, 이것을 보면 /ㅟ/가 하향이중모음 [uj]로 실현되었기 때문에 일본어 화자가 하향반모음 /-j/를 후행하는 모음의 것으로 인식하였음을 알 수 있다.

(80)

ㄱ. 귀[耳] クイ [kuj] 〈陰027〉, 〈來9〉

ㄴ. 쥐[鼠] スイ [ʦui] 〈陰046〉

ㄷ. 가마귀[烏] カマクイ [kamakuj] 〈陰047〉, 〈來40〉

ㄹ. 쉬여다[休] スヘタ [sujeta] 〈語246〉

그런데『長崎朝鮮風土記』등 18세기 말 이후의 자료에서 나타나는

/ㅟ/의 전사에서는 '뷔'라는 단어에 ie, i가 사용되는 예가 보인다.

(81)
ㄱ. 뷔[帚] ピエ [pie] 〈長:308〉
ㄴ. 뷔[帚] プイ [pui] 又 ヒ [pi] 〈聞:204〉
ㄷ. 掃帚 ᄡᆞ리븨, 苕帚 닛븨 〈1690 역어유해(譯語類解) 下:14b〉

한글 문헌 자료에서 '뷔'는 17세기부터 '븨'라는 어형과 함께 사용되므로 이 단어가 정말 /뷔/로 발음되었는지는 가나 전사만으로는 알 수 없다. 다만 『長崎朝鮮風土記』에서 pie로 전사한 것이나, 『朝鮮聞見錄』에서 pui 외에 hi [pi]로도 발음된다고 기술한 것은 19세기 전반의 남부 방언에서 /ㅟ/ 또는 /ㅢ/가 [i]에 가깝게 실현되는 현상이 일어났음을 보여준다.

이상에서 살펴본 /ㅟ/의 전사 양상에서는 /ㅟ/의 전반적인 출현 빈도는 낮지만 일관되게 ui, uy로 전사되며, /ㅟ/의 전설단모음화 여부를 알 수 있는 예는 거의 보이지 않는다. 특정 환경에서는 /ㅟ/가 단모음으로 실현되었을 가능성이 없는 것은 아니나, 똑같이 출현 빈도는 낮아도 다양한 전사가 나타나는 /ㅚ/에 비해 /ㅟ/의 가나 전사에서는 발음의 변화를 찾기가 어렵다. 이는 /ㅟ/의 전설화가 본 장에서 다룬 어떤 모음보다도 늦었음을 의미한다.

4.3. 정리

이제까지 검토한 한국어-가나 전사 자료의 한국어 모음 전사에서 나타나는 특징을 정리하면 다음과 같다.

첫째, /ㅓ/ 계열 모음, 즉 /ㅓ/, /ㅕ/, /ㅔ/ 가운데 /ㅓ/와 /ㅔ/는 핵모음의 전사가 o~a와 e로 분명하게 나뉜다. /ㅓ/는 주로 어미에서 a로 전사되는 경향이 있으며 [ə]에 가깝게 실현되었던 것으로 보인다. /ㅔ/는 ei로 전사되는 경우가 많지만 하향반모음이 탈락한 /e/로 전사되는 예도 있다. 처격조사 '-예'는 항상 [je]로 나타나며, 그 밖에도 '셰오다', '쳬ᄒᆞ다', '예[여기]'나 '世, 細, 例'등 초성이 없거나 [+설정성] 자음을 지닌 환경에서 하향반모음 탈락이 두드러지게 나타난다. 처격조사 '-예'의 전사에 예외가 없는 것은 '[jej] 〉 [je]' 변화가 고빈도의 문법형태소에서 시작되었음을 의미한다.

둘째, /ㅕ/는 어두와 한자어에서 e, 어미와 몇몇 단어의 비어두에서 ya로 전사되는 강한 경향을 보인다. 비어두, 특히 어미에서 /ㅕ/가 ya로 전사되는 환경은 /ㅓ/가 a로 전사되는 환경과 평행하다. /ㅕ/는 음절구조상으로는 폐음절일 때, 종성이 [+설정성]인 치경음일수록 e로 전사되는 경향이 훨씬 강하다. 이는 /ㅕ/를 갖는 한자어의 종성 유무 및 종성의 종류에 따른 통계를 보면 분명히 알 수 있으며, 일본어 학습서의 일본어-한글 전사 양상과 평행한 것이다. 학습서류 자료와 달리 견문록류 자료를 보면 19세기 전반기로 갈수록 /ㅕ/가 e가 아닌 yo나 ya로 전사되는 비율이 늘어나 끝내는 역전되기에 이른다. 이는 /ㅕ/가 '[je] 〉 [jə]'의 후설화를 경험했음을 의미하는 것이다.

셋째, /ㆎ/는 세 방향의 변화를 보인다. ① 하향이중모음 /ㅐ/로의 합류, ② [e(j)]로의 전설단모음화, ③ /j/가 탈락한 뒤 /ㆍ/ 〉 /ㅏ/로의 변화이다. 가장 많은 비중을 차지하는 것은 하향이중모음 /ㅐ/로 합류하는 것이지만, 비어두 위치의 /듸/, /틔/를 비롯한 몇몇 음절은 일찍부터 전설단모음화를 경험하여 ei~e로 전사된다. 이는 [+설정성]과 전설단모음화의 상관관계를 보여준다. 한자어를 중심으로 한 일부 /ㆎ+C/ 음절의 /ㆎ/는 /j/가 탈락한 뒤 /ㆍ/가 /ㅡ/나 /ㅏ/로 변화한다. 이 변화의 동인은 명확히 알 수 없으나, 현대한국어에도 /ㆎ+C/ 음절의 반사형이 /ㅡ/나 /ㅏ/로 남아 있는 경우가 많다.

넷째, /ㅔ/는 oi로 전사되는 경우가 많지만 /ㅓ/나 /ㅕ/가 a나 ya로 전사되는 것처럼 일부 환경에서 ai로 전사되기도 한다. /ㅔ/가 ei나 e로 전사되는 환경은 조사 '-에', '-에셔', '-게'에서 가장 먼저 나타난다. 이 또한 /ㅖ/의 하향반모음 탈락이 처격조사 '-예'에서 가장 먼저 나타나는 것과 평행한 현상으로, 전설단모음화의 단초가 비어두 문법형태소에 있음을 확인할 수 있다. 또한 이 변화는 조사 내에서도 선행자음이 [+설정성]인 경우에 선구적으로 일어났으며, 견문록류 자료에서는 학습서류 자료에서 ai로 전사되는 연결어미 '-게'나 일부 /ㅔ/ 단어까지 e로 나타나 남부 방언에서 비어두 /ㅔ/의 전설단모음화가 상당히 진전되었을 가능성을 보여준다.

다섯째, /ㅐ/는 견문록류 자료에서만 전설단모음화 사례를 관찰할 수 있는데, ae, ei, e 등 다양한 중간 단계를 보여준다. 특히 일부 단어의 /ㅐ/가 e로 전사된 예는 /ㅔ/에서처럼 남부 방언에서 비어두 /ㅐ/의 전설단모음화가 상당히 진전되었음을 암시하는 것이다.

여섯째, /ㅚ/와 /ㅟ/는 전설단모음화의 사례를 거의 보여주지 않는데, /ㅚ/의 경우 oi 외에 oe나 ei, e로 전사된 예들이 존재한다. 그리고 이러한 전설단모음화의 중간 단계를 보여주는 사례들은 [+설정성] 자음을 지닌 고빈도 용언 '되다'에서 상대적으로 많이 나타나고, 견문록류 자료에서는 더 많은 단어들에서 나타나 /ㅚ/도 남부 방언에서 전설단모음화가 진전되었음을 보여준다.

이상에서 살펴본 한국어 모음의 가나 전사 양상은 제3장에서 확인한 일본어 /e/의 한글 전사 양상과 잘 부합한다. 일본어 학습서에서 일본어의 /e/를 한글로 전사할 때 'ㅕ'와 'ㅖ'가 사용되다가 'ㅖ'로 통일되는데, 이는 한글 전사 자료에서 /ㅕ/가 후설화되면서 e에서 yo, ya로 전사 양상이 바뀌는 반면 /ㅖ/는 항상 e로 전사되는 양상과 잘 일치한다. 또한 일본어 학습서에서 일본어 /e/의 한글 전사는 'ㅖ'로 통일된 후 선구적으로 /ㄷ, ㄴ/ 뒤에서 'ㅔ'가 쓰이고 19·20세기 자료에서는 'ㅔ'가 전면적으로 확대되는 모습을 보이는데, 이는 한국어-가나 전사 자료에서 /ㅔ/가 종성 /ㄴ/을 갖는 체언에 후행하는 비어두 처격조사 '-에'에서 선구적으로 e로 전사되는 양상과 들어맞는 것이다. 또한 일본 체류 기록 자료에서 18세기에 일본어의 /de/를 전사하기 위해 /뎨/가 사용되는 것 또한 한국어-가나 전사 자료에서 한국어의 비어두 /뎨/가 상당히 일찍부터 /te/로 전사되는 것과 동궤의 현상이다. 이처럼 일본어-한글 전사 자료와 한국어-가나 전사 자료의 전사 양상은 서로 짝이 되는 모습을 보이며, 양쪽을 아울러 검토하였을 때에만 서로를 보완하며 보다 믿을 만한 자료로 사용될 수 있음을 알 수 있다.

제5장
전설모음 형성의 과정과 동인

5.1. 전설모음 형성의 과정

이 책의 주제인 전설모음의 형성은 15세기 이후 한국어 모음 체계의 변화에서 중요한 사건 중 하나임에 틀림없으나, 그 과정이나 동인에 대한 검토는 아직 부족하다. 특히 한글 문헌 자료를 중심으로 한 연구에서는 모음의 한글 표기가 혼기된 것을 근거로 삼아 변화 과정에 대한 추정을 제기하였을 뿐, 그러한 추정을 실증적으로 검증할 방법은 사실상 거의 없었다. 이 책은 이러한 문제를 극복하기 위해 15세기 말부터 19세기 초까지의 전사 자료를 연구 자료로 삼아 전설화와 관련한 한국어 모음이 어떻게 전사되었는지를 확인해 보았다.

이하에서는 이제까지 확인한 연구 자료에서의 모음 전사 양상에서 얻은 지견을 바탕으로 하여 한국어의 전설모음 형성 과정을 기술해 보고자 한다. 먼저 15세기 또는 그 이전부터 /ㅓ/를 중심으로 한 모음이 어떻게 실현되었고 어떤 역할을 하였는지를 검토하고, 이후 /ㅓ/와 /ㅕ/가 후설화함과 동시에 /ㅔ/의 전설단모음화가 진행되는 과정을 기술한다. 이 책의 제3, 4장에서 확인한 것이 15세기부터 19세기 전반기까지 한국어 모음 체계 변화의 일부분을 촬영한 여러 장의 스냅사진이라면, 본 장에서 기술할 내용은 이 스냅사진들을 이어붙이고, 사이사이의 빈 공간을 한글 문헌 자료나 기타 외국어 전사 자료 등으로 메워 엉성하더라도 완성된 하나의 활동사진을 만들어 보려는 시도이다.

이 절에서 주로 다루는 전사 자료의 외국어는 류큐어, 네덜란드어, 스페인어, 영어 등 당시 한국인에게는 전혀 알려지지 않은 언어들이다. 제3, 4장에서 검토한 일본어나 한국어 학습서류 자료와 달리 외국어에 접한 적이 거의 없는 한국인 사용자가 사전 지식이 전무한 상태에서 듣고 적은 것이므로 당연히 신뢰도에 의문을 제기할 수 있다. 그러나 이처럼 비전문가가 외국어를 들리는 대로 적은 자료는 일본체류 기록이나 견문록류 자료처럼 당시 한국인들이 외국어의 전설중모음을 한국어의 어떤 모음으로 인식했는지를 솔직하게 보여주는 것이라고도 할 수 있다.

5.1.1. 15세기의 상황

15세기의 단모음과 이중모음 체계는 이미 많은 선행연구에 의해 밝혀진 바 있다. 무엇보다도 『훈민정음(訓民正音)』이라는 뛰어난 음성학적 분석 결과가 존재하므로 이를 바탕으로 단모음 체계와 이중모음 체계를 정립하려는 시도가 이어져 왔다. 15세기 이후의 변화를 정리하기 위해서는 먼저 15세기 당시 이 책의 연구와 관련된 모음들의 음가는 어떤 식으로 추정되고 있는지 살펴볼 필요가 있다. 먼저 /ㅓ/는 『訓民正音』의 기술에서 /ㅡ/는 혀가 조금 오그라들고 소리가 깊지도 않고 얕지도 않다('ㅡ'舌小縮而聲不深不淺)고 하였고, /ㅓ/는 /ㅡ/와 같되 입이

펴진다('ㅓ'與'ㅡ'同而口張)고 하였다. 15세기의 한국어-한자 전사 자료인 『조선관역어(朝鮮館譯語)』를 검토한 권인한(1995/1998: 289-292)에서도 /ㅓ/가 중국어의 [ə]에 대응한다고 분석하였으므로, 15세기 /ㅓ/의 음가는 [ə]로 추정하는 것이 온당하다.

여기에서 문제가 되는 것은 ① 15세기 이전 /ㅓ/의 음가와 ② /ㅓ/ 계열 모음의 음가이다. 이제까지는 /ㅓ/의 음가가 [ə]라는 것을 근거로 /ㅓ/를 핵모음으로 삼는 이중모음의 핵모음도 언제나 [ə]라고 판단하는 것이 상식이었는데, 이는 『訓民正音』 등에 이중모음의 구체적인 음가에 대한 기술이 없기 때문이다. 그러나 전사 자료를 검토해 보면 /ㅓ/ 계열 모음이 어떤 환경에서든지 [ə]로 실현되었다고 보기는 어렵다. 선행연구 중에서는 이러한 문제를 해결하기 위하여 15세기 이전의 /ㅓ/의 음가가 전설적인 [e]에 가까웠고, 그것이 후설화하여 [ə]가 되었다는 주장을 제기하기도 하였다(백두현 1990/1992). 대표적인 것이 몽골어 차용어와 전사 자료를 이용하여 13-14세기 한국어에 대대적인 모음추이가 일어났다는 주장을 한 이기문(1972)이다. 그런데 15세기 이전의 [e]가 (모음추이든 후설화든) 후설 쪽으로 이동하여 15세기에 [ə]가 되었다고 주장하는 연구들에서 취하는 자료는 사려 깊게 선택되었는지 의문이 드는 것들이 적지 않다.

앞서 제3, 4장에서 일본어와 한국어 전사 자료를 검토하면서 /ㅓ/와 /ㅕ/, /ㅖ/가 전사에서 엄격하게 구별되어 쓰였음을 확인하였다. 특히 /ㅕ/는 [je]와 [jə] 두 가지 음으로 실현되었고, 어두 위치에 오거나 초성이나 종성에 치경 자음이 있으면 [je]로 실현되는 경향이 강하다는 것은 15세기 말 『이로파(伊路波)』에서도 확인되는 현상이었다. 이기문(1972: 104-105)는 『사성통해(四聲通解)』에 인용된 『몽고운략(蒙古韻

略)』의 내용을 바탕으로 파스파 문자와 한글 간의 대응관계를 확인하면서, 파스파 문자의 /e/와 /ㅕ/가 대응하는 것에 대하여 "'ㅓ'가 前舌的인 [e]가 아니었고 中舌的인 [ə]였기 때문에 'ㅕ'[jə]로써 [e]에 接近시키려 했음을 暗示해 준다."라고 하였다. 그러나 바로 뒤에서는 몽골어 차용어와 한글 표기를 대응시키면서 'ǯe'erde→졀다(물) (赤馬)'만을 가지고 /e/와 /ㅓ/의 대응을 상정하였다(이기문 1972: 112). 일본어와 한국어 전사 자료를 면밀히 검토한 이 책의 입장에서는 이것은 /e/와 /ㅕ/(의 변이음 [je]) 간의 대응으로 보는 것이 합당해 보인다. 마찬가지로 고경재(2017: 54)에서는 『계림유사(雞林類事)』의 /ㅓ/ 전사를 다루면서 '十日噎'을 /ʔiet/과 /열ㅎ/이 대응하는 것으로 분석하였는데, 분석 자체는 타당하나 이 분석을 /ㅓ/ 전체로 확장하는 것은 조심스러워야 할 것이다.[1]

『雞林類事』를 보충해 줄 수 있는 자료로 12세기 초에 성립한 『니추레키(二中曆)』가 있다. 이기문(1998: 104-105) 등에서 일찍부터 언급은 있었으나 오사(誤寫)가 있기 때문인지 중요하게 다뤄져 오지 않은 것이 사실이다. 『二中曆』에는 '高麗語'와 '貴賀國語'라는 제목 아래에 한국어로 보이는 수사가 기재되어 있다. '귀하국(貴賀國)'이 어떤 나라이고 고려와 어떤 관계에 있는지는 검토가 좀 더 필요하지만, 여기에 기록된 수사가 한국어인 것은 확실하다(辻星児 1997: 4-5).

---

1) 고경재(2017: 54-57)은 『雞林類事』의 검토 결과를 바탕으로 /ㅓ/의 음을 /e/로 파악하면서 /ㅓ/가 [e i ɨ ɵ]에 모두 대응한다고 하였는데, 전사 대상이 된 /ㅓ/를 포함하는 음절의 구조를 [ə]에 가깝게 전사할 한자가 존재했는데도 [e] 등을 사용한 것인지, 아니면 그럴 만한 선택지가 없어서 [e] 등을 사용했는지에 대한 고민이 필요하다. 한국어의 한자 전사는 가나 전사처럼 전설의 /e/와 후설의 /o/를 모두 갖추고 있는 경우와는 상황이 다르고 고려해야 할 변수가 훨씬 많기 때문이다.

(80)

ㄱ. 高麗語

一 カタナ, 二 ツフリ, 三 トヰ, 四 サヰ, 五 ヱスス
[katana] [tuhuri] [ⁿdoj] [saj] [jesusu]

六 ハスス, 七 タリクニ, 八 チリクニ, 九 ヱタリ, 十 エツ□
[hasusu] [tarikuni] [ⁿdirikuni] [jetari] [jet]

ㄴ. 貴賀國語

一 カタナ, 二 トフ, 三 トヒ, 四 ソヒ, 五 ヱソソ
[katana] [tou] [ⁿdoj] [soj] [jesoso]

六 ハソソ, 七 サソソ, 八 チリクニ, 九 ヱタリ, 十 ヱ□
[hasoso] [sasoso] [ⁿdirikuni] [jetari] [je]

이기문(1998: 105)에서 지적한 대로 3과 4, 5와 6은 서로 바뀐 듯하며 8과 9는 7과 8로 고쳐야 할 것이다. 이 책에서 주목하는 것은 /ㅕ/, /ㅔ/를 포함하고 있는 3, 4, 6, 8, 10에 대한 전사이다. 3는 'サヰ~ソヒ', 4는 'トヰ~トヒ', 6은 'ヱスス~ヱソソ', 8은 'ヱタリ', 10은 'エ(ツ)'로 전사되어 있어 /ㅔ/는 ai~oi, /ㅕ/는 je에 대응함을 알 수 있다.[2] 모두 어두의 예인 것은 물론이다. 이 『二中曆』의 예는 12세기 초에도 /ㅔ/와 그 핵모음인 /ㅓ/는 [ə]에 가까웠고, /ㅕ/는 [je]에 가까웠음을 강하게 암시하는 것이다. 따라서 12세기부터 15세기까지 /ㅓ/ 계열 모

2) 통설에 따라 12세기 한국어의 /ㅓ/가 [e]에 가까웠다고 볼 수도 있다. 그리고 이 당시에도 일본어의 /se/는 [ʃe]였을 것이므로, 한국어의 /서/([se])를 적기에는 적합하지 않아 /so/를 사용했다고 주장할 수도 있다. 그러나 '네'의 /너/ 또한 [ⁿdoj]로 전사되어 있으므로 이러한 주장은 받아들이기 어렵다. 어느 시대이든 한국어의 /ㅓ/가 /ㅅ/ 뒤에서는 [e]에 가깝게, /ㄴ/ 뒤에서는 [ə]에 가깝게 실현되었을 가능성은 거의 없기 때문이다.

음이 보이는 음성 실현은 다음과 같이 이 책에서 전사 자료를 검토한 결과와 큰 차이가 나지 않았을 가능성이 높다.

(83) /ㅓ/ [ə], /ㅔ/ [əj], /ㅕ/ [je]~[jə], /ㅖ/ [jej][3)]

이상의 검토에 따르면 적어도 15세기에는 단모음 /ㅓ/의 음가와 중모음 /ㅕ/(의 일부 환경) 및 /ㅖ/의 핵모음의 음가는 분리하여 생각해야 하고, 그 시기는 12세기까지 거슬러 올라갈 가능성이 있다. 물론 통설처럼 고대한국어에서는 /ㅓ/가 [e]에 가까웠을 가능성도 있지만, 한국어 /ㅓ/의 기원적인 음가는 [e]가 아니라 [ə]였을 가능성도 열려 있는 것이다. 한편 /ㅔ, ㆎ, ㅐ, ㅚ, ㅟ/와 같은 기타 하향이중모음의 음가는 그것이 복모음인지 이중모음인지 하는 문제를 차치한다면 각각의 핵모음과 /ㅣ/의 합으로 이해할 수 있다. 이 책에서 다루는 하향이중모음만 살펴보면 다음과 같다.

(84) /ㆎ/ [ʌj], /ㅔ/ [əj], /ㅐ/ [aj], /ㅚ/ [oj], /ㅟ/ [uj]

(83, 84)를 15세기의 /ㅓ/계 모음 및 하향이중모음의 기본적인 음가

3) 『朝鮮館譯語』의 전사를 면밀하게 검토한 권인한(1995/1998: 326, 348-349)에서는 15세기 한국어의 /ㅕ/가 중국어의 /jə/ 및 /je/에 대응하며 /ㅖ/는 /jəj/와 /jə/에 대응한다고 하였다. 그러나 /ㅕ/ 전사에 사용된 중국어 운모의 경우 핵모음이 [ə]와 [e]인 /jə/와 /je/가 모두 존재하는 반면, /ㅖ/에 대해서는 /jəj/만 있고 /jej/는 없다는 점에서 /ㅖ/의 전사에 /jəj/를 사용한 것은 『朝鮮館譯語』의 자료적 한계일 가능성이 높다. 게다가 이 시기 중국어의 齊微韻 齊齒呼의 음가는 /jəj~jī/의 유동적인 상태로 재구되므로(권인한 1995/1998: 51-53), /jej/를 그대로 전사할 방법은 없었다고 해도 무방하다.

로 상정하고, 이하에서는 모음 전설화의 과정을 좀 더 구체적으로 기술해 보기로 한다.

5.1.2. 후설화와 전설화의 상호작용

현대한국어에서 /ㅕ/가 후설 위치에서 실현되는 것을 고려하면, 본래 음가인 [je]~[jə]에서 후설화되었음을 알 수 있다. 이것은 단모음 /ㅓ/ 또한 마찬가지여서, 장음인 경우를 제외하면 [ə]에서 후설화한 음가를 지닌다. 그렇다면 이 후설화는 어떤 과정을 거쳐서 일어났는지를 검토할 필요가 있다. 후설화와 전설화는 동전의 양면과도 같은 관계이기 때문이다. 모음을 조음하기 위해 사용되는 구강 내 공간은 자음을 조음하기 위해 사용하는 공간보다 좁다. 그런 만큼 전설 위치에 어떤 모음이 이동하거나 새로 생기는 전설화는 앞쪽에 있던 모음이 뒤로 가는 후설화와 맞물려서 일어나야 하는 것이다.

따라서 /ㅕ/의 후설화는 /ㆍ/의 비음운화와 함께 /ㅓ/의 후설화가 가속화되는 것과 관련된다. 제3장에서 일본어의 /e/에 대한 한글·한자 전사 양상의 변화를 살펴보았는데, 그 결과를 간단히 요약하면 다음과 같다.('〈'의 개수는 오른쪽에 제시한 모음자가 /e/ 전사에 더 많이 사용됨을 나타낸다.)

(85)

『日本行錄』(1420) : ㅕ 〈 ㅔ

『海東諸國紀』(1471) : ㅕ 〈 ㅔ

『伊路波』(1492) : ㅕ 〈 ㅔ

『捷解新語』(1676) : ㅕ 〈〈 ㅔ

『改修捷解新語』(1748) : ㅕ <<< ㅖ

『重刊捷解新語』(1781) : ㅖ

『倭語類解』(1780년대) : ㅖ(/ㄷ, ㄴ/ 뒤) < ㅖ

17·18세기 일본체류기록: ㅕ < ㅖ + ᄃᆡ, 네(18세기)

원칙적으로 /e/를 전사하기 위해서는 'ㅖ'가 쓰였고, 치경 비음이 초성에 오거나 폐음절인 경우 'ㅕ'가 쓰이는 경향이 강하였다. 당시 한국인의 청각 인상에는 치경 비음이나 폐음절과 관련되는 환경에서는 /ㅕ/가 /e/의 대표음으로 인식되었기 때문에 'ㅕ'를 선택할 수 있었던 것이다. 이러한 현상은 15세기 말-16세기 초에도 동일했던 것으로 보인다. 『海東諸國紀』가 증보되면서 추가된 내용 중에 1501년에 조선을 찾아온 류큐(지금의 오키나와) 사신에게서 들은 류큐어 단어와 문장을 한글로 전사한 「어음번역(語音飜譯)」이 있다. 「語音飜譯」에서는 류큐어의 /e/를 적기 위해 'ㅕ'와 'ㅖ'를 사용하였는데, 그 환경이 일본어-한글 전사 자료와 동일하다(多和田眞一郎 1995: 22-24).[4]

(86)

ㄱ.	天陰了 [teɴ kumote]	뎐 구모뎨
ㄴ.	天晴了 [teɴ ɸarete]	뎐 파리뎨
ㄷ.	一頭 [teɴda ɸarete]	뎐다 파리뎨
ㄹ.	小饋他喫 [ekeraku nomaʃe]	예계나구 로마셰
ㅁ.	開年 [mjauneɴ]	먀우뎐

4) (86)의 류큐어 재구와 관련하여 윤희수 님의 가르침이 있었다. 이 자리를 빌려 감사드린다.

류큐어-한글 전사의 예에서도 '뗜', '뎐'처럼 치경 비음이나 폐쇄음이 관련되는 음절은 'ㅕ'로, 다른 /e/는 'ㅖ'로 적었음을 볼 수 있다.[5]

일찍이 김완진(1957, 1963/1971)에서 『捷解新語』의 /e/ 전사를 통해 /ㅕ/의 핵모음이 전설적인 성격이 있음을 지적한 이래, 전사 자료에 관심을 가진 연구자들은 비슷한 언급을 한 적이 있다.[6] 그러나 /ㅓ/와 /ㅕ/를 분리해서 생각한 연구자들은 많지 않았으며, /ㅓ/가 전설적으로 실현되는 현상이 /ㅕ/, /ㅖ/에 한정된다는 인식은 김현(2009)와 전사 자료를 참고한 김현(2015)를 거쳐 한글 문헌 자료의 'ㅕ~ㅖ' 변이에 대한 연구가 늘어나면서 자리잡은 듯하다. 일본어-한글 전사 자료에서 'ㅕ'와 'ㅖ'가 함께 쓰이는 것과 유사한 현상이 한글 문헌 자료에서도 빈번하게 나타난다.[7] 고유어와 한자어를 가리지 않고 나타나는 이른바 'ㅕ~ㅖ' 변이의 예는 다음과 같다(김한별 2018: 133). 이러한 예들은 15세기부터 20세기까지 반복해서 나타난다.[8]

---

5) 이러한 전사는 '天'과 '年'의 중세한국한자음인 '뎐'과 '년'에 이끌린 것이라는 지적도 가능할지 모른다. 그러나 「語音飜譯」의 전사는 16세기 초의 류큐어를 상당히 정밀하게 전사하고 있어 섣불리 한국어의 간섭으로 단정하기에는 무리가 있다.

6) 『捷解新語』의 전사를 검토한 허웅(1985: 381-382 각주 39)는 "일본말의 「エ」[e]를 「ㅕ」나 「ㅖ」로 옮기는 사실로써, 「ㅓ」가 「e」이었다고 추측하는 일도 있을지 모르나, 그러나 「ㅓ」가 「e」이었더라면 바로 「ㅓ」로 표기할 것인데, 굳이 「ㅕ」나 「ㅖ」로 옮긴 이유가 밝혀지지 않는다. 그러나 앞에서도 말한 바와 같이, 그 당시 음소 조직으로는 완전한 앞·반높은 홀소리가 없었기 때문에, /ㅓ/가 가운데와 앞의 자리로 다소 움직이고 있었으리란 추측은 가능하다."라고 하였다.

7) 이와 관련해서 생각해 볼 것이 한국한자음에서 나타나는 /ㅣ/의 혼란이다. 한국한자음에서는 'ㅕ~ㅖ' 외의 모음에서도 본래 중국어에 없는 반모음 /-j/가 들어가 있거나(取(취), 箇(개), 覇(패), 罵(매), 鎖(쇄), 倭(왜), 腦(뇌), 賂(뢰)), 중국어에 있는 반모음 /-j/가 사라진(水(수), 追(추), 淚(루), 規(규), 携(휴), 維(유), 類(류), 街(가)) 예들이 보인다. 이 현상이 'ㅕ~ㅖ' 변이와 직접적인 관련이 있는지는 알 수 없으나, 한국어 하향이중모음의 형성 및 변화 과정과 관련하여 한번쯤 생각해 볼 필요가 있음은 분명하다.

(87)

ㄱ. 겨시-[有]~계시-, 겨집[女]~계집, 녀-[行]~녜-, 몬져[先]~몬졔 아룸뎌[私]~아룸뎨, 아쳐러[壓]~아쳬러, 어엿비[憐]~어옛비 엇뎌[何]~엇뎨, 여쉰[六十]~예쉰, 져비[燕]~졔비

ㄴ. 猪(뎨), 除(뎌~뎨), 篨(뎨), 絮(셔~셰), 諸(져~졔), 女(녀~셔~예) 如(셔~예), 與輿譽(여~예), 豫預(예)

ㄷ. 勢逝誓(셰~셔), 噬筮(셔), 厲勵癘蠣(려) / 低底邸牴(뎨~뎌), 梯(뎌) 藜醴儷(례~려), 黎璨麗戾(려), 兮(혜~혀), 妻(쳐), 西(셔), 壻(셔), 棲(셔)

이와 관련한 연구로는 김현(2015), 차익종(2018), 박정순(2018), 김한별(2018) 등이 있다. 김현(2015: 117)는 중세한국어의 고유어와 한자어에서 빈번하게 나타나는 'ㅕ~ㅖ'의 공존형을 정리하고 그 이유를 "두 문자가 나타낸 발음이 "비변별적으로 통용"될 만큼은 아니어도 서로 크게 다르지는 않은 음이었기 때문"이라고 보았다. 박정순(2018)은 /ㅔ/의 단모음화가 일어나기 이전인 16·17세기 필사본 자료에 나타난 'ㅕ~ㅖ' 변이를 관찰하여 핵모음이 [e]로 실현되었음을 확인하고, 그 원인은 선행하는 반모음 /j/에 의한 순행동화로 보았다. 차익종(2018)은 중세한국한자음의 'ㅓ~ㅔ', 'ㅕ~ㅖ'형에 초점을 맞추었다. 고유어

---

8) 김성규(2003: 166-167)에서는 /ㅕ/가 'ㅖ'로 표기된 다음과 같은 예들을 제시하였다.
ㄱ. 15·16세기: 예자, 열예자히라, 볠제
ㄴ. 17세기: 옐웻도다, 예자, 날회예, 예회여, 메ᄂᆞ리, 멧귀다, 녜자, 메조, 베슬, 베륙, 계울, 폐디다
ㄷ. 18세기: 입계, 녜인, 동녜, 녜몸, 베슬, 밍셰, 샹셰, 너계, 셤계
ㄹ. 19·20세기: 경계, 계을, 곗털, 멧 ᄉᆞ람, 멧, 베, 베리, 볫, 베기, 빗계

와 한자어 모두 'ㅓ~ㅔ'형은 극히 드문 반면 'ㅕ~ㅖ'형은 상대적으로 빈도가 높다는 것을 지적하고, 'ㅕ~ㅖ'형에서는 초성이 설음(舌音)이거나 치음(齒音)인 경우와 초성이 없는 경우의 빈도가 높다고 하였다. 그리고 이러한 변이의 원인은 초성 자음의 전설성과 반모음 [j]의 전설성 때문이라고 보았다. 김한별(2018)은 하향반모음 /j/ 첨가를 전반적으로 다루면서 'ㅕ~ㅖ' 변이를 검토한 후 이를 '음성적 요인에 의한 변이'로 처리하였다.

이 현상의 원인에 대해 김현(2015), 박정순(2018)은 /ㅕ/의 핵모음의 전설성과 상향반모음의 동화력에 무게를 두었고, 차익종(2018)은 음절 초성의 [+설정성]과 상향반모음의 동화력에 무게를 두었다. 김한별(2018)은 두 가지 중 어느 쪽에도 무게를 두지 않는 신중한 태도를 취하였다. 이 책에서는 'ㅕ~ㅖ' 변이에 음절 초성의 [+설정성]과 핵모음의 전설성이 둘 다 기여했다고 본다. 그리고 이러한 'ㅕ~ㅖ' 변이는 가나 전사 자료에서도 나타난다. 허인영(2015ㄱ: 194)은 『全一道人』의 가나 전사 교정에서 본래 한자의 /ㅕ/를 yo로 전사했다가 /e/가 아닌 ei로 수정한 예가 있음을 지적하였다.

(88)

ㄱ. 샹셔(尙書)	[ʃaŋʃo]	→	[ʃaŋʃei]	[026]
ㄴ. 쥬셔라(朱緖)	[ʧuʃora]	→	[ʧuʃeira]	[027]
ㄷ. 쥬셔로	[ʧuʃoro]	→	[ʧuʃeiro]	[028]

또한 허인영(2016: 220-223)에서는 /ㅕ/를 모음으로 갖는 한자('徐, 書, 緖')가 e가 아닌 ei로 전사되고, /ㅖ/를 모음으로 갖는 한자('世, 幣, 戒,

細')가 ei가 아닌 e로 전사되는 현상이 존재함을 지적하였다. 이처럼 전사 자료의 'ㅕ~ㅖ' 변이 현상에서도 주로 /ㅅ/ 등 [+설정성] 자음이 선행하는 경우가 많다. /ㅕ/와 /ㅖ/는 오랜 기간 동안 [je]~[jə]와 [jej]로 실현되면서 [+설정성] 자음이 개재하는 환경에서는 음성적으로 훨씬 더 유사해지는 특징을 지니고 있었던 것이다. 4.2.2절에서 언급한 /ㅖ/의 하향반모음이 탈락하여 [je]로 실현되는 현상 또한 둘 사이의 유사성을 더 강하게 만드는 계기가 되었을 것이다. 중세한국한자음에서도 그런 현상이 나타나는 것을 보면 /ㅕ/와 /ㅖ/의 음가가 유사했던 시기는 훨씬 더 거슬러 올라갈 수 있을 것이다.

이제까지 살펴본 'ㅕ~ㅖ' 변이는 여러 방언에서 나타나는 'ㅕ > ㅔ' 변화와도 관련된다. 백두현(1992: 162-164)와 김현(2010: 63-66)에서는 선행연구의 설명을 몇 가지로 정리하여 제시하였다. 이 가운데 'jə > əj > e'와 같이 도치로 설명하는 입장은 '[əj] > [e]'라는 전설단모음화에 편승하는 것으로 받아들이기 어렵다. 일찍이 김완진(1963/1971)은 『捷解新語』를 검토하여 'ㅕ > ㅔ' 변화를 'ㅕ'의 전설적 음가로 인해 [je]로 바뀐 뒤 [j]가 탈락하여 /ㅔ/로 합류[9]한 것으로 본 바 있다. 방언 자료와 문헌 자료를 검토한 김성규(2003)에서는 김완진(1963/1971)과 마찬가지로 'ㅕ > ㅔ' 변화를 'jə > je > e'의 세 단계로 나누어야 한다고 보고, 전설중모음의 생성 이전에 'jə > jəj > jej > je'의 변화를 거친 것과 전설중모음의 생성 이후 'jə > je'의 변화를 거친 것이 있다고 하였다. 그러나 전사 자료에 입각한 이 책의 관점에서는 /ㅖ/는 15세기

9) 김완진(1963/1971)에서는 '분배하다, 공유하다'라는 뜻의 'partager'라는 프랑스어 단어를 사용하였다. 이 책에서는 /ㅕ/에서 기원한 [je]가 [j]의 탈락으로 인해 /ㅔ/와 같은 음가 [e]를 공유하게 된 것, 즉 합류한 것을 가리키는 것으로 해석하였다.

부터 항상 [jej]로 실현되었고 'ㅕ~ㅖ' 변이는 /ㅕ/와 /ㅖ/의 핵모음이 갖는 전설성과 관련된 것이므로, 굳이 '[jəj] 〉 [jej]'의 변화를 상정하지 않고도 'jə 〉 jej~je 〉 e'만으로 충분히 설명할 수 있다. [jej]에서 하향반모음 [-j]가 탈락하는 사례는 한국어-가나 전사 자료의 /ㅖ/ 전사를 검토한 4.2.2절에서도 이미 살펴본 바 있다.

이후에 일본어 전사에서 'ㅕ'를 사용하는 비율은 점차 줄어들었고, 급기야 『重刊捷解新語』에서는 'ㅖ'로 통일되기에 이르렀다. 물론 /e/의 가나 전사가 'ㅖ'로 통일되었다고 해서 모든 한국어 /ㅕ/의 음가가 현대어와 같아졌다는 보장은 되지 않는다. 비슷한 시기의 통신사 기록에 실려 있는 지명 등의 전사를 보면 치경 비음이나 폐쇄음과 관련되는 환경에서 'ㅖ'가 아닌 'ㅕ'를 선택하는 경향이 강하게 드러나기 때문이다. 다만 'ㅖ'로의 통일은 가나 전사의 통일성을 기하는 것이기는 하였으나, 그 방향이 'ㅖ → ㅕ'가 아닌 'ㅕ → ㅖ'라는 점에 주의할 필요가 있다. /ㅕ/의 후설화가 점점 진전되고 있었기 때문에 /e/를 전사하기에는 'ㅕ'가 적합하지 않다는 생각을 반영한 것이기 때문이다. 이 후설화 과정을 잘 보여주는 것이 4.2.3.2절의 [표 4-14]이다. 16세기부터 19세기 전반기까지 견문록류 자료에서 /ㅕ/의 전사에서는 e가 대다수를 차지하다가 점점 yo나 ya로 전사되는 비율이 늘어나며 『朝鮮人見聞書』(1830 이후)에는 e와 ya의 비율이 역전되기에 이른다. 이 과정은 /ㅔ/의 전설화와 서로 영향을 주고받으면서 진행된 듯하다.

1780년대의 『倭語類解』에서는 /ㄷ, ㄴ/ 뒤에서 'ㅔ'가 쓰이게 되었으며, 1763년의 통신사 기록에서도 일본어 hude(붓)의 /de/나 일본 지명 'hikone', 'hakone'의 /ne/를 적기 위해 '뎨', '네'를 사용한 예가 나타난다. 이는 /ㅔ/의 전설단모음화의 발달이 [+설정성]인 치경 비음과 폐쇄음 뒤에서 가장 빨랐음을 보여주는 것이다. 외국어의 [e]를 적기 위해 일부 환경에서 'ㅔ'가 사용되었다고 해서 전설중모음 /ㅔ/가 확고한 음소로 자리잡았음을 의미하는 것은 아니다. 4.2.4절에서 살펴보았듯이 18-19세기 초의 학습서류 자료에서도 /ㅔ/는 oi로 전사되는 예가 가장 많기 때문이다. 외국어의 [te], [ne]를 들었을 때 가장 먼저 떠오르는 한국어 음절이 /뎨, 녜/에서 /데, 네/로 바뀌게 되었다고 볼 수 있을 것이다. 이처럼 핵모음이 전설적으로 실현되던 /ㅕ/의 후설화는 다른 모음들의 전설화와 상호작용하면서 점진적으로 이루어진 것이다.

5.1.3. 전설화의 점진적 확산

앞서 우리는 /ㅕ/의 일부 변이음과 /ㅖ/가 유사한 핵모음의 성질로 인해 서로 교체되는 현상을 한글 문헌 자료와 가나 전사 자료에서 확인하였다. 그렇다면 특정 환경에서 [je]에 가깝게 실현되던 /ㅕ/가 후설화하는 과정에서 그 자리에 침투해 온 것은 무엇일까. 일본어-한글 전사 자료만 보면 당연히 /ㅔ/를 떠올릴 수 있겠지만 한국어 전사 자료까지 시야에 넣는다면 /ㆎ/도 고려하지 않을 수 없다. /ㅔ/ 이전에 중앙어에서 전설화를 가장 먼저 경험한 것은 /ㆎ/인 것으로 보인다. 조선 중기의 문신인 이익태(李益泰, 1633-1704)는 2년간(1694-1696) 제주목사를 지내면서 제주와 관련된 기록을 모아 『지영록(知瀛錄)』을 편찬하였는데, 그중에는 1653년에 표류한 헨드릭 하멜(Hendrick Hamel) 일행에 대한 기록이 있다.

계사년 7월 24일 서양국 만인(蠻人) <u>힌듥</u>, <u>얌신</u> 등 64명이 함께 탄

> 배가 대정현 지방 차귀진 밑의 대야수 연변에서 부서졌다. 익사자 26명, 병사자 2명, 생존자 36명이었다. 입고 있는 옷에는 검정, 흰색, 빨강의 세 가지 색이 서로 섞여 있다. [⋯] 그런데 그 중의 한 어린아이가 나이는 겨우 열세 살이고 이름이 너넷 고불신이라고 하는데, 홀로 서양나라에 있을 때 박연이 살던 근처의 사람이었다.[10] (원종민 2012: 101)

여기에 기록된 3명의 이름은 각각 '힌듥(Hendrik)', '얀신(Yansen)', '너넷 고불신(Denijs Govertszen)'인데, 네덜란드어의 /ɛ/에 'ㆎ'를 대응시키고 있음을 알 수 있다.[11] 이 당시 기록을 남긴 사람은 난생 처음 들은 외국어의 전설중모음 [ɛ]를 적기에 'ㅔ'보다는 'ㆎ'가 적합하다고 판단한 것이다. 이 기록은 전설화의 진전이 어디에서부터 시작되었는지를 보여주는 매우 흥미로운 예라고 할 수 있다. 그렇다면 이 기록을 남긴 사람이 'ㆎ'를 선택한 이유는 어디에 있을까. 앞서 4.2.4절에서 살펴본 /ㆎ/의 전사 양상을 떠올려 보자. 한국어-가나 전사 자료에서 /ㆎ/는 /ㅐ/로 합류하거나, 일부 /ㆎ+C/ 음절에서는 '/ㆍ/ > /ㅏ/'로 변화하거나, [e(j)]로 전설단모음화하는 세 가지 변화 경로를 밟았다. 그리고 전설단모음화가 가장 먼저 일어나는 환경은 의존명사 'ᄃᆡ'와 그 문법화의 결과물인 연결어미 '-ㄴᄃᆡ'를 비롯하여 비어두의 /ᄃᆡ, ᄐᆡ/

10) 癸巳七月二十四日, 西洋國蠻人힌듥얀신等六十四名同乘一船, 致敗于大靜縣地方遮歸鎭下大也水沿邊, 渰死者二十六名, 病死者二名, 生存者三十六名, 所着衣黑、白、赤三色相雜。[⋯] 而其中一童子年纔十三, 名曰너넷고불신者, 獨在西洋國地朴延所居近處人也。

11) 이 당시 네덜란드어 표기에서 ⟨e⟩는 /ɛ/를 나타낸다. '너넷'은 'Denijs'에 대응하는데, 17세기 ⟨ij⟩는 [ɪi] 정도로 발음되었으므로 여기에 사용된 'ㅔ'는 단모음 /e/와 무관하다 (de Vaan 2018: 74-77).

음절에서 일어나 확산되었다고 하였다. /ㆎ/의 전설화는 /ㄷ, ㅌ/ 이외의 환경에서도 일어났는데, 몇 가지 예를 다시 제시해 보자.

(89)

ㄱ. ᄆᆡᆫ밥 メンバブ [menbap] 〈全76〉

ㄴ. ᄀᆞᆫ나ᄒᆡ[女] カンナヘ [kannahe] 〈和61; 語111〉

ㄷ. ᄉᆡᆷ[泉] サエム [saem] 〈物10b〉

ㄹ. 동ᄂᆡ부ᄉᆞ(東萊府使) トグネエプサ [toŋne:pusa] 〈物15b〉

ㅁ. ᄉᆡᆼ강(生薑) センガン [ʃeŋgaŋ] 〈長311〉

이처럼 18세기의 한국어-가나 전사 자료에서 전설단모음화된 /ㆎ/가 /ㄷ, ㅌ/ 이외의 환경에서도 나타나는 것을 보면, 17세기 중엽에도 /ㆎ/의 전설화가 상당 부분 진전되어 있었을 가능성이 높다고 볼 수 있다. 1719년 통신사 기록에서 일본어 'hude[筆]'의 /de/를 적기 위해 '代(ᄃᆡ)'를 사용한 것을 고려하면, 18세기 중반까지 한국어 사용자의 인식 속에서 /ㆎ/의 변이음 [e(j)]는 /ㅕ/, /ㅖ/에 이어 [e]를 적을 수 있는 모음으로 존재했을 가능성이 높다. 한편 1763년 통신사의 기록에서 /ne/를 전사하기 위해 /네/를 쓴 것을 보면 18세기 중반을 넘어서면서 [+설정성] 자음 뒤에서 /ㅔ/의 전설화가 상당한 속도로 진행되고 있었음을 짐작할 수 있다. 이는 일본어 /e/의 한글 전사에 처음 'ㅔ'를 사용한 『倭語類解』가 18세기 80년대의 저작이라는 사실과도 들어맞는다.

/ᄃᆡ/를 중심으로 한 /ㆎ/의 전설화의 시간깊이(time-depth)가 깊다는 것은 현대한국어에 남아 있는 단어 가운데 /ㆎ/에서 유래한 것들의

분포를 살펴봐도 알 수 있다. 『우리말 큰사전』(1992)의 옛말 항목에서 /ㆎ/를 가진 단어의 분포를 현대한국어에서 살펴보면 /ㅐ/로 변한 것이 가장 많고(ᄇᆡ 〉 배, ᄒᆡ 〉 해, ᄌᆡ 〉 재, ᄆᆡ다 〉 매다, ᄉᆡ다 〉 새다, ᄉᆡᆼ각 〉 생각 등) /ㅣ/로 변한 것이 그 다음이다(가ᄉᆡ 〉 가시, 구ᄇᆡ 〉 구비, 소ᄅᆡ 〉 소리, 말ᄆᆡ 〉 말미). /ㆎ/가 /ㅐ/로 변한 것은 어두에, /ㅣ/로 변한 것은 비어두에 몰려 있다는 점에서 /ㆍ/의 변화와도 깊은 관련이 있음을 알 수 있다. 한편 /ㅔ/로 변한 것들도 있는데, 몇 가지 예를 들면 다음과 같다. 뒤에 괄호가 있는 것은 현대 방언형이며, 괄호 안의 지역명은 해당 방언형이 나타나는 곳을 가리킨다.

(90)
ㄱ. ᄃᆞ리다 〉 데리다, ᄃᆞ려 〉 더러
ㄴ. 가ᄫᆞᆫᄃᆡ 〉 가운데, -ㄴᄃᆡ 〉 -ㄴ데, 한ᄃᆡ 〉 한데, 부ᄃᆡ 〉 부데(경남)
ㄷ. 샤ᄅᆡ 〉 사레, 셕비ᄅᆡ 〉 석비레
ㄹ. 나그내 〉 나그네, 자내 〉 자네
ㅁ. 뫼 〉 메, 뵈 〉 베, 되 〉 데(경상·충청·함경), 뙤 〉 떼, 되다 〉 데다(전국)
-ㄹ쇠 〉 -ㄹ세 〉 -ㄹ시(전북, 최전승 2004: 443)

이처럼 주로 /ㄷ/을 초성으로 갖는 /ㆎ/가 /ㅔ/로 변하였지만, /ㅔ/에서 고모음화하여 /ㅣ/로 바뀐 것들(본ᄃᆡ 〉 본디, 부ᄃᆡ 〉 부디) 중에는 방언형에 /ㅔ/형이 남아 있는 것들이 있고, /ᄅᆡ/도 /레/로 변한 것이 있음을 본다.[12] '나그네', '자네'에서 보이는 /내/ 〉 /네/는 중간에 /ᄂᆡ/ 단계를 거친 것들이다. 이와 함께 '/ㅚ/ 〉 /ㆎ/ 〉 /ㅔ/' 변화도 주목된다.

4.2.7.1절에서 가나 전사 자료에서 '되'나 '반되' 등 기원적으로 /ㅚ/를 가진 단어가 ei로 전사되어 있음을 보았는데, /ㅚ/는 원순성을 잃고 /ㆎ/ 단계를 거쳐 /ㅔ/로 변화했을 가능성이 있는 것이다.[13] 이처럼 기원적이든 중간 단계이든 /ㆎ/에서 /ㅔ/로 변한 단어들이 적지 않게 존재하며, 이것들은 /ㆎ/의 전설단모음화를 잘 보여주는 것이다.

/ㆎ/의 전설화는 어느 정도 세력을 확보했으나 음운으로 자리잡는 단계에까지는 이르지 못한 듯하다. 여기에는 몇 가지 원인을 생각해 볼 수 있다. 첫 번째는 '-ㄴ듸'를 비롯하여 /듸/는 유형 빈도는 매우 낮으면서 출현 빈도는 매우 높아 하나의 덩어리를 형성하는데, 이것은 도리어 제약으로 작용하여 스스로의 확산 가능성을 줄였을 것이다. 두 번째는 /ㆎ/가 비어두의 /듸/를 제외한 넓은 환경에서는 /ㅐ/로 합류하면서 한국어 화자의 인식 속에서 [e]보다는 '[aj] 〉 [ɛ]'로 자리잡게 되고, /ㅔ/가 음소 /e/로 확고히 자리잡는 19세기 후반부터는 [e]를 나타내기 위해 /ㆎ/를 사용하기가 점차 어려워졌을 것이다.[14]

---

12) '본듸 〉 본데~본디', '부듸 〉 부데~부디'와 같이 지역어와 중앙어에서 /ㅔ/형과 /ㅣ/형이 공존하는 예들은 고모음화(/ㅔ/ 〉 /ㅣ/)를 경험하지 않고, '/ㆎ/ 〉 /ㅢ/ 〉 /ㅣ/'와 같이 /ㅢ/ 단계를 거쳤을 수도 있다. 또는 박기영(2006), 여은지(2020)에서 추정한 것과 같이 /ㅢ/에서 바로 /ㅔ/로 변화했을 가능성도 있다. 이와 관련해서는 가나 전사 자료에서 /ㅢ/의 변화를 보다 면밀히 검토해 볼 필요가 있다.

13) '뫼 〉 메', '뵈 〉 베', '되 〉 데'와 같이 /ㅚ/가 /ㅔ/로 변한 예들은 상향이중모음 [we]에서 원순성이 탈락한 것으로 볼 가능성도 있다. 특히 남부 방언에서는 '되다 [tweda]'가 '데다 [teda]'로 실현되는 것처럼 초성이 있을 경우 반모음이 탈락하는 경우가 많다.

14) 19세기 전반 동남 방언을 반영하는 언간 자료를 면밀히 검토한 김한별(2020: 139-142)에서는 'ㆎ~ㅐ'의 혼기례를 검토한 결과, /ㅔ/를 'ㆎ'로 표기한 것만 보이고 /ㆎ/를 'ㅔ'로 표기한 예는 하나도 보이지 않는다고 하였다. 이 자료에서 /ㆎ/는 /ㅐ/와 동일한 소리를 나타내므로 'ㅔ→ㆎ' 표기는 /ㅔ/를 /ㅐ/로 나타낸 것이라고 해석하였다. 그러나 해당 혼기례를 자세히 살펴보면 '-게', '이지[今]', '익석(哀惜)', '병식(病勢)'와 같은 일부 어사를 제외하면 '듸'의 예가 많다. 이 시기 동남 방언에서는 /ㆎ/가 /ㅐ/로 합류하여

18세기 중반 이후, 꾸준히 전설화가 진행되며 전설중모음의 자리를 서서히 차지한 것은 /ㅔ/였다. 그리고 여기에 기여한 것은 /ㅔ/의 하향반모음 /j/와 함께 앞뒤에 오는 자음의 [+설정성]이었다. 앞서 전사 자료의 검토에서도 살펴 보았듯이 일본어-한글 전사 자료에서 /e/를 전사하는 데 처음 'ㅔ'가 쓰인 환경은 /ㄷ, ㄴ/ 뒤이고, /ㅔ/를 선구적으로 ei나 e로 전사하기 시작한 환경 또한 /ㄴ/ 뒤였다. 그리고 비어두의 문법형태소 '-에', '-에셔', '-게'에서 이런 현상이 먼저 나타났다. 한글 문헌 자료를 다룬 곽충구(1980: 87-89), 백두현(1990/1992: 93)에서도 /ㅔ, ㅐ/가 비어두에서 먼저 단모음화되었을 가능성을 언급하였다. '이제~이ᄌᆡ', '쓸게~쓸개~쓸ᄀᆡ'와 같이 제2음절 이하에서 '에~애~ᄋᆡ' 혼기는 18세기 후반 문헌에서 드물지 않게 보이는데, 이것을 단모음화의 단초로 파악할 수 있는 것이다. 한편 남부 방언을 반영하는 전사 자료를 살펴보면 /ㅔ/의 전설단모음화가 훨씬 빨리 진행되었음을 알 수 있다. 다음 예를 보자.

(91)

ㄱ. 살게 サルケ [salke] 〈陰129,242〉

ㄴ. 크게 クケ [kuke] 〈陰346〉

ㄷ. 거번(去番)에 コポネ [kopone] 〈通7b〉

ㄹ. 니렌날 ジレンナル [^{d}nirennal] 〈通4a〉

ㅁ. 네[四] デイ [^{d}nej] 〈見4a〉

[aj]로 실현되는 경우가 압도적으로 많았겠지만, 비어두를 중심으로 한 일부 환경에서는 /ㆎ/가 [e]에 대응하는 경우도 있었던 것이다. 따라서 이 혼기례를 '/ㆎ/=/ㅐ/=[ɛ]'라는 관점에서만 해결하려고 하면 적절한 답을 찾기 어려워 보인다.

견문록류 자료에서 /ㅔ/가 예외적으로 전사된 위의 예들을 살펴보면, 16세기 말의 한국어를 반영하는 것으로 생각되는 『陰德記』에서는 연결어미 '-게'가 e로 전사되었다. 18세기 후반 자료인 『朝鮮通言國字』에서는 비어두의 /ㄴ, ㄹ/ 뒤에서 /ㅔ/가 e로 전사되었고, 19세기 전반기의 자료인 『朝鮮人見聞書』에서는 어두의 /네/가 ei로 전사되었음을 알 수 있다. 이것은 /ㅔ/가 비어두의 [+설정성] 자음을 중심으로 시작하여 점차 어두 위치로 세력을 확장하는 것을 보여준다. 동시에, 『陰德記』에서 연결어미 '-게'가 ke로 전사되는 예를 보면 해당 방언의 비어두에서 /ㅔ/의 전설화가 상당히 일렀음을 알 수 있다. 격식적인 언어를 반영하는 학습서류 자료에서 연결어미 '-게'의 모음은 항상 ai나 oi로 전사되며 e로 전사되는 예는 하나도 보이지 않기 때문이다.

5.1.4. 모음 체계의 격변

음 변화는 두 가지 측면에서 점진적이다. 시간의 흐름에 따라 음성적인 변화가 누적된다는 점에서 점진적이고(Lass 1984), 특정 음 변화가 모든 어휘에 동시에 적용되는 것이 아니라 한 영역에서 다른 영역으로 점차 그 범위를 늘려가는 어휘적 확산(lexical diffusion)을 보인다는 점에서 점진적이다(Wang 1969). 그런데 음 변화는 항상 같은 속도로 진척되는 것이 아니라, 어휘적 확산이 일정한 임계점에 이르면 급격히 늘어나 거의 모든 어휘에 적용되어 평형(equilibrium) 상태를 이루게 되는 S 자 곡선의 모양을 그린다(Lass 1984: 328). 이제까지 우리가 그려온 그림은 S 자 곡선이 급격하게 상승하기 직전 단계까지를 묘사하고 있는 것으로 보인다. 완전한 변화 과정을 그릴 수 없는 자료의 영성(零星)함이 아쉽지만, 19세기의 한국어 모음 체계에 대해서는 기타 외국어 전사 자료가 존재하므로 이를 바탕으로 하여 19세기에 한국어 모음 체계의 격변이 어떤 과정을 거쳐 일어났는지 그려 보고자 한다.

정동유는 『주영편(晝永篇)』에서 1801년 8월 제주도에 버려진 여송(呂宋, 오늘날 필리핀 북부의 루손(Luzon)을 가리킴)인 5명의 표류 사고를 기록하면서 103개의 스페인어 단어를 한글로 전사하여 수록한 바 있다. 필자가 확인한 결과, 한글 전사에 대응하는 스페인어를 찾을 수 있는 단어 중에서 [e]와 관련된 예들만 제시하면 다음과 같다(원종민 2012: 102-103).

(92)
地曰쎼라(tierra), 人曰현쎼(gente), 熱曰걸인쎼(caliente), 三曰드레시(tres), 七曰세쎼(siete), 九曰노베(nueve), 十曰네세(diez), 二十曰민인쎼(veinte), 六十曰시세싸(sesenta), 七十曰신쎼싸(setenta), 八十曰오쳔싸(ochenta), 九十曰노변싸(noventa), 有曰쎙(tengo), 山曰몬쎼(monte), 城曰불쌀네셔(fortaleza), 鏡曰예시베후(espejo), 紙曰범벨(papel), 矢曰불네쳐(flecha), 火石曰볘들어(piedra), 旗曰만데라(bandera)

대응이 불안정한 것도 없지 않으나, 대체로 스페인어의 /e/에 'ㅔ'가 대응되는 것을 볼 수 있다. 예외적인 예들은 /gen/ [xen]에 대응하는 '현', /chen/ [ʧen]에 대응하는 '쳔', /ven/에 대응하는 '변', /p(i)e/에 대응하는 '볘' 정도이다. 특히 /ㅆ, ㄷ/, /ㄴ/뿐만 아니라 /ㄹ, ㅅ, ㅂ/

뒤에서도 'ㅔ'가 쓰이는 모습은 /ㅔ/의 전설단모음화가 치경 폐쇄음과 비음 이외의 환경으로 확산되었음을 잘 보여준다. 또한 /e/가 포함된 음절이 폐음절이고 종성이 치경 비음인 경우에는 /ㅕ/를 선택하는 현상이 이때까지도 남아 있음을 알 수 있다. 이 글이 실린『書永篇』상권은 1805년에 탈고되었으므로, 19세기 초에는 18세기 후반까지의 상황과는 달리 /ㅔ/의 전설단모음화가 상당히 진전되었음을 알 수 있다. 18세기와 19세기의 교체기에 /ㅔ/와 /ㅐ/의 단모음화가 상당히 빠르게 진행되었을 것이라고 추정하는 한글 자료 기반의 선행연구를 뒷받침하는 것이다.

『書永篇』에 기록된 표류인 기록과 비슷한 시기인 1801년 12월에 배를 타고 바다에 나갔다가 태풍을 만나 표류한 끝에 류큐, 여송, 중국을 거쳐 1805년에 귀환한 이가 바로 문순득(文淳得, 1777-1847)이다. 그의 이야기는 당시 흑산도에 유배되어 있던 정약전(丁若銓)을 통해 기록된 뒤, 정약전의 제자인 이강회(李綱會)의 문집에『표해시말(漂海始末)』이라는 제목으로 실려 지금까지 전해지고 있다. 이 글의 마지막에는 '言語'라는 제목 아래 류큐어와 여송어를 싣고 있는데, 이 가운데 /e/와 관련된 것들을 제시하면 다음과 같다(多和田眞一郎 1994/조강희 역 2011: 173-210; 원종민 2011).

(93)

坐 맨소오리(menso:ri), 謝罪 군에햐(kune:ja:), 每日 믜니치(me:nitʃi), 交易 케라(ke:ra), 小官 기쎄단(kapitan), 可憐 보불에(pobre), 一 매ᄾ(maysa)

'ㅐ', 'ㅔ', 'ㆎ' 등 다양한 표기를 보이는데, 'ㆎ'와 'ㅔ'는 이전 시기에도 /e/를 전사하기 위해 쓰인 것이나 '맨소오리'의 'ㅐ'는 특이하다. '매사'의 'ㅐ'와 비교하면 류큐어 'menso:ri'의 제1음절이 19세기 초에는 이중모음이었음을 나타내는 것일 가능성도 있다.

이로부터 50년 정도 뒤인 1855년, 강원도 통천에 표착한 미국인들로부터 전해들은 알파벳과 단어를 기록한 『양화첩(洋畵帖)』의 예도 살펴보기로 한다.

(94) ㄱ. A 애, H 에츄, I 애 왜, J 즤 차, K 갸 가, L ᄋᆡ유 M ᄋᆡᆷ 엄, N ᄋᆡᆼ 연, S ᄋᆡ시

ㄴ. 日 sun 썬, 天 sky 쓰개, 人 man ᄆᆡᆫ, 手 hand ᄒᆡ안두, 扇 fan ᄇᆡ안

먼저 'ㅐ'는 'A' [eɪ]와 'I' [aɪ], 'sky' [skaɪ]에 쓰여 여전히 이중모음의 음가를 나타내고 있음을 볼 수 있다. 반면 'ㅔ'는 'H' [eɪtʃ]에 한 번 쓰였을 뿐이고 나머지는 'ㆎ'가 'J' [dʒeɪ], 'L' [el], 'M' [em], 'N' [en], 'S' [es], 'man' [mæn], 'hand' [hænd], 'fan' [fæn]에 쓰였다. 'sun' [sʌn]에 '썬'이 쓰인 것은 이 시기에 /ㅓ/의 후설화가 상당히 진행되었음을 보여주는 것이다. 위에서 살펴본 19세기 외국어 전사 자료의 예는 새로운 전설단모음 /ㅔ/가 거의 자리를 잡았음을 보여준다. 'ㅔ'와 'ㆎ'는 똑같이 [e]를 표상할 수 있기 때문에 상호교체되어 쓰일 수 있었던 것이다.

18-19세기 교체기는 그 전까지 누적되어 왔던 하향이중모음의 전설단모음화라는 음 변화가 임계치에 도달하여 새로운 전설단모음이

한국어 화자들의 인식 속에 자리잡게 된 시기라고 할 수 있다. 이 시기에 전설중모음의 자리를 가장 확고하게 차지한 것은 /ㅔ/이고, /ㅐ/는 전설모음으로 실현되는 비중이 점점 늘어나기는 했을 것이나 /ㅔ/와 같은 속도로 자리를 잡지는 못했을 것으로 보인다. /ㅔ/와 /ㅐ/가 거의 같은 시기에 전설단모음화를 경험했을 것이라고 생각하는 선행연구가 적지 않으나, 전사 자료의 양상을 보면 /ㅐ/는 /ㅔ/보다 늦게 전설단모음화를 경험한 것이 분명하다. 근대 한국어 학습서의 가나 전사를 검토한 박기영(2005: 73-83)에서도 /ㅐ/의 단모음화가 [-전설성] 자음 뒤에서는 상대적으로 늦게 진행되었을 가능성이 있음을 지적하였다. 구강 내에서 하향이중모음 /ㅔ/와 /ㅐ/의 핵모음인 /ㅓ/와 /ㅏ/의 조음위치는 떨어져 있기 때문에, 전설단모음화에서 /ㅐ/가 /ㅔ/보다 더 늦은 것은 음성학적으로도 자연스러운 일이다.

이상의 검토 결과를 바탕으로 전설모음의 형성 과정을 표로 정리하면 다음과 같다. 이 표의 가장 왼쪽 열에는 음성적으로 핵모음이 전설모음으로 실현된 적이 있는 한국어 중모음 음소 /ㅕ/, /ㅖ/, /ㆎ/, /ㅔ/, /ㅐ/를 제시하였다. 오른쪽으로는 각각의 중모음 음소가 나타내는 음가가 어떻게 변화하였는지를 시간의 흐름에 따라 제시하였다. /ㅕ/, /ㅖ/의 핵모음은 오랫동안 [e]라는 음가를 지니고 있었다. 이후 /ㅕ/가 후설화되고 /ㆎ/, /ㅔ/ 등 다른 중모음이 전설화되면서 /ㅕ/, /ㅖ/는 점차 쓰이지 않게 되었다. 특히 /ㅕ/, /ㅖ/와 달리 상향반모음이 없는 /ㅔ/는 순수한 [e]를 나타내기에 적합하였기에 점차 음소적인 /e/로 자리잡게 되었고, /ㅐ/는 그보다 늦게 전설화되어 [ɛ]라는 음가를 갖게 된다.

[표 5-1] 전설모음의 형성 과정[15)]

	15–16C	17–18C전반	18C 후반	19C 전반	19C 후반
/ㅕ/	[je]~[jə]		[jə]~[je]		[jə]
/ㅖ/	[je(j)]				[je]
/ㆎ/	[ʌj]	[e(j)](주로 /t/ 뒤)		[e](/t/ 뒤)	
/ㅔ/	[əj]~[e(j)]		[e(j)](주로 /t,n/ 뒤)~[əj]		[e]
/ㅐ/	[aj]			[aj]~[ɛ(j)]	[ɛ(j)]~[aj]

이제까지 전사 자료를 중심으로 한국어 전설모음의 형성 과정을 기술해 본 결과를 정리해 보면 다음과 같다. 15세기부터 18세기까지 ‘ㅕ’와 ‘ㅖ’가 음성적인 [(j)e]를 나타내기 위해 사용되었다. 그러나 ‘ㅕ’와 ‘ㅖ’는 항상 [j]를 동반해서야 [e]로 실현된다는 환경의 제약으로 인해 점차 반모음 없이도 [e]를 표상할 수 있는 ‘ㆎ’, ‘ㅔ’가 [+설정성] 자음과 관련된 비어두의 문법형태소에서부터 세력을 확장하였다. 그러나 /ㅐ/로 합류하는 예가 훨씬 더 많고 /ᄃᆡ/의 출현 빈도가 지나치게 두드러지는 ‘ㆎ’는 ‘(-ㄴ)데’와 같은 요소에만 [e]의 흔적을 남기고 18세기 후반 이후로는 [e]를 표상하는 데 잘 쓰이지 않게 되었다. ‘ㅔ’는 18세기에는 주로 비어두 문법형태소의 /ㄷ, ㄴ/ 뒤에서 선구적으로 [e]를 나타내고, 19세기를 거치는 동안에 점차 넓은 환경에서 쓰이게 되면서 음소적으로도 /e/를 표상하는 단모음으로 자리를 잡게 된다. 이 시기까지도 /ㅐ/의 전설단모음화는 남부 방언을 제외하면 그렇게 활발하게 진행되지 않았으며, 19세기 후반에 /ㅔ/가 음소 /e/로 자리를 잡는

15) 표에서 음영의 진하기는 해당 모음이 전설단모음을 표상하기 위해 쓰인 빈도를 나타낸다. 즉, [e]를 표상하기 위해 18세기 후반까지는 /ㅕ/, 19세기 전반까지는 /ㅖ/가 쓰이다가 점차 안 쓰이게 되었고, 17세기 중반부터는 일부 /ㆎ/가, 18세기부터는 /ㅔ/가 쓰인 것이다.

것과 비슷한 시기에야 /ɛ/로의 전설단모음화가 진전되었다.[16)]

5.2. 전설모음 형성의 동인

5.2.1. 체계적 동인

이제까지의 선행연구에서는 /ㅔ/와 /ㅐ/가 전설모음으로 변화한 이유에 대하여 다음과 같이 설명하였다. /ㆍ/의 비음운화로 인하여 /ㅓ/가 후설화하고, 그로 인해 생겨난 전설의 빈 공간을 차지하기 위해 /ㅔ/와 /ㅐ/가 전설단모음화하여 새로운 전설모음이 형성되었다는 것이다(이기문 1972; 허웅 1985). 15세기 /ㅓ/의 음가에 대해서는 백두현(1990/1992)와 같이 [e]에 가깝게 실현되었다고 보는 견해도 있으나 [ə]라고 보는 것이 일반적이다. 이것은 한글 문헌 자료와 전사 자료에 기반한 것으로 실제 음성 실현에 상당히 근사한 추정이라고 할 수 있으나, 동일하게 /ㅓ/를 핵모음으로 갖는 /ㅕ/나 /ㅖ/에 대해서도 똑같이 핵모음의 음가가 [ə]라고 추정하는 것은 이제까지 전사 자료를 검토한 이 책의 입장에서는 인정하기 어렵다. /ㅕ/는 [+설정성] 자음이나 폐음절 환경에서 [je]로 실현되는 경향이 강했고, /ㅖ/는 언제나 [je(j)]로 실현되었던 것이다.

음운적인 것이 아니고 음성적인 것이기는 하지만 이처럼 한국어에

16) 19세기 전반기의 동남 방언을 반영하는 언간 자료를 면밀히 검토한 김한별(2020: 142-156)에서도, 한글 표기상의 양상을 살펴보면 18세기 60년대까지는 /ㅔ/의 단모음화가 완성되지 않았으며, 19세기 전기의 이 방언에는 /ㅔ/와 /ㅐ/가 이중모음으로 실현되는 어사가 여전히 존재하고 있었다고 보았다.

[e]라는 전설중모음의 음가가 존재하였다는 사실은 15세기부터 18세기까지 중모음 위치의 전설모음이 새롭게 형성되지 않은 채로 이른바 '불안정한 체계'가 유지된 이유를 알게 해 준다. 핵모음이 항상 [ə]로 실현되는 /ㅓ/, 항상 [e]로 실현되는 /ㅖ/는 핵모음이 환경에 따라 [e~ə]로 실현되는 /ㅕ/를 통하여 서로의 핵모음을 하나의 음운으로 인식할 수 있었고, 그 결과 /ㅓ/는 [e~ə]라는 전설과 중설의 중모음을 포괄하는 넓은 조음위치를 차지할 수 있었던 것이다. 그러나 /ㅕ/와 /ㅖ/의 핵모음이 [e]로 실현되는 환경에는 제약이 있었다. 항상 앞이나 뒤에 반모음 [j]를 동반하는 경우에만 [e]로 실현되었던 것이다. 따라서 이러한 [e]의 존재는 어디까지나 음성적인 것이어서 한국어 화자들에게 별개의 음운으로 인식되지는 못하였다.

제3, 4장에서 살펴보았듯이 일본어-한글 전사 자료에서 /e/의 전사에 쓰이는 모음자가 'ㅕ'에서 'ㅖ'로 통일되어 가는 과정과, 한국어-가나 전사 자료에서 /ㅕ/의 전사가 e에서 yo, ya로 변화하는 과정을 아울러 생각하면 한국어 /ㅕ/가 [je]로도 실현되던 환경에서 [jə]로 후설화를 겪었음은 분명하다. 같은 시기 일부 환경의 /ㆎ/와 /ㅔ/는 음성적으로 [e]로 실현되는 전설단모음화를 겪고 있었으며, 이는 /ㅕ/의 후설화와 상호작용하여 점차 반모음 [j]를 동반하지 않는 환경에서도 [e]의 비중이 늘어나게 된다. 이 과정이 /ㆍ/의 비음운화와 관련되는지는 알기 어려우나, 전사 자료에서 보이는 양상을 고려하면 /ㅕ/의 후설화와 일부 /ㆎ/ 및 /ㅔ/의 전설단모음화는 밀접한 관련을 맺고 있었음이 틀림없다. /ㅕ/는 다른 /j/계 상향이중모음인 /ㅑ, ㅛ, ㅠ/와 달리 어두에서도 흔히 출현하고 초성에 자음을 동반하는 경우도 많아 한국어 음운체계에서 기능부담량이 큰 편이었으나, 핵모음이 [ə]가 아닌 [e]로 실현되는 환경이 제한적이며 어느 환경에서든 반모음 [j]를 동반한다는 제약이 존재하였다.

/ㅕ/가 전설적으로 실현되는 경향이 강하던 15세기에 확립된 일본어-한글 전사 자료에서는 [+설정성] 자음과 관련되거나 폐음절 환경에 위치한 일본어의 /e/를 전사하기 위해 'ㅕ'를 사용하였고 이러한 전통은 일본어 학습서에서 18세기 중엽까지 이어졌다. 그러나 결국은 'ㅖ'로 통일되고 [+설정성] 환경에서는 'ㅔ'로 대체되기에 이르게 된다. 'ㅖ'로의 통일은 후설화로 인해 /e/ 전사에 'ㅕ'가 더 이상 적합하지 않게 되었음을 보이는 것이고, 'ㅔ'의 사용은 전설단모음화하여 [e]로 실현되는 /ㅔ/가 [+설정성] 환경에서 먼저 두드러졌음을 보여주는 것이다. 이 당시 일본어의 /e/는 초성이 없거나 초성이 /s, z/인 경우를 제외하면 구개적으로 실현되지 않았으므로, [+설정성] 자음 뒤에서 일본어의 /e/를 전사할 경우, [jej~je]로 실현되는 /ㅖ/와 [e]로 실현되는 /ㅔ/ 중에서는 당연히 앞이나 뒤에 반모음 [j]를 동반하지 않는 /ㅔ/를 선택하는 것이 자연스러웠을 것이다. /ㅔ/가 전적으로 /e/로 자리잡은 뒤인 19세기 말-20세기 초에는 대부분의 자료에서 /e/ 전사에 'ㅔ'가 쓰이게 된다.

/ㅔ/가 oi가 아닌 e(i)로 전사되는 환경은 4.2.4절에서 살펴보았듯이 조사 '-에(셔)'나 조사 '-게'가 [+설정성] 자음과 만나는 환경에서 먼저 확인된다. /ㅔ/ 자체의 빈도가 낮아서 명확하게 밝히기 어려운 점이 있지만 학습서류 자료에서도 /ㅔ/가 e(i)로 전사되는 비율은 10% 이하에서 10% 이상으로 늘어나는 모습을 보이고, 견문록류 자료에서는 e(i)로 전사되는 비율이 30-40%에 달하여 전설단모음화의 진전을 짐작할 수 있다. 이러한 과정을 거쳐서 비어두의 문법형태소에서 어두

의 어휘형태소로 점차 /ㅔ/의 전설단모음화가 진전되었음을 알 수 있는데, 이처럼 반드시 폐음절이 아니어도, 또 반모음 [j]를 동반하지 않아도 [e]로 실현되는 /ㅔ/의 분포가 늘어나는 과정은 [j]를 동반하는 /ㅕ/가 후설화하는 과정과 맞물려 /ㅔ/가 새로운 전설모음으로 자리잡는 데 기여했을 것으로 생각된다.

그리고 /ㅕ/의 후설화와 /ㅔ/의 전설단모음화가 상당히 진전되는 18세기 말-19세기 초에 /ㅕ/는 중설~후설모음으로 재인식되고, /ㅔ/가 전설모음으로 확고하게 자리를 잡는 변화가 일어났을 것으로 추정된다. 이는 한글 문헌 자료를 대상으로 한 연구 결과와도 일치하는 것이다. /ㅕ/가 중설~후설모음으로 완전히 자리를 잡게 되면서, 본래 /ㅕ/는 [je~jə]처럼 실현되는 환경을 통해 /ㅓ/의 [ə]와 /ㅖ/의 [jej] 사이를 연결하는 역할을 하였으나 더 이상 음성적인 전설모음 [(j)e]의 기능을 수행할 수가 없게 된 것이다. 항상 [je(j)]로 실현되는 /ㅖ/가 남아 있으나, /ㅖ/는 빈도 자체가 낮고 기능부담량도 적은 데다가 항상 [j]를 동반하기 때문에 한국어 사용자에게 '/ㅖ/ = [e]'라는 인식을 고정시키기에는 역부족이라고 할 수 있다. 일부 방언에서는 /ㅖ/가 [-설정성] 자음인 /ㅁ, ㅂ, ㄱ/ 뒤에서 [je]가 아닌 [e]로 실현되어 /ㅔ/로 대표되는 [e]로 합류하는 모습을 보이게 된다. 결국 [j]를 동반하지 않고 순수한 단모음 [e]로 실현되는 /ㅔ/가 음성적으로나 음운적으로나 명실상부한 /e/로 한국어 사용자에게 인식되면서 새로운 전설모음이 형성된 것이다.

따라서 15세기 이후 한국어의 모음 체계에서 전설중모음 위치는 /ㅕ/와 /ㅖ/로 대표되는 음성적인 [(j)e]의 존재로 유지되다가, /ㅕ/의 후설화와 /ㅔ/의 전설단모음화 간의 상호작용이 급격히 진전되면서

/ㅔ/가 [e]로 실현되는 환경이 임계점을 넘어가게 되었을 것이다. 이로 인해 음성적인 [e]가 아닌 음소적인 /e/가 확립되었고, 결과적으로 새로운 전설모음이 형성되어 모음 체계를 변화시키는 결과를 낳았다. 전사 자료를 통하여 이러한 변화를 살펴보면 음 변화에서 과거의 체계가 새로운 체계로 변화하는 과정에서는 A(/ㅕ/로 대표되는 음성적 [e])가 사라진 뒤에야 B(/ㅔ/로 대표되는 음소적 /e/)가 등장하는 것이 아니라 A와 B가 공존하는 시기가 존재하며, B는 방언과 같은 지리적 환경과 비어두 위치의 [+설정성] 환경과 같은 형태적·음운적 환경에서 먼저 확산되어 점차 세력을 넓혔음을 알 수 있다. 그리고 이러한 /ㅔ/의 전설단모음화가 상당히 진전되어 /ㅕ/의 [e]를 압도할 정도가 되면 한국어에 새로운 전설모음이 형성되어 모음 체계가 변화하는 것이다. 새로운 전설모음을 형성하여 한국어 모음 체계의 변화를 야기한 /ㅕ/와 /ㅔ/의 음가 변화는 다음과 같이 정리할 수 있다.

[표 5-2] /ㅕ/와 /ㅔ/의 음가 변화

모음	시기		
	15–18세기	18–19세기 초	19세기 말 이후
/ㅕ/	[je]~[jə]	[jə]~[je]	[jə]
/ㅔ/	[əj]~[e(j)]	[e]~[əj]	[e]

전사 자료의 검토 결과만으로는 /ㅕ/의 후설화의 원인이 정확히 무엇인지에 대해서는 알기 어려우나, 후설화가 일어났다는 것만은 분명히 알 수 있다. 또한 전설단모음화를 통하여 그 빈자리를 가장 적극적으로 차지한 것이 /ㅔ/라는 것도 알 수 있다. 이러한 후설화와 전설화의 상호작용을 통하여 기존 모음체계의 균형이 깨어지면서 'ㅔ'로 표기

되는 새로운 전설모음 /e/가 자리를 잡게 된 것이다.

5.2.2. 음성적 동인

언어에서 일어나는 음 변화의 원인은 근본적으로 조음적인 것이다. 발화는 정교하게 조정된 많은 신경운동 활동으로 자동화되면서 더 능률적으로 변한다. 반복을 거치면서 신경운동의 연쇄는 하나의 단위로 덩어리화되며 각각의 제스처가 겹치는 경우도 생기게 된다. 많은 음 변화는 이러한 과정을 거쳐 생겨난다(Bybee 2001, 2015). 다양한 종류의 음 변화 가운데 후설모음이 전설모음으로 변화하는 것을 전설화(前舌化, fronting), 이중모음이 단모음으로 변화하는 것을 단모음화(單母音化, monophthongization)라고 한다. 두 가지가 함께 일어나면 전설단모음화라고 할 수 있는데, 하향이중모음이 전설단모음화하는 과정은 핵모음이 전설화한 뒤 하향반모음이 탈락하거나([əj] > [ej] > [e]), 하향반모음이 핵모음에 동화된 뒤 단모음으로 축약되는([aj] > [a^{ε}] > [ɛ], [oj] > [we] > [e]) 등 다양한 방식으로 일어날 수 있다.

한국어에서 모음의 전설화는 주로 j계 하향이중모음의 전설단모음화와 관련되며, 이것이 /j/가 갖는 전설성에 기인하는 것임은 정영호(2012), 오예슬(2013) 등 여러 선행연구에서 지적되었다. 앞서 살펴본 모음의 전설화 과정에서 /ㅕ/는 오랜 시간 동안 전설성을 유지하고 있었는데, 이 또한 반모음 /j/ 때문일 것이다. 이 책에서는 반모음 /j/가 /ㅕ/의 전설성 유지에 도움을 주어 /ㅕ/의 후설화를 늦추는 데 기여했다고 본다.

한편 후설모음의 전설화에 [+설정성]이 중요한 조건이 될 수 있음은 잘 알려져 있다. 일찍이 Öhman(1966)은 VCV 환경에서 [+설정성] 자음이 조음될 때 혓몸이 앞쪽으로 움직임을 관찰한 바 있다. Flemming(2001, 2003)에서도 공시적으로 /u/가 치경 자음 환경에서 전설화되는 증거들을 여러 가지 제시하였다. 한발 더 나아가 Hume(1992, 1996)은 [+설정성] 자음과 전설모음이 설정음이라는 자연 부류를 이룬다고 주장하였다.

설정 자음을 조음할 때에는 혀끝이나 혓날이 앞니나 앞니 근처에 있어야 하고, 이로 인하여 혓몸이 비교적 앞쪽에 오게 된다. 따라서 설정 자음과 한 단위로 발음되는 후행 모음이 후설모음이라고 할지라도 비교적 앞쪽에서 조음되는 경향이 생기고, 이러한 경향이 굳어지면서 점차 더 앞쪽에서 발음되면 전설모음으로 지각되고 발화되는 일도 생기게 된다. 이러한 이유 때문에 [+설정성] 환경에서 모음의 전설화가 촉진되는 것이다.

Harrington(2012)에서도 후설고모음이 통시적으로 전설화하는 경향이 전설고모음이 후설화하는 경향보다 강하다고 하였다. 그 이유는 자음이 놓이는 환경이 후설모음을 조음할 때 설배(dorsum)가 수축해야 하는 요구와 충돌하여 설배를 모음 공간의 앞쪽으로 이동시킬 수 있기 때문이라고 하였다. 예컨대 19세기 한국어에서 한국어의 후설고모음 /ㅡ/가 /ㅅ/, /ㅈ/ 등의 치찰음 뒤에서 전설고모음 /ㅣ/로 바뀌는 예 또한 후설모음의 전설화라고 할 수 있을 것이다. 반대로 /ㅣ/가 /ㅡ/로 바뀌는 변화는 한국어에서 찾아보기 어렵다.

이제까지 살펴본 일본어와 한국어 전사 자료에서도 대체로 [+설정성] 자음과 관련되는 환경에서 후설화가 지연되는 모습을 보였고, /ㆎ/나 /ㅔ/의 전설단모음화 또한 /ㄷ, ㄴ/ 등 [+설정성] 자음과 관련되는 환경에서 선구적으로 일어나는 모습을 보였다. 현대한국어 중부 방언의 /ㅓ/ 또한 [+설정성] 자음이 앞뒤에 올 때 음성적으로 상당히 앞쪽에서 실현된다는 김현(2008)의 보고 또한 [+설정성] 자음이 모음의 전설화의 동인이 될 수 있음을 시사하는 것이다. 음성적으로 전설 쪽에서 실현되는 경향이 누적되면 이러한 전설적인 음성을 청취한 화자는 발화할 때에도 보다 전설적으로 실현하고, 이런 경향이 누적되면 중설 또는 후설 모음이 전설모음으로 재인식될 수 있는 것이다.

또한 어떤 언어에서는 폐음절 구조가 모음이 전설적으로 실현되는 데에 영향을 끼치기도 한다. 한국어-가나 전사 자료에서는 /_C/ 환경의 /ㅕ/가 e로 전사되는 경향이 강하게 드러나는데, 이러한 양상이 다른 언어에서도 나타나기 때문이다. 예컨대 Lin(1989: 66-67)에서는 'a → ε / i ___ n'과 같이 대부분의 중국어 방언에서 필수적인 '폐음절 전설화(Closed Syllable Fronting)' 규칙을 설정하고 있다.[17] 중국어에서 /ia/나 /an/의 /a/는 [a]로 실현되므로, 음운적인 /ian/이 음성적으로 전설화된 [jεn]으로 실현된 이 예는 폐음절이 전설화에 영향을 끼치는 예라고 할 수 있다. 또한 멤피스(테네시주)와 디트로이트(미시건주)에서 사용되는 아프리카계 미국인의 영어에서는 /aɪ/가 /_t/, /_d/ 환경에서 /a^{ε}/로 실현되는 전설모음화를 보인다(Anderson 2002; Fridland 2003). 이는 [+설정성] 자음인 [t, d]가 종성에 오는 폐음절 환경에서 하향이중모음인 /aɪ/가 전설적으로 실현되는 양상을 보여주는 것이다.

전사 자료에서 /ㅕ/의 전사 양상을 살펴보면 폐음절에서도 [+설정성] 자음이 종성에 오는 경우 전설적으로 실현되는 경향이 더 강하므

---

17) 일반적으로 음운론에서 폐음절(closed syllable)이라는 용어는 종성(coda)을 갖는 음절을 가리키므로, Lin(1989)에서 VC 음절을 제외하고 'closed syllable'이라는 용어를 사용한 것은 특수한 용법이라고 볼 수 있다.

로 자음의 조음 위치가 관여하는 것은 분명하다. 그러나 /ㅕ/를 갖는 음절에서 [-설정성] 자음이 종성에 오는 경우가 개음절인 경우보다 더 전설적으로 실현되는 경향이 강한 것도 사실이다. 따라서 왜 한국어의 /ㅕ/에서는 자음의 조음위치와 큰 상관 없이 개음절이 아닌 폐음절에서 모음의 전설성이 더 잘 유지되는 이유에 대해서는 보다 자세한 설명이 필요하나, 현재로서는 그 음성적인 동인을 정확히 알기 어렵다. 앞으로 더 탐구해 볼 필요가 있다.

5.2.3. 범언어적 경향

현대 언어유형론의 목표는 단순히 전 세계 언어들을 고립어·굴절어·교착어와 같은 형태론적 유형으로 분류하는 것이 아니라, 전 세계 여러 언어를 검토하여 인간 언어 내부에서 나타나는 변이(다양성)를 확인하고 그에 대한 제한(보편성)을 확립하는 것을 목표로 한다(Comrie 1989). 따라서 한국어의 통시적 변화에 대한 설명 또한 범언어적인 경향에서 힌트를 얻을 수 있으며, 반대로 한국어의 현상을 고찰하여 얻을 수 있는 통찰은 언어유형론의 다양성 기술과 보편성 확립에 기여할 수 있을 것이다. 따라서 전설모음의 형성과 관련된 현상은 언어유형론적으로도 고찰할 필요가 있다.

하향이중모음이 전설모음으로 변화하는 전설단모음화는 음 변화(sound change)의 일종이다. 음 변화는 단어(또는 둘 이상의 분절음) 내에서 분절음의 발음이 변하는 것으로 음성적 환경, 즉 주변의 음들이 변화의 조건이 된다. 음 변화에는 두 가지 특성이 있는데 하나는 해당 언어의 모든 단어에 영향을 끼친다는 점에서 규칙적이라는 것이고, 다른 하나는 시간적·공간적으로 점진적이며 어휘부 내의 확산도 점진적이라는 것이다. 음 변화의 동기는 음성적인 것이므로 계통적 관련성과는 무관하게 상이한 언어들에서 상이한 시기에 동일한 유형의 음 변화가 일어날 수 있다(Bybee 2015: 2장). 하향이중모음의 전설모음화는 전 세계의 여러 언어에서 관찰된다. 일본어에서는 /ei/, /ai/와 같은 모음 연쇄가 장모음 [eː]로 실현되는 방언이 다수 존재한다. 고전그리스어는 현대그리스어로 발달하는 과정에서 /eːi/ 〉 /eː/, /ai/ 〉 /ɛ/와 같은 변화를 겪었다. 라틴어에서는 인도유럽조어에서 이어받은 이중모음이 모두 소실되었으며, 라틴어의 후신 중 하나인 프랑스어는 고대프랑스어에서 현대프랑스어로 오면서 '/ai/ 〉 /ɛ/' (maistre〉 maitre [mɛtr] '선생'), '/ue/ 〉 /œ/' (jeune [jœn] '젊은'), '/oi/ 〉 /we/ 〉 /wa/' (mois [mwa] '달')와 같은 변화를 경험하였다(亀井孝 외 1996: 897).

고모음의 전설화는 지리적으로 다양하고 계통적으로 무관한 언어들에서 보고되어 있다. 아카어(Akha, 시노-티베트어족·롤로-버마어파, 중국 남부·버마 동부·라오스 북부·태국 북부), 알바니아어(인도-유럽어족·알바니아어파, 알바니아·코소보·마케도니아), 영어(인도-유럽어족·게르만어파, 세계 전역)에서 통시적인 /u/의 전설화가 관찰된다(Harrington 2012). 이처럼 다양한 언어에서 [+설정성] 자음이 전설모음과만 상호작용하거나 후설모음의 전설화를 일으키는 예가 관찰된다. 먼저 시노-티베트어파(Sino-Tibetan)에 속하는 광둥어(廣東語)에는 [y] : [u], [ø] : [o]라는 원순모음의 전후설 대립이 존재하는데, 후설원순모음은 [+설정성] 자음 사이에는 나타날 수 없다(Kao 1971).

(95)

ㄱ. kyʈ 'decide' kuʈ 'bracket'

	hø	'boots'	ho	'river'
ㄴ.	ʈyʈ	'take off' *ʈuʈ	ʈʊk	'bald head'
	ʈøŋ	'a shield' *ʈon	ʈok	'to carry (on shoulders)'

그리고 태국, 중국, 버마, 라오스에서 쓰이는 롤로-버마어파(Lolo-Burmese)의 언어인 라후어(Lahu)에서도 중모음이 설정 자음에 후행할 수 없는 제약이 존재한다(Matisoff 1988).

(96)

ㄱ.	hi 'eight'	hɨ 'to agree'			hu 'to fry'	
	e 'mother'	ə 'to pour out'			o 'sleep'	
ㄴ.	ni	'to look at, try doing'		*nɨ	*nə	
	tʃʰi	'this'		*tʃʰɨ	*tʃʰə	
	ti	'only'		*tɨ	*tə	
	ʃi	'yellow, golden'		*ʃɨ	*ʃə	
	tse	'arrow'		*tsɨ	*tsə	
	de	'something useless'		*dɨ	*də	

멕시코에서 쓰이는 오토-망게어족(Oto-Manguean)의 언어인 몰리노스 믹스텍어(Molinos Mixtec)에서 경구개치경음 [ʃ ʒ]는 권설음 [ʂ ʐ]와 변이음 관계에 있는데, 전자는 전설모음 앞에, 후자는 후설모음 앞에 나타난다(Hunter & Pike 1969). 보통 [+설정성]으로 취급되는 권설음이 후설모음과 공기하는 것은 다음과 같이 설명된다. 권설음을 조음할 때에는 혀의 앞쪽이 구부러지면서 혓몸의 앞부분도 내려가는데, 이로

인해 혓몸의 앞부분을 올려 경구개에 협착을 만드는 전설모음을 조음하기가 어려워지기 때문이다(Flemming 2003).

(97)

ㄱ. ʃĩː	'side'	ʂãː	'very'
ㄴ. ʒeʔe	'outside'	ʐoʔo	'rope'

한편 류큐어(琉球語) 나하(那覇) 방언에서는 통시적으로 설정음 뒤의 /u/가 [i]로 바뀌는 전설화가 일어났는데, 그 예를 보면 다음과 같다(内間直仁·野原三義編 2006).

(98)

	〈도쿄 방언〉	〈나하 방언〉	
ㄱ.	[su]	[ʃi]	'둥지(巣)'
ㄴ.	[ʦuna]	[ʧina]	'그물(綱)'
ㄷ.	[ʃidzuka]	[ʃiʤika]	'조용함(静か)'

이 책에서 살펴본 한국어 모음의 전설화 양상은 언어유형론에도 시사하는 바가 작지 않다. 이제까지 세계 언어학계에서는 고모음의 전설화에 [+설정성] 자음이라는 환경이 기여한다는 점에 초점을 맞추어 왔다. 그러나 약 300년 이상에 걸친 긴 시기의 전사 자료를 시야에 넣고 보면, [+설정성]이 한국어의 /ㆎ/나 /ㅔ/의 변화에서는 전설화를 촉진하는 환경으로 기능하고 있지만, /ㅕ/의 변화에서는 전설화의 촉진이 아니라 후설화에 저항하는 환경으로 기능하였음을 알 수 있다. [+설정성]이 전설모음의 후설화에 저항하는 환경으로 작용한다는 것

은 전 세계 여러 언어에서 [+설정성]이 전설화를 촉진한다는 잘 알려진 사실과는 동전의 양면과도 같은 것이어서, 범언어적인 양상에 대한 지식이 있다면 쉽사리 예측할 수 있다. 그러나 통시적으로 그러한 현상이 실제로 일어난 언어, 즉 한국어의 역사적 자료를 제공할 수 있다면 보다 경험적인 증거로서 언어유형론에 기여하게 될 것이다.

5.3. 모음 체계 변화에 대한 관견

5.3.1. 만주퉁구스 제어의 전설모음 형성

/i/ 외에 전설모음이 존재하지 않았던 언어에서 [e], [æ]와 같은 전설중모음이 발생하는 예는 만주어에서도 보인다. 만주어가 전설중모음을 갖지 않는 /i u ə o a/의 5모음 체계라는 것은 잘 알려져 있는 사실인데(성백인 1981: 117), 김주원(1996)에서는 중국 헤이룽장성(黑龍江省) 산자즈툰(三家子屯)에서 사용되는 만주어와 신장(新疆)자치구에서 사용되는 시버어 자료를 참고로 하여 만주어의 전설중모음 발달과정을 설명하였다.

(99)

	〈현대 만주어〉	〈만주어 문어〉	
ㄱ.	eren	erin	'時'
ㄴ.	æmile	amila	'雄'
ㄷ.	sain ~ sæn	sain	'好'
ㄹ.	tyre	turi	'豆子'

ㅁ.	dyn	duin	‘四’
ㅂ.	tuiɣɯ	tugi	‘雲’

(100)

	〈시버어〉	〈만주어 문어〉	
ㄱ.	jælj	yali	‘肉’
ㄴ.	gæm	gaimbi	‘徵收’
ㄷ.	ʃɛn ~ ʃæn	sain	‘好’
ㄹ.	sylmĭn	solmĭn	‘眼睫毛’
ㅁ.	œmim	omimbi	‘飮’
ㅂ.	sœlim	solimbi	‘招待’

이상의 예에서 볼 수 있듯이, 중국에서 사용되고 있는 현대 만주어와 시버어에서는 /ㅣ/ 역행동화에 의해 전설모음이 형성되었다. 이 현상은 김주원(1996: 28 각주 5)에서 지적하였듯이 (99ㅂ)처럼 항상 이중모음으로만 실현되는 예도 있으므로, /i/의 선행 음절에 /j/가 첨가되어 하향이중모음을 형성한 뒤 그것이 전설단모음화하는 과정으로 보는 것이 자연스럽다. 그리고 이러한 현상은 만주어사에서 처음 있었던 것이 아니다. 아래와 같이 1730년에 출간된 만주어 학습서 『청문계몽(淸文啓蒙)』에서도 /j/ 첨가에 의한 이중모음화가 보인다.

(101)

ㄱ. cabi → caibi

ㄴ. damin → daimin

ㄷ. dehi → deihi [dəihi]

ㄹ. ebihe → eibihe [əibihə]

ㅁ. ergi → eigi

다른 퉁구스 제어에도 /aj/나 /ja/가 축약되어서 장모음 [eː]를 갖는 언어들이 존재한다. 이 경우에는 중설모음 /ə/가 여전히 체계 내에 존재한다는 것도 흥미로운 사실이다. 이러한 만주퉁구스 제어의 전설모음 형성의 예들은 18-19세기 한국어에서 일어난 /ㅣ/ 역행동화를 /j/ 첨가와 전설단모음화라는 두 단계의 변화로 파악한 최전승(1986)의 관찰과 대단히 흡사한 것이다.[18]

한편 구개성을 지닌 요소가 선행할 경우 핵모음 /ə/가 [e]로 실현되는 전설성 순행동화의 예 또한 퉁구스제어의 역사에서 드물지 않게 보인다. 17세기 중엽 만주 지역으로 표류한 일본인이 남긴 기록인 『닷탄효류키(韃靼漂流記)』(1646)에 남겨져 있는 만주어의 가나 전사를 분석한 Hayata (2018: 121)에서는 17세기 중엽 만주어의 /e/ [ə]가 기본적으로 가나 /o/로 전사되었다고 기술하였는데, 'jefu'('먹다'의 명령형)의 경우에는 'セブ [dʒe^{m}bu]'로 전사되어 있어 구개성 자음인 만주어의 /j/ [dʒ] 뒤에서 /ə/가 [e]로 실현되었음을 보여준다. Kim(2011: 11-22)에서는 현대 어웬(Ewen)어의 모음 체계를 기술하면서 이 언어의 /ə/는 장모음일 때 [ɛː]로 실현되며 /jə/는 전설화된 장모음 [jē]로 실현된다는 점을 지적하고 있다.

18) 이미 최전승(1986: 165)에서도 성백인(1976)을 인용하여 18세기 만주어에 유사한 현상이 존재하였음을 지적하였다.

김주원(1996)의 지적대로 15세기 한국어 또한 /ㅣ/를 제외한 6개의 모음이 모두 중설, 후설이었고 이러한 '불균형한' 체계는 상당히 오래 유지되었다. /ㅕ/와 같이 구개적 요소를 앞세운 경우 핵모음이 [e]로 실현되는 예가 보이는 것도 비슷하다. 한편 2차적으로 형성된 모음들은 모두 전설(중)모음이며 이것들은 /ㅣ/ 역행동화(/j/ 첨가)와 이중모음의 단모음화를 거쳐 생겨났다는 것 또한 유사하다. 이러한 현상이 18세기부터 눈에 띄게 된다는 것 또한 만주퉁구스 제어와 한국어의 모음 전설화의 흥미로운 공통점이다.

한국어가 만주퉁구스 제어와 같은 계통에 속하는지 여부는 분명하지 않고, 앞으로도 밝혀지기 어려운 문제일 것이다. 그러나 계통적으로 무관하더라도 지역적으로 인접해 있는 두 언어에서 유사한 현상이 비슷한 시기에 일어난 것은 사실이다. 그리고 이러한 변화는 한국어 모음 체계의 변화에도 시사하는 바가 적지 않다.

5.3.2. 한국어 모음 체계의 변화

이제까지 /ㅓ/를 포함한 모음의 음가를 추정하는 데에는 15세기 /ㅓ/의 음가가 [ə]로 추정된다는 사실이 큰 영향을 끼쳐 왔을 것이나, 문자 'ㅕ', 'ㅔ'에 'ㅓ'가 포함되어 있다고 하여 음성적 실현 또한 동일하다고 단정할 수는 없다. 따라서 한국어 모음 체계의 변화를 좀 더 정밀하게 기술하기 위해서는 문자의 환영(幻影)에서 벗어나 전사 자료의 검토 결과나 다른 언어의 사례를 좀 더 적극적으로 반영할 필요가 있다.

/ㅓ/는 15세기부터 18세기까지의 전사 자료에서 항상 o, a 등의 후설모음을 나타내는 가나로 전사되며 전설계열의 모음으로 전사되는 예는 보이지 않는다. 『雞林類事』나 중세한국한자음에 대한 검토에 기

반하여 15세기 이전 한국어의 /ㅓ/가 [e]였다고 보는 견해도 있으나, [ə]였을 가능성 또한 열려 있다.[19] /ㅓ/의 기원적인 음가가 무엇이든, 반모음 /j/를 앞이나 앞뒤로 동반하는 /ㅕ/와 /ㅖ/는 상당히 이른 시기부터 핵모음이 [e]에 가깝게 실현되었을 것이다. 기원적인 /ㅓ/의 음가가 [e]였다면 반모음 /j/를 동반하는 환경에서 본래의 음가를 유지하고 있었던 것이고, [ə]였다면 /j/로 인해 전설화가 촉진된 것으로 해석할 수 있다. /j/를 앞뒤로 지니고 있는 /ㅖ/는 음가가 줄곧 [je(j)]에서 변하지 않은 반면, /j/가 앞쪽에만 있었던 /ㅕ/는 [je~jə]로 유동하는 상황에 상당히 오랜 기간 머물렀으리라고 생각된다.

훈민정음의 창제자들, 즉 15세기 중엽의 한국어 화자들에게 /ㅓ/와 /ㅕ/, /ㅖ/의 핵모음은 음운적으로는 동일한 것으로 인식되었을 것이고, 그렇기에 같은 'ㅓ'의 자형을 공유하는 글자를 만들었을 것이다. 물론 음성적으로 /ㅕ/의 발음은 환경에 따라 [jə]와 [je]라는 변이음으로 실현되었다. 이것은 일본어와 한국어 전사 자료에서 /ㅕ/가 [+설정성] 자음 뒤나 폐음절에서는 [je]로, 다른 환경에서는 [jə]로 실현되는 15세기 중엽의 상황을 보면 알 수 있다. /ㅓ/는 [ə]로, /ㅖ/의 핵모음은 [e]로 안정적으로 실현되는 상황에서, 양쪽 모두의 음성적 실현을 보이는 /ㅕ/는 세 모음의 음가를 음운적으로 동일하게 인식하게 하는 징검다리와도 같은 역할을 했을 것이다. 따라서 음성적으로 핵모음이 [e~ə]로 실현되었다고 하더라도 당시 사람들은 음운적으로 /ㅓ/로 인식하였을 것이다.[20]

---

19) 『二中曆』 등의 자료를 참고하면 한국어도 만주퉁구스 제어와 마찬가지로 기원적으로 /e/가 아니라 /ə/를 갖는 모음 체계를 고대부터 유지했을 가능성이 있다.

20) 이러한 상황은 현대한국어의 /ㅓ/가 모음의 장단이나 지역적 차이에 따라 [ə~ɔ~ʌ]라는

따라서 이 책에서는 전설모음이 /ㅣ/ 하나밖에 없는 15세기의 이른바 '불안정한' 단모음 체계가 18세기 후반 /ㅔ/의 단모음화가 본격화하기까지 유지될 수 있었던 배경에는 /ㅕ/가 있었다고 본다. 중세어의 /ㅕ/를 포함하는 단어는 /ㅑ, ㅛ, ㅠ/ 등 다른 j계 상향이중모음을 포함하는 단어에 비해 그 수가 월등히 많으며, /ㅑ, ㅛ, ㅠ/와 달리 어두에서 자음을 동반하는 경우도 많다(김현 2015). 이는 다른 j계 상향이중모음에 비해 /ㅕ/의 기능부담량이 컸음을 의미한다. 그리고 이 /ㅕ/는 일본어-한글 전사 자료나 한국어-가나 전사 자료를 통해 알 수 있듯이 핵모음이 [ə]가 아닌 [e]로 실현되는 경우가 적지 않았다. 이로 인해 /ㅓ/가 중설 위치를 유지하는 15·16세기부터 /ㅓ/가 후설 위치로 이동하는 18세기 후반 이후에 이르기까지 한국어의 모음 체계는 전설중모음이 존재하지 않는 상태가 지속될 수 있었던 것이다. 물론 이때의 음성적인 [e]의 존재는 일부 /ㅕ/와 /ㅖ/에서만 실현된다는 점에서 항상 앞이나 뒤에 반모음 [j]를 동반할 때에만 나타난다는 환경적인 제약을 지니고 있었다. 그리고 18세기에서 19세기로 가면서 /ㅕ/는 점차 후설화를 경험하게 된다.

그 사이에 비어두 위치에서 /ᅴ/나 문법형태소의 /ㅔ/가 전설단모음화하는 비중이 늘어나게 되었다. 이 변화는 지역적으로는 중앙어가 아닌 남부 방언에서 먼저 확산된 것으로 추정된다. /ᅴ/나 /ㅔ/의 변이음으로 존재했던 [e]의 비중은 점차 늘어나 어두나 어휘형태소에서도

변이음으로 실현되는 것과 유사하다. 현대한국어 화자들은 [ə~ɔ~ʌ]라는 변이음에서 약간의 음색 차이는 느끼더라도, 그 모음들이 /ㅓ/라고 판단하는 것에 대해서는 주저함이 없다. 15-18세기의 단모음 /ㅓ/과 중모음 /ㅕ/, /ㅖ/의 핵모음에 대한 당시 화자들의 인식 또한 비슷했을 것이다.

쓰일 수 있게 되었고, 기타 외국어 전사 자료에서는 17세기부터 외국어의 전설중모음을 적기 위해 'ㆎ'를 사용할 수 있었다. 18세기 중엽이 지나면 'ㅔ'도 외국어의 전설중모음을 적기 위해 쓰일 수 있게 되었다. 일본어-한글 전사 자료에서도 [+설정성] 환경에 나타나는 일본어의 /e/를 표기하기 위해 'ㅔ'를 사용하게 되는 것은 18세기 후반이다. 이러한 /ㆎ/ 및 /ㅔ/의 전설단모음화는 /ㅕ/의 후설화와 맞물려 진행되었다. [+설정성] 및 폐음절 환경에서 /ㅕ/의 후설화는 늦게 일어나는 모습을 보였으나, 18세기 중반을 넘어가면서 /ㅕ/는 [jə]로 실현되는 비중이 상당히 늘어나게 되었고, /ㅕ/가 한국어 화자들의 인식 속에서 중설 내지 후설 모음으로 인식되면서 이에 대한 반작용으로 급격하게 전설단모음화가 촉진된 /ㅔ/는 /ㅕ/나 /ㅖ/와 달리 [j]를 동반하지 않아도 순수한 전설중모음 [e]로 실현될 수 있었고, 이러한 /ㅔ/의 특성으로 인해 /ㅕ/가 음성적인 [(j)e]를 나타낼 수 있다는 인식은 상당히 빨리 사라진 것으로 보인다. 이처럼 /ㅕ/의 후설화와 /ㅔ/의 전설단모음화가 맞물려 모음 체계에 급격한 변화가 일어난 것은 18세기 후반부터 19세기 초 사이로 보인다. 이러한 과정을 거쳐 한국어의 모음 체계에는 전설모음이 새롭게 형성된 것이다.

전설중모음으로 자리를 잡게 된 /ㅔ/에 뒤이어 /ㅐ/의 전설단모음화도 촉진되었으나 20세기 초까지도 /ㅐ/의 전설단모음화는 완전히 완료되지 않은 듯하다. /ㅐ/의 핵모음은 후설이자 저설인 [a]이므로 조금 더 전설에 가까웠던 /ㅔ/의 [ə]보다 전설단모음화가 늦어진 것도 자연스러운 일이다. /ㅚ, ㅟ/의 변화는 이 책에서 확인한 전사 자료만으로는 언제 일어났는지 알기 어려우나, 학습서류 자료에서 '되다'의 /ㅚ/가 oe로 전사된 것을 고려하면 [+설정성] 환경에서 [oj]가 [we]로 변했다고 생각된다(정영호 2012). 후설과 달리 전설의 원순모음은 범언어적으로도 드물고 안정적이지 못하므로, 19세기 말-20세기 초 외국인의 기술에서 /ㅚ, ㅟ/는 확고한 단모음이 아니라 단모음([ø], [y])과 이중모음([oi], [wi])이 모두 변이음으로 기술되어 있었고(정인호 2014: 108-109), 변이음인 단모음조차 오래 지속되지 못하고 사라지고 말았다. 또한 /ㅐ/와 /ㅔ/의 변별 또한 오랜 세월 유지되지 못하고 점차 합류하게 되었다. 그 결과 현대한국어 중앙어의 7모음 체계가 성립하게 된 것이다.

제6장
결 론

6.1. 논의 요약

현대한국어를 15세기 한국어와 비교했을 때 모음 체계의 가장 큰 차이는 /·/가 없다는 점과 전설중모음이 존재한다는 점이다. 따라서 15세기 이후 한국어의 모음 체계 변화에서 가장 큰 변화는 /·/의 비음운화와 전설모음의 형성이라고 할 수 있다. 이 가운데 전설모음의 형성이라는 변화가 처음 시작되었을 때에는 모종의 음성적·형태적 동인이 작용했을 것이다. 이러한 음 변화는 특정한 환경에서 시작되어 점진적으로 다른 환경으로 확산되었을 것이다. 그리고 이러한 변화는 중앙어보다 특정한 지역 방언에서 더 빨리 나타났을 수 있다. 그동안의 연구는 전적으로 한글 문헌을 대상으로 삼아 시기별로 문헌에서 나타나는 혼기 양상 등을 검토하여 전설단모음화 과정을 이론적으로 추정하는 식으로 이루어져 왔다. 이 책에서는 변화 과정을 실증적으로 확인하는 것과 거기에 작용한 음성적·형태적 동인을 파악하는 것에 초점을 두고 연구를 진행하였다.

이 책이 제기한 질문은 두 가지였다. 하나는 15세기 한국어에 전설중모음이 존재하지 않았다면 그 '불안정한 체계'는 어떻게 400년 가까이 유지될 수 있었는가 하는 것이고, 다른 하나는 15세기 이후 한국어의 모음 체계에서 전설모음은 어떻게 형성되었는가, 즉 한국어에서 모음의 전설화는 어떻게 일어났는가 하는 것이었다. 이 책에서는 이 질문에 답하기 위해 전사 자료를 대상으로 한국어 모음의 전설화 과정을 확인하고, 변화를 야기한 동인에 대한 이해를 추구하며, 이를 통하여 한국어 모음 체계 변화에 대한 관견을 제시하고자 하였다. 이하에서는 이제까지의 논의에서 이 책의 목적이 어떤 과정을 거쳐 달성되었는지를 요약하겠다.

먼저 제2장에서는 전사 자료를 이용한 한국어 음운사 연구에 필요한 방법을 확립하고, 연구 자료의 특성을 검토한 뒤 연구에 사용된 자료를 간략히 소개하였다.

이 책의 연구 대상은 15세기 말부터 19세기 중엽까지 300여 년 동안 한국어 모음 체계에 일어난 변화, 그중에서도 전설모음의 형성 과정이다. 한국어 음운사에서 모음의 전설화는 하향이중모음을 중심으로 일어났으므로 역사적으로 하향이중모음이 어떤 음가로 실현되었는지를 확인할 필요가 있다. 15세기 이전의 차자표기 자료는 음성 실현에 대해 알려주는 바가 거의 없고, 훈민정음 창제 이후의 한글 문헌은 방대한 양을 자랑하며 한국어의 음운을 가장 잘 담고 있으나 음성적인 차이는 잘 반영하지 못한다는 문제가 있다. 이러한 문제를 해결하기 위해 이 책에서는 일본어와 한국어 전사 자료를 주된 연구 자료로 삼았다. 이 자료들은 15세기부터 19세기 초에 걸쳐 편찬되었으며 표음문자인 한글과 가나로 기록되어 있어 한국어의 음성 실현을 파악할 만한 여러 단서를 제공해 준다. 이러한 자료는 20세기 전반기에도 간행되었으나 그 양이 많아 연구 대상 모음을 전수조사하는 이 책의 방법론에는 적합하지 않고, 전자적인 성격을 띤 자료도 많아 제외하였다.

중앙어의 모음 가운데 전설모음의 형성과 깊은 관계가 있는 /ㅓ, ㅖ, ㅕ, ㅔ/ 등 /ㅓ/ 계열 모음과, 일부 환경에서 변화를 경험하는 /ㆍ, ㅐ, ㅚ, ㅟ/의 전사에서 확인되는 변화를 구체적인 연구 대상으로 삼았다. 이 모음들의 전설화를 확인하기 위해서는 한국과 일본에서 만들어진 전사 자료를 주된 대상으로 삼되, 격식적이고 중앙어 지향적인 학습서류 자료와 비격식적이고 구어적인 표현을 담고 있는 일본 체류 기록 또는 견문록류 자료를 구별하였다. 그 이유는 학습서류 자료에서 나중에 나타나는 변화가 일본 체류 기록 또는 견문록류 자료에서 선구적으로 나타나기도 하고, 학습서류 자료의 특이한 전사 양상이 일본 체류 기록 또는 견문록류 자료에서 확산되는 모습을 보이기도 하므로 구별하는 것이 유용하기 때문이다. 각각의 전사 자료는 병렬 말뭉치를 구축한 뒤 어절별로 분리하여 각 모음의 환경을 파악하기 쉽도록 하여 환경별로 전수조사하는 방식을 채택하였다. 이 책의 연구 목적을 달성하기 위해서는 전설모음의 형성 과정을 보여주는 예들이 전체 사례에서 어떻게 나타나는지 수치로 보여줄 필요가 있기 때문이다.

제3장에서는 15-18세기에 편찬된 일본어-한글 전사 자료를 주된 대상으로 하여 일본어 /e/의 전사 양상을 확인하였다. 일본어의 /e/는 1000년 넘게 전설중모음으로 실현되고 있어 한국어 모음의 음성 실현을 확인하는 바로미터로 삼기에 적합한 모음이다. 그런데 일본어의 다른 모음 /a, i, o, u/는 대체로 /ㅏ, ㅣ, ㅗ, ㅜ/에 대응하여 별다른 변화가 없는 반면, /e/는 많은 한글 전사 자료에서 'ㅕ'나 'ㅖ'로 전사되어 있어 그 원인이 무엇인지에 대해 학계에서 오랫동안 논쟁이 이어져

왔다. 따라서 이 문제가 선결되어야 일본어 전사 자료에 나타나는 /e/ 전사 양상의 신뢰성이 담보될 수 있다.

17세기 초에 일본어 중앙어의 /e/는 가톨릭 선교사들이 남긴 기록을 통하여 대부분의 환경에서 [e]로 실현되었으나, 초성이 없을 때와 초성이 /s, z/일 때는 구개화되어 [je]로 실현되었다는 사실이 알려져 있다. 선행연구에서는 일본어의 한글 전사에 'ㅕ', 'ㅖ'가 쓰인 이유를 일본어의 일부 환경에서 [je]가 나타나기 때문으로 보기도 하고, 당시 한국어에 전설중모음 [e]가 없었기 때문에 반모음 [j]를 갖는 'ㅕ', 'ㅖ'를 사용하여 [e]에 가깝게 한 것이라고 보기도 하였다. 심지어 일부 학자는 고대일본어에 존재했던 모음의 구개성 대립이 규슈 방언에는 남아 있고 중앙어에서는 일부 환경을 제외하고 사라졌는데, 일본어-한글 전사 자료가 이러한 차이를 반영한다고도 주장하였다. 즉 가톨릭 선교사 자료 이전에 간행된 『이로파(伊路波)』는 중앙어를 반영하여 /e/를 'ㅕ', 'ㅖ'로 전사한 것이고, 그 이후에 간행된 『첩해신어(捷解新語)』의 한글 전사는 규슈 방언을 반영했다고 본 것이다. 그러나 『伊路波』와 『捷解新語』가 서로 다른 일본어 방언을 반영한다는 근거는 찾을 수 없으며, 외국어 학습서를 편찬하면서 특정 방언의 음운을 의도적으로 반영한다는 것은 생각하기 어렵다. 15-18세기 일본어의 /e/는 초성이 없을 때와 초성이 /s, z/일 때에만 [je], [ʃe], [ʒe]로 실현되었다고 보는 것이 온당하다. 따라서 이 책에서는 일본어의 /e/를 전사하기 위해 'ㅕ'와 'ㅖ'가 함께 쓰인 것은 한국어 쪽에 원인이 있다고 보았다.

일본어 전사 자료를 검토해 보면, /e/를 전사하기 위해서는 기본적으로 'ㅖ'가 쓰였으나, 초성이 /ㄴ/이거나 폐음절일 경우 'ㅕ'가 쓰이는 강한 경향을 보인다. 이것은 일본어 학습서류 자료를 관통하는 특징인데, 당시 /ㅕ/가 특정한 환경에서 [je]에 가깝게 실현되었음을 의미한다. 17세기 『捷解新語』에서 /e/ 전사에 함께 쓰이던 'ㅕ'와 'ㅖ'는 개수과정에서 'ㅕ'의 빈도가 줄어들면서 중간본에서는 'ㅖ'로 통일되었다. 이것은 'ㅕ'가 [je]에서 [jə]로 후설화하면서 /e/ 전사에 적합하지 않게 되었기 때문이다. 18세기 말 『왜어유해(倭語類解)』에서는 'ㅖ' 이외에 /ㄷ, ㄴ/ 뒤에서 'ㅔ'를 사용하였다. 이것은 이 시기에 [+설정성] 자음 뒤에서 선구적으로 /ㅔ/의 전설단모음화가 일어났음을 보여주는 것이다. 18세기 통신사 기록에서 /te, ne/를 '뎨', '녜'로 전사한 것은 이와 평행한 현상이다. 19세기를 거치면서 완전히 전설중모음으로 자리잡은 /ㅔ/는 19세기 말부터 간행되는 일본어 학습서에서 일본어의 /e/를 적기 위해 빈번히 사용되었다. 일본어-한글 전사 자료에서 흥미로운 점은 [+설정성] 자음이 /ㅕ/에서는 후설화를 저지하는 역할을 한 반면 /ㅔ/에서는 전설화를 가속시키는 역할을 하였다는 것이다. 이처럼 [+설정성] 자음이 전설모음의 형성에 관여하는 양상은 한국어-가나 전사 자료에서도 관찰된다.

제4장에서는 한국어-가나 전사 자료에서 한국어 모음 전사의 변화를 검토하였다. /ㅓ/와 /ㅖ/는 핵모음의 전사가 각각 o~a와 e로 분명히 나뉜다. /ㅖ/는 하향반모음이 탈락하는 '[jej] > [je]' 변화를 보이는데, 처격조사 '-예'와 [+설정성] 자음을 초성으로 갖는 단어나 한자에서 두드러지게 나타난다. /ㅕ/는 어두·한자어에서 e, 어미와 몇몇 단어의 비어두에서 ya로 전사되는 경향을 보인다. /ㅕ/는 음절구조상 폐음절일 때, 종성이 [+설정성]인 치경음일수록 e로 전사되는 경향을 강하게 보인다. 이것은 [+설정성] 자음과 관련되거나 폐음절에서 일본어의 /e/가 'ㅕ'로 전사되는 양상과 완전히 평행한 것이다. 견문록류

자료에서는 19세기 전반기로 갈수록 /ㅕ/의 후설화가 진전되는 모습을 보이다가 역전되기에 이르는데, 이는 /ㅕ/가 경험한 '[je] 〉 [jə]'의 후설화를 의미한다.

/ᆡ/는 /ㅐ/로 합류하거나 /j/가 탈락하여 '/ · / 〉 /ㅏ/' 변화를 거치거나 비어두의 /ㄷ, ㅌ/ 뒤에서 [e(j)]로 전설단모음화하는 세 방향의 변화를 겪는다. /ㅐ/로 합류하는 사례가 가장 많지만 비어두의 /ᄃᆡ/, /ᄐᆡ/ 음절에서는 전설단모음화가 일찍부터 일어났음이 분명하여 [+설정성] 자음과 전설단모음화의 상관관계를 확인할 수 있다.

/ㅔ/는 하향이중모음의 지위를 유지하고 있지만 e(i)로 전사되는 예들도 적지 않게 보인다. 이 예들 또한 비어두의 문법형태소인 조사 '-에', '-에셔', '-게'에서 가장 먼저 나타나며, 선행 자음이 /ㄴ/일 때 더 두드러진다. 이것 또한 [+설정성] 자음과 전설단모음화의 관계를 보여주는 것이다. 한편 남부 방언을 반영하는 견문록류 자료에서는 연결어미 '-게'나 어두의 /ㅔ/도 e로 전사된 예가 보여 남부 방언에서 /ㅔ/의 전설단모음화가 빨랐음을 암시한다.

/ㅐ/의 전설단모음화 과정을 보여주는 예는 견문록류 자료에서만 관찰되는데, ae, ei 등 변화 과정의 중간 단계를 나타낸다. 일부 단어의 /ㅐ/는 e로 전사되어 있어 남부 방언에서 비어두 /ㅐ/의 전설단모음화가 상당히 진전되었음을 보여준다.

/ㅚ/와 /ㅟ/는 전사 자료만으로는 전설단모음화 여부를 파악할 수 없다. 다만 /ㅚ/의 전사 가운데 oe나 e(i)로 전사된 예들이 보이며, 일찍부터 두드러지게 나타나는 것은 동사 '되-'나 명사 '되(升)', '반되(螢)' 등 [+설정성] 자음을 지닌 고빈도 단어이다. 견문록류 자료에서는 다른 자음 뒤에서도 oe, e(i)로 전사된 예들이 나타나 /ㅚ/의 전설화가

진전되었을 가능성을 보여준다.

제5장에서는 이제까지 검토한 내용을 바탕으로 전설화의 과정과 동인을 좀 더 자세히 설명하고자 하였다. 이제까지 한글 문헌 자료를 바탕으로 한 연구에서는 변화 과정의 중간 단계를 추정만 할 뿐 실증적으로 검증하기는 어려웠는데, 전사 자료의 검토를 통하여 이러한 문제를 어느 정도 극복하고자 한 것이다. 먼저 15세기 이전 한국어의 /ㅓ/가 전설적인 [e]였다는 주장을 검토하여 『니추레키(二中曆)』 등의 전사 자료를 고려하면 /ㅓ/가 본래 [ə]였을 가능성도 열려 있다고 보았다. /ㅕ/가 환경에 따라 [je], [jə]의 변이음으로 나타나고, /ㅖ/가 [jej]로 실현되기 시작한 시기 또한 오래되었을 가능성이 높다.

/ㅕ/는 현대한국어로 오면서 후설화하였는데, 그 과정에서 /ㅔ/의 전설단모음화와 끊임없이 상호작용하였을 것으로 보인다. /ㅕ/가 [+설정성] 자음이나 폐음절과 관련되는 경우 [je]로 실현되는 양상은 16세기 초 류큐어 자료에서도 관찰되는데, 이러한 /ㅕ/의 전설성은 항상 [jej]로 실현되던 /ㅖ/와의 혼동을 유발하기도 하였으며 이러한 'ㅕ~ㅖ' 변이는 가나 전사 자료에서도 주로 [+설정성] 자음이 관련되는 환경에서 나타난다. 'ㅕ~ㅖ' 변이에 대해서는 한글 문헌 자료를 대상으로 한 최근의 연구에서도 전사 자료 연구에서 얻은 지견을 받아들여 /ㅕ/와 /ㅖ/의 핵모음의 전설성에 기인한 음성적 변이로 파악하는 견해가 힘을 얻고 있다. 물론 여기에는 초성 자음의 [+설정성]도 함께 적용하였다고 보아야 할 것이다. /ㅕ/가 후설화되면서 일본어 /e/ 전사에서는 'ㅖ'가 쓰이지만 18세기 후반에는 [+설정성] 자음인 /ㄷ, ㄴ/ 뒤에서 'ㅔ'가 쓰이게 된다. 이처럼 /ㅕ/의 후설화는 다른 모음들의 전설화와 상호작용하는 관계에 있었다.

/ㅔ/의 전설화가 본격화되기 이전에는 /ㆎ/ 가운데 일부가 전설화를 일찍 경험하였다. 17세기의 외국인 인명 가운데 /ε/의 표기에 쓰였으며, 한국어-가나 전사 자료에서도 /ㄷ, ㅌ/와 같은 [+설정성] 자음을 중심으로 비어두 환경에서 /ㆎ/의 전설단모음화가 확산되었다. 18세기 후반의 자료에서는 /ㄷ, ㅌ/ 외의 다른 환경으로도 확산되는 모습을 보이는데, 18세기 중반까지는 /ㆎ/의 변이음 [e(j)]가 전설중모음과 연결되기 쉬웠으리라고 생각된다. 18세기 중반을 넘어서면 /ㅔ/가 점차 그 자리를 차지하게 된다. /ㆎ/는 '-ㄴ듸' 등 일부 극고빈도의 [e]가 과도하게 대표되면서 다른 환경에서의 /ㆎ/가 [e]로 확산되는 것이 제약되었을 것이다. 19세기 이후 외국어의 /e/를 전사하기 위해 'ㅔ'와 'ㆎ'가 함께 쓰이는 모습이 보이는데, 이는 새로운 전설단모음이 자리를 잡았음을 보여준다. 'ㅔ'와 'ㆎ'는 똑같이 [e]를 나타낼 수 있기 때문이다. 이 책에서 검토한 자료로는 그 이후의 변화를 파악하기는 어려우나, /ㅔ/는 19세기 말에는 거의 단모음화가 완료된 반면, /ㅐ/의 단모음화 완료 시기는 그보다 좀 더 늦은 20세기 초가 되어서인 듯하다. /ㅚ/, /ㅟ/는 20세기 초가 되어서도 전설단모음화를 완전히 이루지 못하였다.

이 책에서 파악한 모음 전설화의 동인은 크게 두 가지이다. 하나는 체계적인 동인이다. 15세기에는 환경에 따라 또는 항상 핵모음이 전설적으로 실현되는 /ㅕ/와 /ㅖ/로 음성적인 전설모음 [e]를 나타내었을 것이다. 그러나 18세기 후반에 /ㅕ/의 후설화가 진전되는 것과 맞물려 /ㅔ/의 전설단모음화도 빠른 속도로 진전되면서 /ㅔ/가 [e]로 실현되는 환경 또한 비어두에서 어두로, 문법형태소에서 어휘형태소로 확장되었다. 이러한 확장이 임계점을 넘어가면서 결과적으로 새로운 전설모음 음소 /e/가 확립되었고, 한국어의 모음 체계는 크게 변화하게 되었다. 다른 하나는 음성적인 동인으로 [+설정성]이다. 이때 '설정성'은 /ㅕ/나 /ㅖ/에 포함되어 있는 /j/의 성질이면서 동시에 /ㅕ/나 /ㅖ/에 선후행하는 [+설정성] 자음의 성질까지 아우르는 것이다. 범언어적으로도 [+설정성] 자음은 전설모음과 잘 어울리는 경향이 있으며, 우리가 살펴본 전사 자료에서도 [+설정성] 자음이 전설단모음화의 단초가 되는 경우를 대단히 많이 확인할 수 있었다.

마지막으로 만주퉁구스 제어의 전설모음 형성 과정을 참고하여 한국어 모음체계 변화에 대한 관견을 기술해 보았다. 만주퉁구스 제어에서는 18세기부터 현대까지 /ㅣ/ 역행동화에 의해 선행 음절이 하향이중모음이 되고 다시 전설단모음화하는 변화가 계속해서 일어났다. 만주퉁구스 제어의 공통점 중 하나는 단모음 체계에 기원적으로 /e/가 아닌 /ə/가 존재한다는 점인데, 15세기 이전의 한국어 모음체계에서도 /ㅓ/는 /e/가 아닌 /ə/였을 가능성이 있다. /ㅕ/가 환경에 따라 [je]나 [jə]로 실현되고 /ㅖ/가 [jej]로 실현되는 현상 또한 그 기원이 오래되었을 가능성이 있는데, 이처럼 장기간에 걸쳐 /ㅕ/의 핵모음이 전설적으로도 중설적으로도 실현되면서 /ㅕ/의 존재는 항상 중설적인 /ㅓ/와 항상 전설적인 /ㅖ/를 이어주는 징검다리 역할을 한 것으로 보인다. /ㅕ/는 유형 빈도가 높아 기능부담량이 큰데, 이러한 /ㅕ/의 존재가 18세기까지 이른바 '불안정한' 단모음 체계를 유지하게 하는 역할을 했다고 보았다. 이후 형태적으로는 비어두의 문법형태소에서, 지역적으로는 남부 방언에서 [+설정성] 자음 환경을 중심으로 /ㆎ/나 /ㅔ/가 전설화되는 사례가 늘어났고, 이러한 변화는 /ㅕ/의 후설화와 맞물려 전설모음 /ㅔ/가 확립되었다. /ㅐ/나 /ㅚ/, /ㅟ/의 변화는 그보다 늦으며, 그마저도 /ㅚ/나 /ㅟ/는 단모음의 지위를 굳게 유지한 적 없이 상향이중모음으로 변화하였다.

이 책의 연구 결과는 한글 문헌 자료를 바탕으로 한 기존의 연구에서 추정한 전설모음의 형성 시기가 대체로 옳다는 것을 확인하였다. 한편으로는 그러한 변화가 구체적으로 언제 어느 환경에서부터 일어났는지를 실증적으로 확인하는 성과를 거두었다. 또한 전설모음의 형성 과정에는 비어두의 문법형태소나 [+설정성] 자음, 폐음절 구조라는 형태적·음운적 조건이 관여함을 확인하면서 범언어적인 변화 경향에도 부합됨을 확인하였다. 이것은 일본어와 한국어를 비롯하여 다양한 언어의 전사 자료를 일반언어학적·언어유형론적 관점에서 검토하였기 때문에 얻을 수 있었던 이 책의 가장 큰 의의이다.

한편, 이제까지 전사 자료에 대한 연구는 일본을 중심으로 이루어져 왔다. 일본어–한글 전사 자료는 표기의 대상이 일본어라는 점에서, 한국어–가나 전사 자료는 사용된 문자가 가나이고 과거 일본어의 특성을 반영한다는 점에서 한국의 연구자들로서는 접근하기 어려운 것이 사실이었다. 다만 기존에 이루어진 연구들은 상당한 성과를 이루었음에도 불구하고, 두 종류의 자료를 함께 다루지 않는 경우가 대부분이어서 핵심을 놓치거나 무리한 주장을 펼치는 경우가 있었다. 그러한 문제점을 보완하였다는 점에서 일본어–한글 전사 자료와 한국어–가나 전사 자료를 함께 살펴본 이 책의 연구는 또다른 의의가 있다고 할 수 있다.

6.2. 남은 문제

이 책은 이제까지 일본어와 한국어 전사 자료를 검토하여 한국어에서 전설모음이 형성되는 과정을 확인하고, 거기에 작용한 동인을 설명하여 한국어 모음 체계의 변화를 기술하고자 하였다. 그 결과 한국어에서 전설모음이 어떠한 환경에서 음성적으로 실현되기 시작하여 확산되었는지에 대하여 나름의 답을 얻을 수 있었다. 그 답은 기존의 선행연구에서 한글 문헌 자료를 검토하여 내린 전설모음 형성 시기 및 과정과 대체로 부합하면서도 구체적인 변화 과정을 어느 정도 보여주는 것이었다. 그러나 이 책에서 다룬 연구 방법 및 연구 자료만으로는 해결할 수 없었던 문제도 있으며, 앞으로 보다 자세히 탐구해야 할 문제도 남아 있다.

먼저, 전설모음의 형성 과정을 추적하는 데 사용한 전사 자료의 양과 질의 문제이다. 이 책에서는 사용가능한 모든 전사 자료를 검토하고 연구 대상 모음을 전수조사하여 통계를 내었다. 그러나 이 책에서 사용한 전사 자료는 시기적으로나 양적으로 균형잡혀 있지 않다. 시기적으로는 19세기가 공백기에 가까우며, 특히 19세기 전반기의 자료는 그 양이 절대적으로 부족하다. 일본어 전사 자료의 경우에는 19세기 자료가 아예 존재하지 않고, 한국어 전사 자료는 19세기의 것이 어느 정도 있으나 정확한 편찬 시기를 알 수 없는 것이 적지 않다. 18세기 말부터 19세기 후반까지가 전설모음의 형성이 가장 적극적으로 이루어졌을 시기임을 고려하면 이러한 시기적인 편중의 문제는 아쉬운 부분이다. 또한 양적으로도 자료에 따른 편중이 있어 문제가 된다. 일본어 전사 자료의 경우 15·16세기의 것은 양이 매우 빈약하고, 한국어 전사 자료는 15-17세기의 것이 거의 없다. 17·18세기의 자료는 18세기 전반기의 『全一道人』과 『朝鮮語譯』을 제외하면 분량이 상대적으로 부족하거나 어휘집인 경우가 대부분이다. 이 책에서는 이러한 문제점을 해결하기 위해 연구 대상 모음을 전수조사하여 통계를 내는 방법을 취하였으나, 출현 빈도 자체가 너무 적어 큰 의미가 없는 자료도 적지 않았다. 2000년대 이후로도 간헐적으로 새로운 자료가 발굴되어 학계에 보고되어 왔으므로, 앞으로도 새로운 자료의 출현을 기다리는 동시에 탐색을 시도해야 할 것이다.

다음으로 연구 대상의 문제이다. 이 책에서는 연구 대상 모음을 전수조사하는 방법을 취하였으므로 이러한 방법론을 적극적으로 취하기 어려운 19세기 말 이후의 한국어 학습서류 자료는 연구 자료에서 제외하였다. 19세기 말 이후의 한국어 학습서류 자료는 한 권의 분량부터 전근대 시기에 비해 훨씬 많은 것이 적지 않고, 전사가 아닌 전자적인 성격을 강하게 띤 자료도 적지 않아 자료의 검토와 선별에 훨씬 많은 시간과 노력이 소요되기 때문이다. 그러나 19세기 초까지의 한국어 전사 자료를 대상으로 한 검토 결과를 그 이후의 모음 체계 변화와 이어서 설명하기 위해서는 19세기 말 이후의 한국어 전사 자료에 대한 검토도 앞으로 이루어져야 할 것이다. 물론 박기영(2005)와 같이 19세기 말-20세기 초의 한국어 전사 자료를 면밀하게 검토한 선행연구도 존재하나, 보다 정밀하게 환경을 나누어 연구 대상 모음을 통계적으로 조사할 필요가 있다. 전사적인 성격이 강한 자료를 선별하여 연구 대상 모음을 전수조사하는 이 책의 방법론을 적용하기 위해서는 준비 기간이 상당히 많이 필요할 것으로 예상된다. 따라서 앞으로는 19세기 말 이후의 자료들에 대해서도 서지적인 소개를 하는 수준을 넘어 각각의 자료에서 음운사 연구에 기여할 수 있는 부분을 깊이 있게 검토하는 작업이 필요하다.

마지막으로 전근대 시기의 한국어-가나 전사 자료를 검토하는 과정에서, 선행연구에서 활자화한 가나 전사문과 일부 한국어 복원문이 존재하는 경우 큰 도움을 얻었다. 음운사 연구뿐만 아니라 한국어사 연구 전반에 가나 전사 자료를 활용하기 위해서는 가나 전사문에 대한 믿을 만한 한국어 복원문을 작성하는 작업이 필수적이다. 가나 전사문과 함께 한글로 표기된 한국어 문장이나 한글 방훈(傍訓)이 존재하는 자료라고 하더라도, 병기된 한글 표기가 반드시 가나 전사문이 표상하는 한국어 문장과 일치한다는 보장이 없으므로 면밀하게 검토하여 오류가 적은 한국어 복원문을 구축할 필요가 있다. 필자는 『朝鮮語譯』 권1, 『物名』, 『交隣須知』[애스턴-C16]와 같이 한국어 복원문이 존재하지 않는 자료의 경우 일일이 가나 전사문 및 일본어 대역문을 참고하여 한국어 복원문을 작성하는 작업을 진행하였다. 그러나 이 책에서 수행한 작업은 빙산의 일각에 불과하다. 전근대 시기의 가나 전사 자료에 대해서는 어느 정도 작업이 이루어졌으나 19세기 말 이후의 자료에 대해서는 가나 전사 자료를 병기된 한국어 문장과 비교하는 작업조차 전혀 이루어지지 않았기 때문이다. 앞으로는 한국어 복원문을 구축하고 공유하는 작업에도 많은 연구자들이 협력하여 힘을 쏟아야 할 것이다.

〈부록〉

転写資料を活用した韓国語音韻史の研究

– 近世日韓の語学書を中心に –

1. はじめに

近代的な韓国語史の研究が始まって以来、転写資料は少なからず関心を集めてきた。その中でもっとも注目されたのは、主に訓民正音が創制される以前の『朝鮮館訳語』や『鶏林類事』のように、漢字を用いて韓国語を転写した資料であった。韓国における訓民正音の創制以前の借字表記[1]では韓国語に関わる言語的情報、とりわけ音韻に関わる情報ははっきりと捉えがたいため、このような関心の偏りはある意味では当然なものでもあった。

しかし、転写資料の量は訓民正音の創制以降のものが多く、転写の対象言語や転写に用いられた文字も、スペイン語のハングル表記や、韓国語のローマ字表記などさまざまな資料が残っている。それにもか

1) 韓国語を漢字の音や訓を借りて書き表す表記法。吏読·郷札·口訣などがある。

かわらず、今までの韓国語史研究において紹介のレベルを超えて複数の転写資料を本格的に音韻史研究に活用した例は、韓国語を仮名で転写した資料を用いて/･/の非音韻化を論じた宋(1986)、近世の転写資料を整理した佐野(1996、2001)、近代の韓国語学習書を活用した朴(2005)がある程度である。一方、趙(2001)、李(2008)など日本語をハングルで転写した資料のみを扱った研究は、主に日本語史の観点から、部分的に韓国語音韻史に関わる内容に言及したものが大半である。日本語のハングル転写資料と韓国語の仮名転写資料を同時に活用した研究は陳(2003a)と本書のみである。中世以降に編纂された転写資料に対する関心の低さには、ハングルは韓国語を表記するために作られただけに、どの文字よりも韓国語をよく反映しているはずだという暗黙の前提が潜んでいる。もちろん、音韻の面からはハングルより韓国語を忠実に書き表せる文字はおそらく存在しないだろう。しかし、音声は絶え間なく変わってゆき、特定の変化が臨界点に達すると、音韻体系にも変化が起こる可能性がある。また、文字の保守性により、ハングルによる表記には、韓国語の変化が遅れて反映される傾向がある。

このような資料的制約が存在する状況において、転写資料は韓国語の音声変化を捉えるための有効な手段になり得る。さまざまな転写資料のなか、本稿の主な研究対象となるのは、日本語をハングルで転写した日本語学習書資料と、韓国語を仮名で転写した韓国語学習書資料である。韓国語と日本語のあいだに存在する音韻体系の違いによって反映されない(反映できない)韓国語の音韻的区別や特徴もあるが、逆にそれによってうまく反映される韓国語の音声的特徴も存在する。したがって、これらの資料を注意深く利用すれば、韓国語音韻史の研究に寄与できるはずである。本稿ではそのような研究の方法論を紹介し、中世·近世の転写資料、とりわけ日本語·韓国語の学習書を用いた研究の一事例について解説したい。

2. 転写資料の定義と分類

これまでの韓国語史研究においては、転写資料は積極的に用いられておらず、転写資料の定義や分類についての詳しい考察も多くないのが現状である。しかし、韓国語史研究で転写資料を活用するためには、まずその定義や分類を体系的に行う必要がある。

中世から近代までの韓国語の転写資料のなかでもっとも多いのは、日本人が韓国語を仮名で表記した資料である。早い時期から転写資料を研究してきた日本の学界では、日本語史研究に用いられる資料を国内資料と外国資料に分け、外国資料は編纂の主体を基準として「キリシタン資料」「中国資料」「西洋資料」などと名付けてきた。そのなかで韓国人が日本語をハングルで表記した資料は「朝鮮資料」と命名された。また、次第に日本人が韓国語を仮名で表記した資料も注目されるようになり、それらの資料もまた「朝鮮資料」と呼ぶようになった。これは、二種類の「朝鮮資料」すべてが日本語の歴史的研究の資料と見なされたためである(濱田1970：37)。

陳(2003a：3)では、このような広義の「朝鮮資料」を二種に分け、韓国人の日本語学習書は「朝鮮資料」、日本人の韓国語学習書は「日本資料」とした。辻(1997：1-2)では、韓国語史の外国資料として「朝鮮語を書いた日本文献」を中心とした「日本資料」を挙げているが、そこには日本語学で使われているいわゆる「朝鮮資料」(日本語を書いた朝鮮文献、とりわけ司訳院関係のもの)も含まれると述べている。これによると、広義の日本資料には「狭義の日本資料と朝鮮資料」が含まれるので、広義の朝鮮資料に「狭義の朝鮮資料と日本資料」が含まれた陳(2003a)とはズレが生じてしまう。しかし、「朝鮮資料」という名前は日本語学・日本語中心の観点から名付けられた名称なので、普遍的な言語史の研究には適しているとは言い難い。さまざまな言語の表記に、ハングルや仮名以外にも多様な文字が用いられる転写資料を包括するためには、新しい分類を考える必要がある。

本書の2.2.1節では、言語史の研究に用いられる資料を「国内資料」と「外国資料」に分け、「転写資料」は外国資料のなかで「対訳資料」に属すると見なした。韓国語史の研究における国内資料は、韓国語に関わる情報が韓国人の手によって借字表記またはハングルで書き表された資料であり、外国資料は、韓国語の非母語話者が韓国語に関わる情報を書き表した資料である。外国資料のなかには、外国語で韓国語に関わる情報を記述したものもあるが、対応する韓国語を並列して示した対訳資料も存在する。このような分類をまとめると次のようになる。

(1) 言語史資料の分類

a. 国内資料：

A語話者がA語またはA語に関わる情報を表記した資料

b. 外国資料：

非A語話者がA語またはA語に関わる情報を表記した資料

b'. 対訳資料：

A語の表現(語・文)を、対応するB語の表現とともに示した資料

① A語の表現をA語・B語の文字でともに表記した資料

(例：『捷解新語』)

② A語の表現をB語の文字のみで表記した資料(例：『倭語類解』)

③ A語の表現をA語の文字のみで表記した資料

(例：『隣語大方』(朝鮮刊本))

転写資料とは、対訳資料(1b')のうち ① と ② に当たるもので、外国語の表現(の発音)をその外国の文字のみならず、自国の文字でも表記したということが前提となる。転写資料は、編纂主体・対象言語・表記文字という三つの基準によって、次のように分類することができる。

〈表 1〉 転写資料の分類例

編纂主体	対象言語	表記文字	資料名
韓国人	日本語	漢字	『海東諸国紀』
韓国人	日本語	仮名・ハングル	『捷解新語』・『伊路波』
韓国人	日本語	ハングル	『倭語類解』
日本人	韓国語	仮名	『全一道人』・『物名』
日本人	韓国語	仮名・ハングル	『朝鮮語訳』

これらの分類の呼称としては、編纂主体は表記文字からも推察できるので省略し、対象言語と表記文字のあいだにハイフン(-)をつけることでうまく呼び分けることができる。例えば『全一道人』は、「日

本語─ハングル転写資料」となる。外国資料は国内資料を補うため、言語史研究に大きく寄与する。そのなかでも対訳資料は、対照言語学的資料としての価値も有しているが、とりわけ転写資料は、対照音韻論の研究において重要な資料として用いることができる。本稿で取り上げるのは日本語─ハングル・韓国語─仮名の転写資料で、主に前近代の日韓両国でお互いの言語を学ぶために作られた語学書である。各資料の名前と編纂年代は以下のとおりである[2]。

(2) 日本語─ハングル転写資料(主に日本語学習書)

a. 『日本行録』(1420)

b. 『海東諸国紀』(1471)

c. 『伊路波』(1492)

d. 『捷解新語』(原刊本1676・改修本1748・重刊本1781)

e. 『倭語類解』(1780年代)

(3) 韓国語─仮名転写資料(韓国語学習書)

a. 『全一道人』(1729序)[略称：全]

b. 『朝鮮語訳』(1750写)[略称：訳]

c. 『韓語覚書』(18世紀前半?)[略称：韓][3]

d. 『物名』(18世紀後半?)[略称：物]

e. 『交隣須知』[アストン─C16](19世紀初?)[略称：交]

---

2) 各資料の詳細については、本書の2.3.1節と2.4.1節を参照されたい。

3) 岸田文隆教授(大阪大学)のご厚意により、対馬歴史民俗資料館本のカラー写真を確認することができた。深く感謝申し上げる次第である。

3. 韓国語–仮名転写資料の復元方法

日本語転写資料の場合、仮名が記されているか、漢字の見出し語があるため、それによって対応する日本語の音節が特定できる。したがって、ハングル転写に対応する日本語の音素の特定に大きな困難はないと言えよう。しかし、韓国語–仮名転写資料にはハングル表記は稀なので、対訳の日本語表現を手がかりとして、対応する韓国語の表現を復元するしかない。この復元が信頼できる方式で行われれば、韓国語–仮名転写資料を韓国語音韻史の研究において信頼できる資料として用いることができると思われる。

許(2014：34–49)では『全一道人』を対象として、仮名で転写した韓国語を復元するプロセスにおいて現れる問題点を指摘し、復元の原則と実際を示した。基本的に韓国語–仮名転写資料は、韓国語の表記ではなく発音を転写したものなので、原則的にはまず仮名表記のみを頼りとして対応する韓国語を復元する必要がある。韓国語–仮名転写資料のなかには、ハングル表記も含まれる資料が稀にはあるが、そのハングル表記は発音を表したというよりは、形態的表記である可能性が高いので注意すべきである[4)]。例えば、陳(2003a：172–173)では『全一

---

4) 『全一道人』の凡例には次のような言及がある。「此書日本かなにて朝鮮言葉をしるし。肯綮の所にはかたわらに諺文をしるせしは、諺文になつみ言葉にうときものは、その言葉しふりてかたく、言葉に専らにして諺文をしらさるものは、その言葉あやまりてくるし。しかるゆへ、かなにてかけるを見て言葉をしり、諺文にてかたわらにかきしを見て言葉の本をしらしめんとの事なり。」ここで「言葉」とは発音を、「言葉の本」とは形態を意味するものである。これからも分かるように、仮名転写資料のハングル表記を当時の韓国語の音素と同一視することには注意すべきである。

道人』で/헤/、/에/を「フイ」「ウイ」で転写した例として、処格形の「돌희 トルフイ [tolhuj]」〈全123〉と「유도의셔 ユトウイシヤ [jutoujʃa]」〈全76〉を挙げている。これは、仮名転写の右側に書いてあるハングル傍訓の「돌헤(石に)」と「유도에(兪島に)」を参考にした結果である。しかし、/ㅔ/の表記に「ウ段+イ」という仮名を用いているとは考えにくい。ハングル表記を排除すると、韓国語の復元は「돌희」「유도의셔」にするのが穏当である[5]。仮名で転写した韓国語を復元するときには、まずはハングルではなく、仮名転写や対訳からの情報に基づくことが望ましい。

一方、転写資料の誤読から韓国語の復元に問題が生じる場合もある。

(4) a. 消息 クツテキラン トチラ [kuʧekiran toʧira]
그쳐기란 뜨지라(気配という意味である) 〈韓042〉
b. 分付 ウツサラミ ハイン<u>ドリヤ</u> アム マリラト ニルノン ゴシラ 〈韓053〉
[utsarami haindorja amu marirato nirunon gosira]
웃사라미 하인ᄃᆞ려 아무 마리라도 니르ᄂᆞᆫ 거시라
(目上の人が下人にどのような言葉でも言うということである)

金(2018：251-252)では(4a)の韓国語復元を「不詳」としているが、「聲息긔척 […] 或消息」〈1748 同文類解 下：56〉を参考にすると、「긔

5) 例えば現代韓国語の属格助詞は、「의」と表記して[e]と発音するが、そのような表記と発音の不一致がこの時期の韓国語には存在したのである。

척(気配)」から/ㅣ/が脱落した語であることが分かる[6]。また、(4b)では「ハインドリヤ」を「하인듫이야(下人たちは)」と復元している。しかし、そのような復元は不自然であり、「リヤ」に一つの単位で読むべきであることを示す弧線が引いてあることを考えると、「듫이야」ではなく「ᄃᆞ려(に)」と復元すべきである。このようにすべての手がかりを活用して、文の分節を捉え、韓国語を復元してからこそ、仮名転写が表す韓国語を少しでも信頼できる資料として利用することができる。

仮名転写が示す韓国語を復元するとき、韓国語の音素と仮名表記が一対多に対応することもあり、逆に多対一に対応することもある。前者は、仮名転写に反映された韓国語の音声的特徴が、復元プロセスのなかで(同じ音素に復元されるので)消える結果となり、後者は、韓国語では区別できる音素的弁別が、仮名転写に存在する日本語の音韻体系の制約によって反映できない結果となる。

(5) 一対多対応の例

a. 갚을 길이　　カツフ*ル キリ [kap^{h}ul kiri]〈全24〉

b. 삼가ᄒᆞ더니　　サムガハトニ [samgahatoni]〈全30〉

c. 되니라　　トイニラ [tojnira]〈全19〉

d. 되니　　トヱニ [tweni]〈全62〉

(6) 多対一対応の例

a. 죽기예　　ツクキヱ [ʦukkije]〈全20〉

---

6) 済州島方言の「그적(気配)」という語が参考になる。

b. 즉시　　　　　　　ツクシ [ʦukʃi]〈全35〉

c. 물어 ᄆᆞᄅᆞ되　　　ムロ。カロトイ [muro karotoj]〈全83〉

d. 믄득~문득　　　　ムンドク [mundok]〈全24〉

(5b)は、鼻音の後ろの/ㄱ/を日本語の濁音として捉えた例であり、(5d)は、韓国語における/ㅚ/の前舌化([oj] 〉 [we])を捉えた例と思われる。(6)は、仮名転写において韓国語の/ㅜ/と/ㅡ/が区別できないことを示す例である。仮名表記を韓国語に復元するときには、このようなさまざまな問題点を考慮する必要がある。仮名転写と対訳日本語の表現だけでは決めることが困難な場合もあるが、そのときには当時のハングル文献でもっとも多く用いられた表記に従うしかない。18~19世紀の韓国語−仮名転写資料において、韓国語音素と仮名は基本的に次のように対応している[7]。

〈表 2〉韓国語音素と仮名の基本対応

<table>
<tr><th>中声
初声</th><th>ㅏ</th><th>ㅓ</th><th>ㅗ</th><th>ㅜ</th><th>ㅡ</th><th>ㅣ</th><th>ㆍ
(語頭)</th></tr>
<tr><td>ㄱ</td><td rowspan="2">カ [ka]</td><td colspan="2" rowspan="2">コ [ko]</td><td colspan="2" rowspan="2">ク [ku]</td><td rowspan="2">キ [ki]</td><td>カ [ka]</td></tr>
<tr><td>ㅋ</td><td>–</td></tr>
<tr><td>ㄷ、ㅌ</td><td>タ [ta]</td><td colspan="4">ト [to]</td><td>–</td><td>タ [ta]</td></tr>
<tr><td>ㅂ、ㅍ</td><td>ハ* [pa]</td><td colspan="2">ホ* [po]</td><td colspan="2">フ* [pu]</td><td>ヒ* [pi]</td><td>ハ* [pa]</td></tr>
<tr><td>ㅈ、ㅊ</td><td>サ* [ʦa]</td><td colspan="2">ソ* [ʦo]</td><td colspan="2">ツ [ʦu]</td><td>チ [ʧi]</td><td>ソ* [ʦo]</td></tr>
<tr><td>ㅅ</td><td>サ [sa]</td><td colspan="2">ソ [so]</td><td colspan="2">ス [su]</td><td>シ [ʃi]</td><td>ソ [so]</td></tr>
</table>

7) ハ行とサ行に見える「*」は、対馬の韓国語学習書に見える「三点」を表す記号で、ハ*行は[p]、サ*行は[ʦ]、テ*は[tʃe]を表す。安田(1964：23–41)、関(1996)、奈良林(2010)を参照。

ㅎ	ハ [ha]	ホ [ho]	フ [hu]	ヒ [hi]	ハ [ha]
ㄴ	ナ [na]	ノ [no]	ヌ [nu]	ニ [ni]	ノ [no]
ㅁ	マ [ma]	モ [mo]	ム [mu]	ミ [mi]	モ [mo]
ㄹ	ラ [ra]	ロ [ro]	ル [ru]	リ [ri]	–

終声	ㄱ	ㄷ	ㅂ	ㄴ	ㅁ	ㅇ	ㄹ
仮名	ク [-k]	ツ [-t]	ブ [-p]	ン [-n]	ム [-m]	グ [-ŋ]	ル [-l]

4. 転写資料を活用した韓国語音韻史研究の一事例

日本語-ハングル転写資料と韓国語-仮名転写資料を有効に活用できる韓国語音韻史の問題の一つは、前舌母音の形成過程である。日本語の単母音は5つなので、韓国語の単母音に比べると確かに数は少ないが、その5つの母音は、9世紀から現在まで大きな変化なく維持されているので、韓国語母音の音声的変化を捉えるバロメーターとして活用することができる。

とりわけ日本語の前舌中母音/e/の存在は、韓国語の二重母音が前舌短母音化する過程においては、音声的に前舌で実現されたかどうかを確認するために役立つ。例えば、ハングルで「ᄃᆡ」と表記される音節は、18世紀までにはすでに/대/または/듸/に合流したと考えるのが一般的である[8]。しかし、依存名詞「ᄃᆡ(ところ)」や、それに由来する連結語尾「-ㄴᄃᆡ(ので)」は、現代語では「(-ㄴ)데」で表記・発音される。こ

8) /ㆍ/は、16世紀には第2音節以降において主に/ㅡ/に変化しはじめ、17世紀後半から18世紀後半には、第1音節においても主に/ㅏ/に変化したと考えられる(李1972/1977：117–123)。

れは、/ᆡ/がすべての環境において/ㅐ/または/ㅢ/に合流したのではなく、一部は[e]に変化した例もあったことを示す。韓国語-仮名転写資料において、/ᄃᆡ/の母音はほとんど「ai」と転写されるが、非語頭、とりわけ/ㄷ/の後ろでは「e」と転写される例が多い。これは、そのような環境にある/ᄃᆡ/の母音は早くから音声的に[e]として実現していたことを見せてくれる(陳2003a：44-46；本書の185-187、193~194、236-239頁)。このような音声的実現を、ハングル資料から確認することは不可能である。15世紀の「ᄃᆡ」が18世紀に「데」で表記されたとしても、その音声が[əj]であるか[e]であるかを、ハングル表記のみで確認することはできないからである。

本節では、日本語·韓国語の転写資料を活用した韓国語音韻史の研究である本書より、その一部をまとめて紹介したい。それは、/ㅕ/の後舌化と、それと密接に関連して起こった/ㅖ/の前舌短母音化である。核母音/ㅓ/を持つ重母音には/ㅖ/もあるが、/ㅖ/はほとんどの韓国語-仮名転写資料において、「iei/yei」か「ie/ye」で転写される(陳2003a：186)[9]。したがって、/ㅖ/は主に[je(j)]と発音されていたことが分かる。このように/ㅖ/の核母音が前舌的なのは、[j]が前に一つある/ㅕ/と、前後に二つある/ㅖ/の違いを見せるものでもある(本書の4.2.2節)。

9) 唯一『雞林文訳』(1798)には/ㅖ/の転写が「yoi」となっているが(陳2003b：128)、この資料の成立にはまだ検討の余地がある。

4.1. 日本語-ハングル転写資料

15世紀の日本語-ハングル転写資料では、日本語の母音/e/を転写するため基本的に「계」「셰」「졔」など「ㅖ」が使われているが、「녀」「뎌」「셔」「셩」「젼」など、初声(onset)が歯茎音か閉音節の場合には、「ㅕ」が使われる傾向が強い。例えば、『伊路波』で「ㅕ」で転写された/e/の例は、初声や終声(coda)に/ㄴ/を含んでいる。

〈表 3〉『日本行録』·『海東諸国紀』の/e/転写

音節	漢字	転写	地名
ケ [ke]	桂	鷄知 [keti]	桂地(계디)
	計	竹の [takeno]	多計老(다계로[10])
	計	布氣 [ɸuke]	侯計(후계)
セ [ʃe]	西	竈戶關 [kama^{n}doʃeki]	黑石西關(가만도셔관)
	盛	瀨川 [ʃe^{ŋ}gawa]	盛加臥(셩가와)
	世伊	瀨 [ʃe(i)]	世伊(셰이)
	世	黑瀨 [kuroʃe]	仇老世(구로셰)
	世	海鼠瀨 [konoʃe]	古老世(고로셰)
	世	瀨戶 [ʃeto]	世渡(셰도)
ゼ [ʒe]	全	備前 [biʒeɴ]	肥全(비젼)
	門諸	鴨居瀨 [kamo(i)^{n}ʒe]	可門諸(가문졔)
テ [te]	底	立石 [tateiʃi]	多底伊時(다뎌이시)
ネ [ne]	女	三根/峰 [mine]	美女(미녀)
	女	久根 [kune]	仇女(구녀)

10) 詳しい説明は割愛するが、朝鮮前期の日本語-漢字転写では、日本語の「no」を「노」音の漢字ではなく「로」音の漢字で転写した例が非常に多い。

(7)『伊路波』の/e/転写

ㅔ：へ [Φe] 폐、れ [re] 례、け [ke] 계、江 [je] 예、て [te] 데
め [me] 메、ゑ [je] 예

ㅕ：せす [ʃe^{n}zu] 션수、千 [ʃeɴ] 션、目出 [me^{n}de] 면뎌、兼而
[kanete] 가녀데

このような転写の傾向については、当時の日本語の/e/が一部の環境において持っていた口蓋性に結びつけて解釈しようとする見解もある(ラング1971)。しかし、これは当時の韓国語には音韻的に/e/に当たる母音が存在しなかったことと、音声的には/ㅕ/や/ㅖ/の核母音が[e]に近く実現される傾向があったということが、ともに働いた結果であると思われる(本書の3.2節)。

17~18世紀の資料である『捷解新語』からは、15世紀の資料に似ていながらも少し異なる傾向が現れる。

(8)『捷解新語』原刊本の/e/転写

a. /e/(計2,932)のうち「ㅕ」505(17.2%)、「ㅖ」2,427(82.8%)

b. 「ㅕ」(計505)のうち 411(81.4%)：/n_/ 164/174、/_N/ 233/271、/_Q/ 14/16

(9)『捷解新語』改修本の/e/転写

a. /e/(計3,541)のうち「ㅕ」193(5.5%)、「ㅖ」3,348(94.5%)

b. 「ㅕ」(計193)のうち 165(85.5%)：/n_/ 50/149、/_N/ 103/243、/_Q/ 12/25

(10)

a. ゑんさ [jenza]　　연ᅀᅡ〈原刊本 2:11a〉

b. せつしや [ʃeʃʃa]　　셜샤〈原刊本 10:1a〉

c. 御かけお [oka^{ŋ}geo]　　오강계오〈原刊本 1:11a〉

d. ねん [neɴ]　　년〈改修本 4:5a〉

e. けつく [kekku]　　결구〈改修本 9:11b-12a〉

f. これからわ [korekarawa]　　고려까라와〈改修本 2:19b〉

日本語の/e/は、初声が/n/か、閉音節の構造を持つ場合、「ㅖ」ではなく「ㅕ」で転写される傾向を見せている(金1963；Cho 1970：34-48)。『捷解新語』原刊本の転写を検討し、早くからこのような傾向を捉えていた金(1963：79)は、「そのような音声環境下の「어」はほぼ[e]に近い音で実現するという点から取られた態度である [⋯] (日本語のエ[^{i}e]を示すに[j^{ə}e̞]、[je]を使ったことになる)」と鋭く指摘している。すなわち、当時の韓国語話者は歯茎音が関わる環境における日本語の/e/を聴いたときには、/ㅖ/ではなく/ㅕ/として認識しやすかったということを見せるものであり、当時の/ㅕ/は/n/の後ろや閉音節では[je]、ほかの環境では[jə]として実現される、ほぼ相補的分布にあったと推察できる。そしてこのような傾向には、歯茎音の持つ[+coronal]の素性が関わると考えられる。

1781年に刊行された『捷解新語』重刊本(改修は1761年に行われた)では、/e/の転写が「ㅖ」に統一されている。この変化は、ハングル転写において表記の統一性を持たせるためだと思われるが、改修の方向が「ㅖ ＞ ㅕ」ではなく「ㅕ ＞ ㅖ」であるという点に注目すべきである。これは/ㅕ/に音声的変化があったことを暗示する。現代語の/ㅕ/は環境によって[jʌ]~[jə]と発音されるが、当時の/ㅕ/は「[je]~[jə]〉[jʌ]~[jə]」という後舌化の過程にあったため、/e/の転写には/ㅕ/よりは常に[e]を持つ/ㅖ/が適切になった可能性が高い(本書の3.3.2.1節)。

1780年代に刊行された語彙集『倭語類解』では、日本語の/e/の転写に原則として「ㅖ」を用いているが、/t、n/の後ろの/e/の転写には「ㅔ」を用いている。これについては、/ㄷ/や/ㄴ/の口蓋化による子音の変化(/뎨/〉/졔/、/녜/〉/예/)を避けるため、という説明もあるが(土井ほか1959：6–7)、[+coronal]の子音である/ㄷ、ㄴ/の後ろという環境から、先駆的に/ㅔ/の前舌短母音化が起こったことを示す根拠として解釈するのが穏当であろう(陳2003a：43；李2008：47–54；本書の3.3.2.3節)。

それから、19世紀末~20世紀初に刊行された日本語学習書では、日本語の/e/はほとんど「ㅔ」または「ㅖ」で転写される(金2015；黄2019)。「ㅔ」と「ㅖ」の共存は、以前からの慣習的表記というよりは、編纂者の認識のなかでは/ㅔ/と/ㅖ/の音価が近くなっていたことを意味する。19世紀末~20世紀初のハングル文献でも/ㅔ/と/ㅖ/が混同される例は珍しくなく(白1992：192–193)、現代においても/ㅖ/は、「예」の以外にはほとんど/ㅔ/と発音されている[11]。

---

11) 例えば、韓国国立国語院の「標準発音法」第5項には、「「예、례」以外の「ㅖ」は、[ㅔ]とも発音する」と規定されている。

4.2. 韓国語-仮名転写資料

本節で用いる検討方法は、韓国語の/ㅕ/や/ㅖ/の転写にどのような仮名が使われていたかを調べるというものである。例えば、/ㅖ/を転写する仮名として後舌的な「oi」と前舌的な「ei」「e」とが使われれば、「oi」は韓国語の[əj]を転写したものとして、「ei」「e」は韓国語の[ej]~[e]を転写したものとして捉えることができる。

4.2.1. /ㅕ/の仮名転写

/ㅕ/の転写を調べると以下のとおりである。

〈表 4〉韓国語学習書の/ㅕ/転写[12)]

資料名	仮名	位置		合計
		語頭	非語頭	
全一道人	e	225	195	420 (50.8%)
	yo	28	62	90 (10.9%)
	ya	0	316	316 (38.3%)
	合計	253 (30.6%)	573 (69.4%)	826
朝鮮語訳	e	74	72	146 (30.6%)
	yo	6	44	50 (10.5%)
	eyo	0	64	64 (13.4%)
	ya	0	217	217 (45.5%)
	合計	80 (16.8%)	397 (83.2%)	477
韓語覚書	e	25	31	56 (77.8%)
	yo	0	4	4 (5.5%)
	ya	0	12	12 (16.7%)
	合計	25 (34.7%)	47 (65.3%)	72

物名	e(eː)	37(8)	32(1)	69 (87.3%)
	yo(yoː)	3(1)	3	6 (7.6%)
	ya	0	4	4 (5.1%)
	合計	40 (50.6%)	39 (49.4%)	79
交隣須知 [アストン-C16]	e(eː)	22(5)	40(4)	62 (70.4%)
	yo(yoː)	1	7(4)	8 (9.1%)
	ya	0	18	18 (20.5%)
	合計	23 (26.1%)	65 (73.9%)	88

(11)

a. 겨ᄋᆞᆯ의(冬に)　ケヲルイ [keoruj]〈全18〉

b. 여희고(別れて)　ヨフイコ [johujko]〈全29〉

c. 녀겨(思って)　ネキヤ [nekja]〈全45〉

d. 명ᄒᆞ여(命じて)　メグハヤ [meŋhaja]〈全46〉

e. 벼슬은(官職は)　ヘ*スルン [pesurun]〈訳19〉

f. 망녕(妄霊)　マグネグ [maŋneŋ]〈韓016〉

g. 혀(舌)　ヘエ [heː]〈物22a〉

h. ᄒᆞ엿ᄉᆞᆸᄂᆡ(しました)　ハヤツソプノイ [hajatsopnoj]〈交328〉

/ㅕ/は、語頭では「e」で、非語頭では「ya」で転写される強い傾向を見せる。現代では、韓国語の/ㅕ/を仮名で書き表すときにはほとんど「yo」が使われるが[13]、韓国語-仮名転写資料では全体の約10%に過ぎない。/ㅕ/が仮名の「ya」で転写される環境は、主に連結語尾「-여」と先

12) 仮名のローマ字表記において、「e」は「エ」「ヱ」「エ段」、「yo」は「ヨ」「イ段＋ヨ」、「ya」は「ヤ」「イ段＋ヤ」を表す。

13) 例えば、ソウルの「明洞」は仮名で「ミョンドン」と書き表される。

語末語尾「-엿-」であるが、これはとりわけそれらの環境において/ㅕ/が比較的に低舌で発音される傾向があったことを意味するものである(本書の4.2.3.1節)。このように語頭と非語頭における/ㅕ/の音声的実現に違いがあったことは、『全一道人』の校正を検討するとより詳しく分かる。当該資料の/ㅕ/には、語頭·語中では「yo → e」、語末では「yo → ya」という方向の校正しか現れない(許2015：192–196)。

一方、固有語と漢字語という形態的情報を考慮して転写を分析すると、より興味深い結果が見いだされる。

〈表 5〉/ㅕ/の語種・位置別転写

資料名	位置／語種	語頭			非語頭			
		e	yo	合計	e	yo	ya	合計
全一道人	固有語	88 (80.7%)	21 (19.3%)	109	66 (15.2%)	53 (12.2%)	316 (72.6%)	435
	漢字語	137 (95.1%)	7 (4.9%)	144	128 (92.8%)	10 (7.2%)	0 (0%)	138
朝鮮語訳	固有語	57 (89.1%)	7 (10.9%)	64	59 (15.4%)	106 (27.8%)	217 (56.8%)	382
	漢字語	17 (100%)	0 (0%)	17	13 (86.7%)	2 (13.3%)	0 (0%)	15
韓語覚書	固有語	23 (100%)	0 (0%)	23	3 (15%)	1 (6.7%)	11 (73.3%)	15
	漢字語	2 (100%)	0 (0%)	2	28 (87.5%)	3 (9.4%)	1 (3.1%)	32
物名	固有語	20 (83.3%)	4 (16.7%)	24	6 (46.2%)	3 (23.1%)	4 (30.7%)	13
	漢字語	25 (100%)	0 (0%)	25	27 (100%)	0 (0%)	0 (0%)	27
交隣須知[アストン–C16]	固有語	7 (100%)	0 (0%)	7	14 (38.9%)	7 (19.4%)	15 (41.7%)	36
	漢字語	20 (95.2%)	1 (4.8%)	21	24 (100%)	0 (0%)	0 (0%)	24

語頭では、語種を問わずに80%以上の/ㅕ/が「e」で転写される。非語頭では固有語の/ㅕ/は「e」で転写される例が約15%までに下がり、残

りは「yo」や「ya」で転写されるが[14]、漢字語の/ㅕ/は、非語頭でも85%以上が依然として「e」で転写される。/ㅕ/の転写に環境による違いが存在することは、/ㅕ/の後舌化が音韻変化の早い非語頭・固有語(文法要素)から起こったことを示す。

/ㅕ/を持つ漢字語のみを対象として転写を検討してみると、また興味深い傾向が観察できる。終声があると90%以上が「e」で転写されるが、終声がないと「yo」や「ya」の比率が上がる傾向を示す。終声が[+coronal]の子音である/ㄴ、ㄹ/の場合には、例外なく「e」で転写されていることには注意されたい。

〈表 6〉/ㅕ/を含む漢字の終声別転写

資料名	仮名	終声有無および調音位置				合計
		/ㄴ、ㄹ/	/ㅁ、ㅂ/	/ㅇ、ㄱ/	なし	
全一道人	e	93 (100%)	21 (91.3%)	123(95.3%)	27 (75%)	264
	yo	0 (0%)	2 (8.7%)	6 (4.7%)	9 (25%)	17
朝鮮語訳	e	17 (100%)	3 (100%)	9 (90%)	1 (50%)	30
	yo	0 (0%)	0 (0%)	1 (10%)	1 (50%)	2
韓語覚書	e	3 (100%)	2 (100%)	24 (92.3%)	0 (0%)	29
	yo/ya	0 (0%)	0 (0%)	1/1 (7.7%)	2 (100%)	4
物名	e	21 (100%)	3 (100%)	21 (100%)	6 (100%)	51
	yo	0 (0%)	0 (0%)	0 (0%)	0 (0%)	0
交隣須知 [アストン-C16]	e	22 (100%)	2 (100%)	17 (100%)	4 (100%)	45
	yo	0 (0%)	0 (0%)	0 (0%)	0 (0%)	0
合計	e	156 (100%)	31 (93.9%)	194(95.6%)	38 (76%)	419 (94.8%)
	yo/ya	0 (0%)	2 (6.1%)	1/8 (4.4%)	12 (24%)	23 (5.2%)

14) 「ya」で転写される例は、ほとんどが語尾などの文法要素である(本書の155-159、162頁)。

(12)

a. 변ᄒᆞ여(変じて)　　ヘ*ンハヤ [penhaja]〈全29〉

b. 념치(廉恥)　　ニヱムチ [njemtʃi]〈訳14〉

c. 공평(公平)　　コグヘ*グ [koŋpʰeŋ]〈韓037〉

d. 념녀ᄒᆞ여(念慮[心配]して)　　ネムニヨハヤ [nemnjohaja]〈全57〉

/ㅕ/の転写について参考になる資料として、『講話』[鍵屋歴史館本](1784)がある[15]。この資料では韓国語がハングルで書かれ、右側には日本語の対訳文が付いているが、注意すべき発音を仮名で書いた箇所が散見される。そのなかには/ㅕ/の発音に関わるものがもっとも多いが、具体的な例は以下のとおりである。

(13)

a. 語頭「e」: 졀영도、녑픠、셩열、젼례、쳔연、별양、여영ᄒᆞ올

b. 語頭「yo」: 여ᄎᆞ、엿흔、여쇠、엿틔

c. 非語頭「e」: 졀영도、한염、셩열、필연、쳔연、민력、졀녕、지어근년ᄒᆞ와ᄂᆞᆫ、뎜녈ᄒᆞ오와、분녕ᄒᆞ여、고념ᄒᆞ옵셔、여영ᄒᆞ올、홀연、−려−、−렷−、−련−、−연−

d. 非語頭「yo」: ᄉᆞᆫ허져、어려올、거시여ᄂᆞᆯ、ᄂᆞ려지고、거간션력ᄒᆞ시고、남겨、동심젼력ᄒᆞ셔

e. 非語頭「ya」: 혜아려、셜연ᄒᆞ려、ᄉᆡ여、뵈오려

---

15) 許秀美教授(龍谷大学)のご厚意により、鍵屋歴史館本の景印(モノクロ)を確認することができた。深く感謝申し上げる次第である。

ほかの韓国語学習書と同じく、/ㅕ/を語頭と漢字語では「e」で、非語頭と固有語(文法要素)では「yo」「ya」で転写する傾向が見える。ただ、語頭で/ㅕ/を「yo」と転写した例は初声を持たない環境に限る点、/ㅕ/を「e」で転写した例は少数を除くとすべて閉音節である点が注目される。これは、/ㅕ/の後舌化が始まる環境と前舌性が保たれる環境が、どのようなものであったかをよく示している。そして/ㅕ/に関わる発音の注記がもっとも多いのは、当時の日本人韓国語学習者には、/ㅕ/の発音が[je]か[jə]かを区別することが非常に重要な問題であったことを意味する。

以上で検討した内容は、日本語-ハングル転写資料において/n_/、/_N/、/_Q/環境の/e/が「ㅕ」で転写される傾向と合致する。すなわち/ㅕ/は、音韻変化に保守的な語頭・漢字語という環境においては[je]という前舌的な音価を維持し、非語頭・固有語(文法要素)という環境では「[je] ＞ [jə]」の後舌化を経験していたと推察できる[16)]。このような後舌化は、ほかの転写資料を考慮すると、音声的には初声がない・終声がない・初声や終声があっても歯茎音ではない、という場合に先駆的に起こった可能性が高い。

4.2.2. /ㅖ/の仮名転写

/ㅖ/の転写を調べると以下のとおりである。

16) 陳(2003a：184)でも、自立語は主に/e/、一部/yo/で転写され、語尾では/yo/、/ya/を使う傾向が明らかであり、これは/ㅕ/が環境によって前舌と中舌(または後舌)に発音し分けられていたことを意味すると解釈した。しかし、終声との関係には言及していない。

〈表 7〉韓国語学習書の/ㅔ/転写[17)]

資料名	仮名	位置		合計
		語頭	非語頭	
全一道人	oi、oy	42	84	126 (85.1%)
	ai	0	15	15 (10.1%)
	ei	0	2	2 (1.4%)
	e	0	5	5 (3.4%)
	合計	42 (28.4%)	106 (71.6%)	148
朝鮮語訳	oi	12	73	85 (66.4%)
	ai	1	33	34 (26.6%)
	ei	0	5	5 (3.9%)
	e	0	4	4 (3.1%)
	合計	13 (10.2%)	115 (89.8%)	128
韓語覚書	oi	1	1	2 (25%)
	ai	0	4	4 (50%)
	ei	0	1	1 (12.5%)
	e	0	1	1 (12.5%)
	合計	1 (12.5%)	7 (87.5%)	8
物名	oi、oy	3	4	7 (77.8%)
	ai	1	0	1 (11.1%)
	ei	0	1	1 (11.1%)
	合計	4 (44.4%)	5 (55.6%)	9
交隣須知 [アストン-C16]	oi	0	9	9 (69.2%)
	ai	0	4	4 (30.8%)
	合計	0 (0%)	13 (100%)	13

17) 仮名のローマ字表記において、「oi」は「オ段+イ」、「oy」は「オ段+ヤ行」、「ai」は「ア段+イ」、「ei」は「エ段+イ」を表す。

(14)

a. 네(汝) ドイ [^{d}noj] 〈全40〉

b. 데여(火傷して) トヨ [tojo] 〈全60〉

c. 가게(行くように) カカイ [kakaj] 〈訳16〉

d. 죠케(良く) チヨツカイ [tʃok^{h}aj] 〈交328〉

/ㅔ/は基本的に「oi」で転写されることが多いが、連結語尾「-게」の場合には「ai」で転写される傾向がある。ただし、処格助詞の「-에、-에셔」と与格助詞の「-게」において仮名の「e(i)」で転写された例が現れる(本書の4.2.4.1節)。

〈表 8〉 非語頭/ㅔ/の転写

転写の対象	転写に用いられた仮名 (/oi/ : /e(i)/)		
	全一道人	朝鮮語訳	韓語覚書
助詞「-에셔」	0:5	0:2	-
助詞「-에」	44:2	46:3	1:1
助詞「-게」	27:0	9:4	0:1

(15)

a. 싱모에셔(生母より) サグモエシヤ [saŋmoeʃa] 〈全66〉

b. 各官에셔(各官より) 各官ネシヤ [-neʃa] 〈訳38〉[18]

c. 길에(道に) キレイ [kirej] 〈全63〉

d. 朝鮮에(朝鮮に) 朝鮮ネ [-ne] 〈訳22〉

18) 『朝鮮語訳』では、漢字語に母音の助詞が続くとき、漢字語全体の発音を転写しない場合が多い。そして、続く助詞の初声として漢字語の末音(この例では/ㄴ/)を使っている。

d'. 彼此에(彼此に)　　彼此ヲイ [-oj]〈訳20〉
e. 우리게(我々に)　　ウリケイ [urikej]〈訳24〉
f. 사름게(人に)　　サロムケイ [saromkej]〈韓2a〉
f'. 내게(我に)　　ナイコイ [najkoj]〈全21〉

「-에셔」の「에」はいつも「e」で転写されるが、「-에셔」には[+coronal]の「ㅅ」が含まれている。一方、「-에」の転写においては(15d、d')のように「oi」と「e(i)」が共存するが、そのとき「e(i)」は、先行する体言の終声が/ㄴ/である場合が多い。これは、日本語-ハングル転写資料の分析と同じく、/ㅕ/の後舌化と密接に関連して/ㅖ/の前舌単母音化が起こり、その環境は[+coronal]の後ろであったことを意味するものである。すなわち、[+coronal]の素性は/ㅕ/においては後舌化を阻止する要因として、/ㅖ/においては前舌単母音化を促進する要因として働いたのである。

以上で分析したとおり、18世紀から19世紀初までの韓国語-仮名転写資料に見られる傾向は、日本語-ハングル転写資料の検討から得られる結果とよく合致している。これは、前近代時期に日本語の/e/を聴き取った韓国人が経験した聴覚的印象と、韓国語の/ㅕ、ㅖ/を聴き取った日本人が経験した聴覚的印象のあいだにある種の類似性が存在したことを意味する。

本稿では、主に日韓の語学書を対象とした研究結果を示したが、見聞録類資料からは通時的な変化を示す例を更に多く確認することができる(本書の4.2.3.2節、4.2.4.2節)。例えば、/ㅕ/または/ㅖ/の転写では、非語頭の文法要素のみでなく語頭の語彙要素においても/ㅕ/を「yo」、/ㅖ/を「e(i)」で転写する例が早くから見られ、その比率も増える傾向を見せる。

資料的制限があり通時的変化を鮮明に描くことは難しいが、転写資料は、韓国語における/ㅕ/の後舌化と/ㅖ/の前舌単母音化が、どのような環境から起こり始めたかを明らかにするための非常に貴重な材料である。とりわけ、凡言語的に子音の[+coronal]の素性と母音の[+front]の素性は、お互いに「共謀」(conspiracy)する例が多いということが指摘されている(Hume 1992; Flemming 2003)。韓国語における/ㅕ/の後舌化と/ㅖ/の前舌単母音化が出現する環境は、このような子音と母音の「共謀現象」の一つのよい例になり得る。

5. おわりに

本稿では、転写資料の定義と分類および韓国語-仮名転写資料における韓国語の復元方法について簡略に紹介し、日本語-ハングル転写資料や韓国語-仮名転写資料を検討した結果に基づき、韓国語の二重母音/ㅕ/と/ㅖ/の音価の変化を記述することを試みた。日本語-ハングル転写資料や韓国語-仮名転写資料のどちらか一方を扱うだけでなく、両資料を綿密に検討した結果、ハングル表記のみを頼りにしてきたこれまでの韓国語音韻史研究に比べて、二重母音の音声的実現をより詳しく分析することができた。とりわけ前舌短母音化については、時期の推定のみならず、その変化が/ㅕ/の後舌化と密接に関連して始まったという事実も確認した。そして、それらの変化には[+coronal]の子音が働いているということも明らかにした。これは転写資料の韓国語音韻史研究への一つの貢献であると言えよう。今後、転写資料の綿密な検討に基づく韓国語史研究が増えることを願ってやまない。

〈参考文献〉

金明姓(2015), 「20세기 전기 일본어 학습서의 일본어 한글 표기 연구」, 『語文學』128, 韓國語文學會, pp.1-31.

金完鎭(1963), 「國語 母音體系의 新考察」, 『震檀學報』24, 震檀學會, p.79.

朴基永(2005), 「開化期 韓國語의 音韻 硏究: 日本에서 간행된 韓國語 學習書를 중심으로」, ソウル大学校博士学位論文, pp.1-185.

白斗鉉(1992), 『嶺南 文獻語의 音韻史 研究』(國語學叢書 19), 太學社, pp.192-193.

宋敏(1986), 『前期近代國語音韻論研究』(國語學叢書 8), 塔出版社, pp.1-164.

佐野三枝子(1996), 「17·18世紀 日本 資料에 나타난 韓國語 研究」, ソウル大学校修士学位論文, pp.1-139.

佐野三枝子(2001), 「日本 資料에 나타난 近代 韓國語의 研究」, ソウル大学校博士学位論文, pp.1-205.

李基文(1972/1977), 『國語音韻史研究』, 塔出版社, pp.117-123.

許仁寧(2014), 「「全一道人」의 한국어 복원과 음운론적 연구」, 高麗大学校修士学位論文, pp.34-49.

許仁寧(2015), 「『全一道人』 가나 전사의 교정에 대하여」, 『民族文化研究』67, 高麗大學校 民族文化研究院, pp.192-196.

金文姬(2018),「近世期日朝対訳資料の研究:「隣語大方」を中心に」, 大阪大学博士学位論文, pp.251–252.

黄雲(2019),「韓国開化期の日本語学習書における母音音注表記に関する考察」,『日本文化學報』81, 韓國日本文化學會, pp.133–147.

趙堈熙(2001),『朝鮮資料による日本語音声·音韻の研究』(新日本語学研究叢書4), J&C, pp.1–389.

陳南澤(2003a),「朝鮮資料による日本語と韓國語の音韻史研究」, 東京大学博士学位論文. pp.1–251.

陳南澤(2003b),「『雞林文譯』について」, 東京大学言語学論集 22, 東京大学言語学科, p.128.

辻星児(1997),『朝鮮語史における『捷解新語』』(岡山大学文学部研究叢書16), 岡山大学文学部, pp.1–2.

土井洋一·濱田敦·安田章(1959)「倭語類解考」,『国語国文』28–9, 京都大学国文学会. pp.6–7.

奈良林愛(2010),「近世朝鮮語学習書の発音注意記号「三点」について」,『朝鮮語研究』4, 朝鮮語研究会, pp.117–137.

濱田敦(1970),『朝鮮資料による日本語研究』, 岩波書店, p.37.

閔丙燦(1996),「『全一道人』の三濁点について」,『日本語と日本文学』23, 筑波大学国語国文学会, pp.23–33.

安田章(1964),「全一道人の研究」, 京都大學文學部國語學國文學研究室編,『全一道人の研究』, 京都大學國文學會, pp.23–41.

ラング, ローランド[Roland Lange](1971),「文献資料に反映した中世日本語エ列音節の口蓋性」,『国語学』85, 国語学会, pp.36–42.

李東郁(2008),『近世日本語の音声·音韻研究: 朝鮮時代の日本語学習書を中心に』, J&C, pp.47–54.

Cho, Seung-bog[趙承福](1970), *A Phonological Study of Early Modern Japanese: On the Basis of the Korean Source-Materials (Volume 2)*, Stockholm: Almqvist & Wiksell, pp.34–48.

Flemming, Edward(2003), "The relationship between coronal place and vowel backness", *Phonology* 20, Cambridge University Press, pp.335–

373.

Hume, Elizabeth(1992), Front vowels, coronal consonants and their interaction in non-linear phonology, PhD dissertation, Cornell University, pp.1-341.

〈追記〉

이 글은 한양대학교 일본학국제비교연구소에서 발행하는『비교일본학』제53집(2021.12.)에 실었던 것에서 약간의 오류만 수정한 것이다. 전재를 허락해 주신 연구소 측에 감사드린다.

참고문헌

강신항(2003). "海東諸國紀 내의 漢字音."「韓漢音韻史研究」. 太學社. 332-379.
高橋誠司(1998). "『全一道人』의 仮名転写 研究." 高麗大學校 碩士學位論文.
고경재(2017). "모음추이의 국어사적 검토와 국어교육적 의미." 고려대학교 석사학위논문.
고경재(2022). "12~15세기 국어 모음체계 연구: 모음추이 이론의 재확립." 고려대학교 박사학위논문.
고성연(2020). "한국어 모음추이설에 대한 비판적·종합적 고찰."「한글」81-3. 한글학회. 617-654.
고영진(2013). "근대 한국어 연구의 성과와 과제: '근대국어'의 기점 문제와 관련하여." 연세대학교 근대한국학연구소 편,「한일 근대어문학 연구의 쟁점」. 소명출판. 199-240.
곽충구(1980). "十八世紀 國語의 音韻論的 研究."(국어연구 43) 서울대학교 석사학위논문.
권경애(2015). "『海東諸國紀』對馬島 지명 연구에 대한 재고찰."「일본어문학」68. 일본어문학회. 1-24.
권인한(1995/1998).「朝鮮館譯語의 音韻論的 研究」(國語學叢書 29). 太學社.
국립국어연구원(2002).「현대 국어 사용 빈도 조사: 한국어 학습용 어휘 선정을 위한 기초 조사」. 서울: 국립국어연구원.
국립국어원(2005).「현대 국어 사용 빈도 조사 2」. 서울: 국립국어원.
김경훤(1998). "국어 하향이중모음의 통시적 연구." 성균관대학교 박사학위논문.
김명주(2015). "20세기 전기 일본어 학습서의 일본어 한글 표기 연구."「어문학」128. 한국어문학회. 1-31.
김문희(2020).「근대 일본의 한어학습서 개관: 한일대역자료를 중심으로」.『국어사연구』 30. 국어사학회. 239-280.
김병문(2013). 「언어적 근대의 기획: 주시경과 그의 시대」. 소명출판.
김상돈(1991). "근대국어의 표기와 음운변화 연구." 고려대학교 박사학위논문.
김성규(2003). "'여>예>에'의 변화 과정에 대하여." 「관악어문연구」 28. 서울대학교 국어국문학과. 161-182.
김영선(1999). "국어 중모음의 통시적 연구." 「우암사려」 9. 부산외국어대학교 국어국문학과. 71-93.
김완진(1957). "捷解新語에서의 日本語轉寫에 對하여: 特히 鼻母音을 中心으로." 文理大學報 5-2. 서울대학교 문리과대학. 37-46.
______(1963). "國語 母音體系의 新考察." 「震旦學報」 24. 震檀學會. 63-99[김완진 1971 所收].
______(1967). "韓國語 發達史 上: 音韻史." 「韓國文化史大系」 V. 고려대학교 민족문화연구원. 97-145.
______(1971). 「國語音韻體系의 研究」(西江大學校人文科學研究所人文研究專刊 第4輯). 一潮閣.
______(1978). "모음체계와 모음조화에 대한 반성." 「어학연구」 14-2. 127-139.
김은숙(2013). "朝鮮後期 文獻에 나타난 日本語: 조선왕조실록, 첩해신어, 사행록." 경희대학교 박사학위논문.
김종규(1989). "中世國語 母音의 連結制約과 音韻現象." 서울대학교 석사학위논문.
______(2010). "二重母音의 音韻論的 性格에 對하여." 「어문연구」 38-4. 한국어문교육연구회. 35-66.
김주원(1993). 「모음조화의 연구」. 영남대학교출판부.
______(1996). "만주퉁구스제어의 전설모음의 발달에 대하여." 「알타이학보」 6. 알타이학회. 25-35.
김준수(2018). "하향이중모음 'ㅚ, ㅟ'의 변화 연구." 서울시립대학교 석사학위논문.
김한별(2014). "국어의 음운 변화 'syV>…>sV'에 대한 재고찰." 「국어학」 72. 국어학회. 323-365.
______(2018). "국어 형태·음운사에서의 하향성 활음 y 첨가에 대한 음운론적 해석." 「방언학」 28. 방언학회. 109-147.
______(2020). 「19세기 전기 국어의 음운사 연구」(國語學叢書 79). 파주: 태학사.
김현(2008). "/ㅓ/의 음성 실현과 그 실현 조건." 「國語學」 52. 國語學會. 3-25.

김현(2009). "'ㅕ > ㅖ'에 대한 음성학적 접근." 「開新語文研究」 29. 개신어문학회. 5-27.

____(2010). "상향이중모음에 대한 논점들." 정승철·정인호 편, 「이중모음」(국어연구 집담회 총서 1). 파주: 태학사. 53-74.

____(2015). "中世 國語 'ㅕ'의 音韻論." 「語文研究」 43-4. 韓國語文教育研究會. 99-123.

문현수·허인영(2018). "문법 형태 '-ᄂᆞ-'의 통시적 변화." 「국어사연구」 27. 국어사학회. 7-51.

민병찬(2003). "『全一道人』에 있어서의 「-ㅔ」의 仮名 転写에 대한 考察." 「일본학보」 57. 한국일본학회. 109-122.

박기영(2005). "개화기 한국어의 음운 연구: 日本에서 간행된 韓國語 學習書를 중심으로." 서울대학교 박사학위논문.

_____(2006). "이중모음 '의'의 변화에 대한 일고찰: '의>에'의 변화를 중심으로." 「국어학논총」(이병근선생퇴임기념). 태학사. 133-153.

박유진(2010). "국어 모음충돌회피의 통시적 변화." 경북대학교 석사학위논문.

박정순(2014). "충북 중부지역의 이중모음 'ㅚ, ㅟ'에 대한 통시적 연구." 숭실대학교 석사학위논문.

_____(2018). "'ㅓ'의 변이와 단모음 /e/의 형성에 대하여." 「국어학」 86. 국어학회. 211-241.

박진완(2010). "『조선어역(朝鮮語譯)』의 모음 표기 고찰." 「한국어학」 48. 한국어학회. 131-155.

백두현(1992). 「嶺南 文獻語의 音韻史 研究」(국어학총서19). 서울: 태학사.

石堂(1935). "七十年前의外國語文獻." 「新東亞」 5-10. 東亞日報社. 36-38.

성백인(1976). "滿洲語 音韻史研究를 위하여: 清文啓蒙 異施清字 研究(其一)." 「언어학」 1. 한국언어학회. 73-98.

_____(1981). 「만주어 음운론 연구」. 서울: 명지대학출판부.

송민(1974). "母音 「·」의 非音韻化 時期." 「논문집」 5. 성심여자대학교. 15-38.

____(1975). "十八世紀前期 韓國語의 母音體系." 「논문집」 6. 성심여자대학교. 3-24.

____(1986). 「前期近代國語音韻論研究」(國語學叢書 8). 塔出版社.

____(2006). "近代國語 音韻史와 '가나' 表記 資料." 임용기·홍윤표 편, 「국어사

연구 어디까지 와 있는가」(延世國學叢書 66). 太學社. 385-404.
신지영(1999). "이중모음 /ᅴ/의 통시적 연구."「민족문화연구」 32. 고려대학교 민족문화연구소. 473-497.
심보경(2007). "『海東諸國紀』 지명에 반영된 한일 중세어 표기법."「韓日關係史研究」 27. 韓日關係史學會. 83-101.
안대현(2000). "15세기 국어의 홀소리체계에 대한 연구." 연세대학교 석사학위논문.
안예리(2019). 「근대 한국어의 변이와 변화」(연세근대한국학총서 L-104). 소명출판.
岸田文隆(2000). "표류민이 전한 한국어: 일본 시마네현(島根縣) 다카미케(高見家) 문서 「조선인 견문서(朝鮮人見聞書)」에 대하여." 간행위원회 편, 「21세기 국어학의 과제」(솔미[松山] 정광 선생 화갑 기념 논문집). 월인. 545-592.
여은지(2016). "국어 하향이중모음의 변화 연구." 전북대학교 박사학위논문.
______(2020). "ᅴ〉ᅦ 변화에 대하여."「건지인문학」 29. 전북대학교 인문학연구소. 137-158.
오예슬(2013). "j에 의한 모음의 동화 현상 연구." 인하대학교 석사학위논문.
遠藤光曉 외 6인 편(2009). 「譯學書文獻目錄」. 서울: 박문사.
원종민(2011). "文淳得의 『漂海始末』에 기록된 세 가지 외국어와 그 가치."「중국학연구」 56. 중국학연구회. 131-176.
______(2012). "漂海錄에 기록된 동아시아의 언어."「도서문화」 40. 국립목포대학교 도서문화연구원. 87-124.
유필재(2006). 「서울방언의 음운론」. 서울: 월인.
이강민(1996ㄱ). "『捷解新語』와 日本語史."「한양일본학」 4. 한양일본학회. 13-28.
______(1996ㄴ). "朝鮮資料의 一系譜: 苗代川本의 배경."「日本學報」 36. 한국일본학회. 89-114.
______(2004). "近世日本의 韓國語 學習書: 言語史研究資料로서의 系譜와 性格."「日本學報」 58. 한국일본학회. 175-192.
______(2015). 「근대 일본의 한국어 학습서」. 서울: 역락.
이기문(1965). "成宗板 〈伊路波〉에 대하여."「圖書」 8. 서울: 을유문화사. 3-36.
______(1972). 「國語音韻史研究」. 탑출판사.

이기문(1988). "陰德記의 高麗詞之事에 대하여." 「국어학」 17. 국어학회. 3-32.

______(1998). 「國語史概說」(新訂版). 파주: 태학사.

이동석(2021). "중세국어 'ㅐ, ㅔ, ㅚ, ㅟ' 등의 음가와 단모음화 현상." 「한글」 82-3. 한글학회. 703-750.

이병근(1970). "19세기 후기 국어의 모음체계." 학술원논문집 9. 대한민국학술원. 375-390.

이병훈(2015). "나하방언의 전설모음화: 최적성이론에 의한 분석." 「일본문화연구」 53. 동아시아일본학회. 235-252.

이상신(1998). "VyV 연쇄에 대한 통시론적 연구." 서울대학교 석사학위논문(국어연구 155).

이상혁(2014). "근대 학문 형성기 근대 국어의 성격에 대하여: 문체의 변주와 어문규범의 길항을 중심으로." 「아시아문화연구」 35. 가천대학교 아시아문화연구소. 167-194.

이성근(1999). "『老松堂日本行録』 및 『海東諸国紀』의 地名表記에 反映된 中世日本語音体系." 「일본문화학보」 6. 한국일본문화학회. 303-326.

이숭녕(1949). ""애·에·의"의 음가 변이론(音價變異論)." 「한글」 13-4. 한글학회. 323-333.

______(1954). "15세기의 모음체계와 이중모음의 Kontraktion적 발달에 대하여." 「동방학지」 1. 연세대학교 동방학연구소.

이준환(2016). "19세기에 편찬된 이중어 사전에 반영된 서양인들의 한국어 음운에 대한 인식." 「우리말연구」 47. 우리말학회. 111-154.

장향실(2000). "近代 國語 母音에 관한 研究: 사역원 역학서를 중심으로." 고려대학교 박사학위논문.

전광현(1997). "근대 국어 음운." 「국어의 시대별 변천 연구 2: 근대 국어」. 서울: 국립국어연구원. 7-54.

정경재(2015/2019). 「한국어 용언 활용 체계의 형태음운론적 변화」(국어학총서 77). 파주: 태학사.

정광(2017). 「역학서의 세계: 조선 사역원의 외국어 교재 연구」. 박문사.

정승혜(2006). "東京大 小倉文庫 소장 『諺文』에 대하여." 「역학서와 국어사연구」(솔미정광선생정년퇴임기념논총). 太學社. 89-119.

______(2009ㄱ). "와세다대학 핫토리문고 소장 『조선어역』에 대하여." 「이중언

어학」 40. 이중언어학회. 153-183.

정승혜(2009ㄴ). "『隣語大方』 朝鮮刊本의 成立과 撰者에 대하여: 奎章閣 韓國本 書目 『西庫書目』에 據하여." 「국어사연구」 9. 국어사학회. 239-268.

정승철(1999). "개화기 국어 음운." 「국어의 시대별 변천 연구 4: 개화기 국어」. 서울: 국립국어연구원. 7-59.

정승철·정인호 편(2010). 「이중모음」(국어연구 집담회 총서 1). 파주: 태학사.

정영인(1994). "근대국어 이중모음의 단모음화 연구." 「국어문학」 29. 국어문학회. 127-148.

정영호(2012). "국어 하향이중모음의 단모음화 원인 재고." 「韓民族語文學」 61. 한민족어문학회. 35-60.

정인호(2004). "하강 이중모음과 부동 이중모음의 음변화." 「어문연구」 32-2. 한국어문교육연구회. 119-143.

______(2014). "開化期의 몇몇 西洋人과 한국어음운론." 「우리말글」 62. 우리말글학회. 101-125.

조강희(2008). "倭學書에 表記되어 있는 한글 音注에 관한 通時的 硏究." 「日語日文學」 37. 大韓日語日文學會. 135-154.

조경하(1998). "15세기 국어의 이중모음 연구." 이화여자대학교 석사학위논문.

佐野三枝子(1996). "17·18世紀 日本 資料에 나타난 韓國語 硏究." 서울대학교 석사학위논문.

__________(2001). "日本 資料에 나타난 近代 韓國語의 硏究." 서울대학교 박사학위논문.

진남택(2003ㄱ). "15-18세기 일본어의 청음과 탁음의 음운론적 대립에 관해서: 일본자료를 이용하여." 「언어학」 37. 한국언어학회. 297-320.

______(2003ㄴ). "일본어 탁음의 비음성의 변천 과정: 15-18세기의 일본어 전사 자료를 이용하여." 「말소리」 48. 대한음성학회. 35-55.

차익종(2018). "중세한국한자음 'ㅓ ~ ㅔ', 'ㅕ ~ ㅖ' 형에 대하여: 遇攝 魚韻의 'ㅣ' 덧남 변칙음을 중심으로." 「國語學」 86. 國語學會. 157-180.

최명옥(1982). 「월성지역어의 음운론」. 영남대학교출판부.

최병선(1997). "중세국어의 모음 연구." 한양대학교 박사학위논문.

최영선(2007). "국어 음절 관련 제약에 대한 통시적 고찰." 전남대학교 석사학위논문.

최윤현(1998). “ㅔ[əy]의 單母音化[e]에 관한 通時的 硏究.”「인문과학연구」 6. 강원대학교 인문과학연구소. 5-26.

최전승(1978). “국어 i-umlaut 현상의 통시적 고찰.”「국어문학」 19. 국어문학회. 173-212.

_____(1979). “規則再配列에 관한 몇가지 問題; 單母音化와 i-Umlaut.”「국어문학」 20. 국어문학회. 131-166.

_____(1986).「19세기 후기 全羅方言의 음운현상과 그 역사성」. 서울: 한신문화사.

_____(1987). “이중모음 ‘외’, ‘위’의 단모음화 과정과 모음체계의 변화.”「어학」 14. 전북대학교. 19-48.

_____(2004). “아주낮춤의 종결어미 ‘-ㄹ다’와 예사낮춤의 ‘-ㄹ세/-ㄹ시/-시’의 형성과 방어적 발달.”「한국어 방언의 공시적 구조와 통시적 변화」. 서울: 역락. 421-455.

편무진(1999). “일본음 한글 표기의 역사적 고찰.”「일본문화학보」 6. 한국일본문화학회. 223-247.

_____(2001). “「韓国資料」의 기초적 연구(1): 한국인을 위한 일어학습서를 중심으로.”「일본문화학보」 11. 한국일본문화학회. 299-325.

_____(2009). “일본 명치시대의 한국어학습서에 보이는 한국어 가나(仮名) 표기에 관한 고찰: 명치 이전 한국어학습서류와의 비교를 통하여.”「일본문화학보」 43. 한국일본문화학회. 83-104.

한영균(1991ㄱ). “이중모음의 단모음화 과정에 대한 삽의.”「국어학의 새로운 인식과 전개: 김완진선생회갑기념논총」. 민음사.

_____(1991ㄴ). “움라우트의 음운사적 해석에 대하여.”「주시경학보」 8. 주시경연구소. 53-70.

_____(1994). “후기중세국어의 모음조화 연구.” 서울대학교 박사학위논문.

_____(1995). “‘ㅚ, ㅟ’ 단모음화와 방언분화.”「국어사와 차자표기」. 태학사.

_____(2019). “모음의 변화.” 국어사대계간행위원회,「국어사 연구 1: 계통·문자체계·시대구분·음운」. 태학사. 500-534.

허웅(1952). “「에 애 외 ᄋᆡ」의 音價.” 국어국문학 1. 국어국문학회. 5-8.

____(1965).「국어음운학」(개고신판). 정음사.

____(1985).「국어 음운학: 우리말 소리의 오늘·어제」. 서울: 샘문화사.

허인영(2014). “「全一道人」의 한국어 복원과 음운론적 연구.” 高麗大學校 碩士學

位論文.

허인영(2015ㄱ). "『全一道人』 가나 전사의 교정에 대하여." 「民族文化硏究」 67. 高麗大學校 民族文化硏究院. 167-214.

______(2015ㄴ). "「全一道人」과 「朝鮮語譯」의 한글 표기에 대하여." 「韓國語學」 69. 韓國語學會. 395-426.

______(2016). "18세기 초 假名 전사 자료에 반영된 한자음 韻母의 음성적 특징." 「口訣硏究」 37. 口訣學會. 195-233.

______(2019). "'원숭이(猿)'의 어휘사." 「한국어학」 83. 한국어학회. 243-272.

허인영·전은경(2019). "'다치다'의 다의성과 의미 변화." 「국어사연구」 28. 국어사학회. 201-231.

홍이섭(1953). "鄭東愈의 晝永編에 보인 異國語에 就하여." 「역사학보」 4. 역사학회. 85-100.

福井玲(2006). "나카무라 쇼지로가 남긴 한국어 학습서에 대하여." 「國語學論叢: 李秉根先生退任紀念」. 太學社. 1595-1610.

李康民(1992). "『方言集釋』と『倭語類解』." 「国語国文」 61-9. 中央図書出版社. 35-50.

______(1993). "対馬宗家文庫所蔵の『物名』について." 「朝鮮学報」 148. 朝鮮学会. 147-217.

______(1994). "朝鮮資料による日本語の史的研究." 京都大学博士学位論文.

石橋道秀(2006). "「長崎朝鮮風土記全 附り薩摩聞書」: 仮名書き朝鮮語(1)." 「韓国言語文化研究」 12. 九州大学韓国言語文化研究会. 65-117.

泉澄一(1997). 「対馬藩藩儒 雨森芳洲の基礎的研究」(関西大学東西学術研究所研究叢刊 10). 大阪: 関西大学出版部.

李東郁(2004/2008). 「近世日本語の音声·音韻研究: 朝鮮時代の日本語学習書を中心に」. 서울: 제이앤씨.

______(2006). "朝鮮時代の日本語学習書による日本語のエ段音研究: 『倭語類解』のハングル表記を中心に." 「日本語文学」 32. 日本語文学会. 71-90.

李元植(1984). "朝鮮通信使に随行した倭学訳官について: 捷解新語の成立時期に関する確証を中心に." 「朝鮮学報」 111. 朝鮮学会. 53-117.

内間直仁·野原三義編(2006). 「沖縄語辞典」. 東京: 研究社.

大友信一(1957). “『捷解新語』による国語音の研究.”「文化」21-4. 東北大学文学会. 16-34.

小倉進平(1920).「國語及朝鮮語のため」. 京城: ウツボヤ書籍店.

________(1923).「國語及朝鮮語發音概說」. 京城: 近澤印刷所出版部.

亀井孝·河野六郎·千野栄一(1996).「言語学大辞典 第6巻 術語編」. 東京: 三省堂.

関西大学東西学術研究所編(1982).「芳洲外交関係資料·書翰集: 雨森芳洲全書 3」(関西大学東西学術研究所資料集 11-3). 大阪: 関西大学出版部.

岸田文隆(1998). “アストン旧蔵の「交隣須知」関係資料について.”「朝鮮学報」167. 朝鮮学会. 1-39.

________(1999). “漂流民の伝えた朝鮮語: 島根県高見家文書「朝鮮人見聞書」について.”「富山大学人文学部紀要」30. 113-143.

________(2006). “早稲田大学服部文庫所蔵の「朝鮮語訳」について: 「隣語大方」との比較.”「朝鮮学報」199·200. 朝鮮学会. 1-35.

________(2009). “資料翻字 早稲田大学服部文庫所蔵 「朝鮮語訳」 対話篇.” 伊藤智ゆき編,「朝鮮語史研究」. 東京外国語大学アジア·アフリカ言語文化研究所. 161-199.

________(2010). “「朝鮮語訳」の朝鮮語かな表記について(その2: 母音について).”「제2회 역학서학회 국제학술대회」 별지. 역학서학회. 1-18.

________(2013). “韓国国会図書館所蔵「(秘書)朝鮮通言国字」の朝鮮語かな表記について.”「譯學과 譯學書」4. 譯學書學會. 47-82.

________(2019). “富山市立図書館山田文庫所蔵「朝鮮口聞書」解題ならびに翻刻.”「ユーラシア諸言語の動態 Ⅲ: 言語の多様性と類型と混成言語」. 神戸市看護大学 / ユーラシア言語研究コンソーシアム. 21-48.

金文姫(2018). “近世期日朝対訳資料の研究: 「隣語大方」を中心に.” 大阪大学博士学位論文.

許秀美(2018). “鍵屋歴史館所蔵「講話」について.”『龍谷紀要』40-1. 龍谷大学龍谷紀要編集会. 27-33.

______(2020). “鍵屋歴史館所蔵『講話』の朝鮮語かな表記について: 子音を中心に.”『龍谷紀要』41-2. 龍谷大学龍谷紀要編集会. 123-138.

京都大学文学部国語学国文学研究室編(1964).「全一道人の研究」. 京都: 京都

大学国文学会.
京都大学文学部国語学国文学研究室編(1965).『弘治五年朝鮮板伊路波』. 京都: 京都大学国文学会.
河野六郎(1952). "「伊路波」の諺文表記について: 朝鮮語史の立場から."「国語国文」21-10. 京都大学文学部国語学国文学会. 33-40.
坂梨隆三(1987).「江戸時代の国語: 上方語」(国語学叢書 6). 東京: 東京堂出版.
品川力(1953). "二十九人のゴッホ·四十五人のゲーテ."「日本古書通信」18-17. 東京: 日本古書通信社. 12-14.
志部昭平(1988). "陰徳記 高麗詞之事について: 文禄慶長の役における仮名書朝鮮語資料."「朝鮮学報」128. 朝鮮学会. 1-102.
蒋垂東(1997). "『日本館訳語』の「エ」をめぐって."「筑波日本語研究」2. 号筑波大学文芸·言語研究科日本語学研究. 133-143.
杉戸清樹(1989). "原刊本『捷解新語』のエ段音節母音部への音注について."「野村正良先生受章記念言語学論集」. 野村先生受章記念刊行会. 143-158.
成玧妸(2008)."近代日本語資料としての朝鮮語会話書: 明治期朝鮮語会話書の特徴とその日本語." 東京大学博士学位論文.
田代和生(2011).「新·倭館: 鎖国時代の日本人町」. 東京:ゆまに書房.
多和田眞一郎(1994).「「琉球·呂宋漂海録」の研究: 二百年前の琉球·呂宋の民俗·言語」. 東京: 武蔵野書院. [조강희 역(2011),「琉球·呂宋 漂海錄 研究: 2백년전 유구(琉球)·여송(呂宋)의 민속·언어」, 서울: 박문사.]
____________(1995). "外国資料を中心とする沖縄語の音声·音韻に関する歴史的研究." 広島大学 박사학위논문.
竹村明日香(2013). "九州方言エ段音節の再検討: 中世日本語エ段音節の再構に向けて."「日本語の研究」9-2. 日本語学会. 16-32.
趙堈熙(1995). "「捷解新語」の音注の改修について: 原刊本·改修本·重刊本に於ける改修の全体的な傾向を中心に."「岡大国文論稿」23. 岡山大学文学部国語国文研究室. 68-58.
趙堈熙(1999/2001).「朝鮮資料による日本語音声·音韻の研究」. 서울: 제이앤씨.
陳南澤(2003). "朝鮮資料による日本語と韓國語の音韻史研究." 東京大学博士学位論文.
______(2009). "韓国語の音韻史における混記について: 朝鮮資料の分析を通し

て.”「朝鮮語史研究」. 東京外国語大学アジア·アフリカ言語文化研究所. 53-61.

陳南澤(2012). “『日韓通話捷径』における仮名音註について.”「大学教育研究紀要」8. 143-150.

辻星児(1997). 「朝鮮語史における『捷解新語』」(岡山大学文学部研究叢書16). 岡山: 岡山大学文学部.

______(2007). “「尊海渡海日記」に記された朝鮮語について.”「文化共生学研究」5. 岡山大学大学院文化科学研究科. 71-84.

土井洋一·濱田敦·安田章(1959). “倭語類解考.”「国語国文」28-9. 京都大学国文学会.

中村栄孝(1932). "鮮初の文獻に見えた日本の地名に就いて."「青邱學叢」9. 青丘學會. 118-136.

奈良林愛(2010). “近世朝鮮語学習書の発音注意記号「三点」について.”「朝鮮語研究」4. 朝鮮語研究会. 117-137.

朴真完(2005). “「朝鮮資料」の新研究: 中·近世日韓語の対照から.” 京都大学博士学位論文.

濱田敦(1952). “弘治五年朝鮮板「伊路波」諺文対音攷: 国語史の立場から.”[京都大学文学部国語学国文学研究室 編(1965) 所収].

______(1954). “海東諸国紀に記録された日本の地名等について.”「人文研究」5-4. 大阪市立大学文学会. 236-258.

______(1970/1983). “木村理右衛門『朝鮮物語』開題.”「続朝鮮資料による日本語研究」. 京都: 臨川書店. 58-64.

______(1970). 「朝鮮資料による日本語研究」. 東京: 岩波書店.

______(1983). 「続朝鮮資料による日本語研究」. 京都: 臨川書店.

福島邦道(1969). “朝鮮語学習書による国語史研究.”「国語学」76. 国語学会. 47-58.

黄雲(2015). “韓国開化期における日本語教育に関する研究.” 麗澤大学博士学位論文.

____(2019). “韓国開化期の日本語学習書における母音音注表記に関する考察.”「일본문화학보」81. 한국일본문화학회. 133-147.

森田武(1957). “捷解新語解題.”「捷解新語」. 京都大学国文学会.

森田武(1973). "捷解新語解題."「三本対照捷解新語: 釈文·索引·解題編」. 京都大学国文学会.

箕輪吉次(2007). "『朝鮮人來朝義式』について."「일어일문학연구」 62-2. 한국일어일문학회. 181-207.

________(2008). "『信使記錄拔書』の朝鮮語片假名表記."「일어일문학연구」 66-2. 한국일어일문학회. 285-304.

________(2011). "江戸時代通俗書における朝鮮語假名書き."「일어일문학연구」 76-1. 한국일어일문학회. 39-65.

________(2012). "『朝鮮通信使一行座目』の朝鮮語片假名表記."「일어일문학연구」 82-1. 213-239.

________(2013). "「朝鮮筆記」底本の複元."「일어일문학연구」 86-1. 한국일어일문학회. 25-52.

安田章(1964). "全一道人の研究." 1-102, 1-19(京都大學文學部國語學國文學研究室編 1964 所收).

______(1973). "重刊改修捷解新語解題."「三本対照捷解新語: 釈文・索引・解題編」. 京都大学国文学会.

______(1979). "『方言集釈』の日本語表記."「国語国文」 48-1. 京都大学文学部国語学国文学研究室. 32-59.

______(1980).「朝鮮資料と中世国語」. 東京: 笠間書院.

______(1987). "改修捷解新語解題."「改修捷解新語」. 京都大学国文学会.

山田寛人(1998). "朝鮮語学習書·辞書から見た日本人と朝鮮語: 1880年~1945年."(研究ノート)「朝鮮学報」 169. 朝鮮学会. 53-71.

________(2004).「植民地朝鮮における朝鮮語奨励制作: 朝鮮語を学んだ日本人」. 東京: 不二出版.

米谷均(1991). "対馬藩の朝鮮通詞と雨森芳洲."「海事史研究」 48. 日本海事史学会. 82-108.

ラング, ローランド(1971). "文献資料に反映した中世日本語エ列音節の口蓋性."「国語学」 85. 国語学会. 36-42.

Anderson, Bridget L. (2002). "Dialect leveling and ai monophthongization among African American Detroiters." *Journal of Sociolinguistics* 6-1.

86–98.

Bateman, N. (2011). "On the Typology of Palatalization." *Language and Linguistics Compass* 5. 588–602.

Bybee, Joan (2001). *Phonology and Language Use*. Cambridge: Cambridge University Press.

__________ (2015). *Language Change*. Cambridge: Cambridge University Press.

Cho, Seung-bog (1967). *A phonological study of Korean: With a historical analysis*. Uppsala: Almqvist & Wiksell.

______________ (1970). *A Phonological Study of Early Modern Japanese: On the Basis of the Korean Source-Materials*. (2 vols.) Stockholm: Almqvist & Wiksell.

Comrie, Bernard (1989). *Language Universals and Linguistic Typology: Syntax and Morphology* (Second Edition). Chicago: The University of Chicago Press.

de Vaan, Michiel (2018). *Historical Development of Dutch: Phonology & morphology, dialects & stages*. Leiden Summer School in Languages and Linguistics.

Flemming, Edward (2001). "Scalar and Categorical Phenomena in a United Model of Phonetics and Phonology." *Phonology* 18. 7–44.

________________ (2003). The relationship between coronal place and vowel backness. *Phonology* 20. 335–373.

Frellesvig, Bjarke (2010). *A History of the Japanese Language*. Cambridge: Cambridge University Press.

Fridland, Valerie (2003). "'Tie, Tied and Tight': The Expansion of ai Monophthongization in African-American and European-American Speech in Memphis, Tennessee." *Journal of Sociolinguistics* 7–3. 279–298.

Harrington, J. (2012). "The coarticulatory basis of diachronic high back vowel fronting." In M-J. Sol & D. Recasens (eds). *The Initiation of Sound Change: Perception, Production, and Social factors*. John

Benjamins Publishing Company. 103–122.

Hayata, Suzushi (2018). "Phonetic and Phonological Aspects of the Manchu Vowels Reflected in the *Dattan Hyōryūki*." *Contribution to the Studies of Eurasian Languages* (CSEL) Series 20. The Consortium for the Studies of Eurasian Languages. 115–129.

Ko, Seongyeon (2013). "The end of the Korean vowel shift controversy." *Korean Linguistics* 15–2. 199–221.

______________ (2018). *Tongue Root Harmony and Vowel Contrast in Northeast Asian Languages*. Wiesbaden: Harrassowitz.

Kochetov, A. (2011). "'palatalization' in Oostendorp." Mark van, Colin J. Ewen, Elizabeth V. Hume, Keren Rice (eds.) *The Blackwell companion to phonoiogy* 3. Wiley–Blackwell. 1666–1690.

Lange, Roland Albin (1969). "Documentary evidence for a palatalized /e/ series in Middle Japanese". *The Journal–Newsletter of the Assocation of Teachers of Japanese* 6–1. 47-50.

____________________ (1968/1973). *The phonology of eighth–century Japanese*. A Reconstruction Based upon Written Records. Tokyo: Sophia University.

Lass, R. (1984). *Phonology: An introduction to basic concepts*. LeCambridge: Cambridge University Press.

Mathias, Gerald B.(1974). "The Phonology of Eighth–Century Japanese by Roland A. Lange (Review)." *The Journal of the Association of Teachers of Japanese* 9(2–3). 62–76.

Hume, Elizabeth (1992). Front vowels, coronal consonants and their interaction in non–linear phonology. PhD dissertation, Cornell University.

_______________ (1996). "Coronal consonant, front vowel parallels in Maltese." *Natural Language & Linguistic Theory* 14(1). 163–203.

Hunter, Georgia G. & Eunice V. Pike (1969). "The phonology and tone sandhi of Molinos Mixtec." *Linguistics* 47. 24-40.

Kao, Diana L. (1971). *Structure of the syllable in Cantonese*. The Hague:

Mouton.

Kim, Juwon (2011). *A Grammar of Ewen*. Seoul National University Press.

Labov, William (1974). "On the Use of the Present to Explain the Past." In: Baldi and Werth (1978), *Readings in Historical Phonology: Chapters in the Theory of Sound Change*. The Pennsylvania State University Press.

Lin, Yen-Hwei (1989). "Autosegmental treatment of segmental processes in Chinese phonology." The University of Texas at Austin Dissertation.

Matisoff, James A. (1988). *The Dictionary of Lahu*. Berkeley: University of California.

Öhman, Sven. (1966). "Coarticulation in VCV Utterances: Spectrographic measurements." *Journal of the Acoustical Society of America* 39. 151-168.

Osterkamp, Sven (2011). "ラング氏等の拗音説を評す: 朝鮮資料が語るものと語らないものと."「古代日本語と琉球語の研究」 워크숍 발표자료(2011년 3월 12일 교토대학).

Ramstedt, G. J. (1928). "Remarks on the Korean Language." *Memoires de la Societe Finno-ougrienne* LVIII(58). 441-453.

Swisher, Earl (1952). "The Adventure of Four Americans in Korea and Peking in 1855." *Pacific Historical Review* 21-3. 237-241.

Keller, Rudi. 1990. *Sprachwandel: Von der unischtbaren Hand in der Sprache*. Munich: Francke[이기숙 옮김(1994), 「언어변화: 언어 속의 보이지 않는 손에 대하여」, 서울: 서광학술자료사].

Vovin, Alexander. (2000). "On the Great Vowel Shift in Middle Korean and position of stress in Proto-Korean." In Joe J. Ree (ed.), *Korean Linguistics* 10. 61-78.

Wang, W. S-Y. (1969). "Competing change as a cause of residue." *Language* 45-1. Linguistic Society of America. 9-25.

찾아보기

* 용어, 서명, 인명, 언어명을 가나다 순으로 제시하되, 해당 표제어가 자세하게 소개된 부분의 쪽수는 볼드체로 하였다.

용어

서명(書名)

인명(人名)

언어명(言語名)

민족문화연구총서 출간현황(~2023.03.06)

NO	서명		저자	정가
1	총서1	19世紀 韓國 傳統社會의 變貌와 民衆意識	진덕규	9,000
2	총서2	洪武正韻譯訓의 新研究	박병채	10,000
3	총서3	고조선에 대한 새로운 해석	김정배	35,000
4	총서4	韓國 近代教育法制 研究	안기성	13,000
5	총서5	韓國 近代戱曲史 研究	서연호	11,000
6	총서6	韓國 巫俗의 綜合的 考察	김인회	9,000
7	총서7	朝鮮 後期의 詩經論과 詩意識	김흥규	8,000
8	총서8	高麗時代 佛教詩의 研究	인권환	9,000
9	총서9	韓國 現代詩意識 研究	이기서	8,000
10	총서10	道家思想의 研究	이강수	8,000
11	총서11	조선후기 군수광공업사 연구-조총·화약·연환제조를 중심으로	유승주	22,000
12	총서12	西學에 대한 韓國實學의 反應	최동희	9,000
13	총서13	朝鮮前期 制度言論 研究	목정균	9,000
14	총서14	韓國 現代詩史의 代位的 構造	오탁번	7,000
15	총서15	개정증보-金鰲新話 研究	설중환	17,000
16	총서16	韓國의 傳統婚禮 研究	박혜인	9,000
17	총서17	古小說의 原始宗教思想 研究	박용식	10,000
18	총서18	가톨릭과 朝鮮後期 社會變動	노길명	10,000
19	총서19	1920年代 韓國小說 研究	송하춘	8,000
20	총서21	朝鮮後期 天主教史 研究	조광	8,000
21	총서23	朝鮮後期 小說讀者 研究	대곡삼번	7,000
22	총서24	전면개정판-한국의 옛길 嶺南大路	최영준	28,000
23	총서25	金東仁 研究	김춘미	9,000
24	총서26	韓國古代社會의 軍事와 政治	김영하	13,000
25	총서27	古墳出土 副葬品 研究	윤세영	10,000
26	총서31	云丁散藁	김춘동	15,000
27	총서32	韓國現代詩의 意識現象學的 研究	최동호	9,000
28	총서34	韓國 家庭小說 研究	우쾌제	10,000
29	총서36	國語被動 研究	배희임	8,000

30	총서37	韓國古典文學의 原典批評的 硏究	정규복	11,000
31	총서38	企齋記異 硏究	소재영	10,000
32	총서40	法을 통한 朝鮮植民地 支配에 관한 硏究	영목경부	14,000
33	총서42	국어내용연구1	배해수	14,000
34	총서43	日帝末期의 韓國小說 硏究	김종균	12,000
35	총서44	國語 體言化構文의 硏究	홍종선	8,000
36	총서45	羅末麗初의 豪族과 社會變動 硏究	김갑동	10,000
37	총서46	古代國語學 硏究	박병채	13,000
38	총서47	牧民心鑑 硏究	김성준	8,000
39	총서48	韓國傳統音樂 論究	한명희	9,000
40	총서49	漢字語系 歸化語 硏究	조세용	7,000
41	총서51	韓國近代敎育思想 硏究	차석기	11,000
42	총서53	古代國語의 語彙 硏究	천소영	9,000
43	총서54	春香傳의 辭說形成 原理	전경욱	9,000
44	총서55	近代轉換期의 言語와 文學	홍일식	9,000
45	총서56	北青方言의 音韻論	이기동	7,000
46	총서57	韓國文學의 考證的 硏究	최강현	14,000
47	총서58	현대시·시조통합이론	민병기	15,000
48	총서59	高麗 武臣政權期 農民·賤民抗爭 硏究	이정신	10,000
49	총서60	白頭山 說話 硏究	정재호	18,000
50	총서63	朝鮮朝 畿湖學派의 禮學思想에 關한 硏究	배상현	13,000
51	총서65	栗谷李珥의 聖學硏究	장숙필	7,000
52	총서66	韓國古地名辭典	전용신	14,000
53	총서67	高麗·朝鮮時代 敍事文學 發展의 硏究	성택승	8,000
54	총서68	渤海史의 綜合的 考察	한규철	14,000
55	총서70	韓國 近代小說論 硏究	윤충의	9,000
56	총서72	韓國近世 禪家文學	서규태	8,000
57	총서73	조선 중기 정치권력구조 연구	정홍준	9,000
58	총서75	조선후기 운서 한자음 연구	정경일	11,000
59	총서77	高麗 前期 私田 硏究	윤한택	8,000
60	총서78	근대 한국 고등교육 연구	한용진	25,000

61	총서79	심능숙 문학의 연구	장효현	15,000
62	총서81	韓國 近代 文學批評論 硏究	신재기	10,000
63	총서85	한국 현대비평의 문체	이병헌	11,000
64	총서87	조선후기 시가의 현실인식	박노준	12,000
65	총서89	고구려 전기 정치사 연구	금경숙	9,000
66	총서90	독립국가연합 고려인의 생활과 의식	윤인진	10,000
67	총서91	美軍政下의 敎育政策 硏究	김용일	10,000
68	총서92	조선시대 성리학의 연구	윤사순	10,000
69	총서93	朝鮮後期 中人層 漢文學의 硏究	윤재민	14,000
70	총서94	범주문법	강범모	8,000
71	총서95	조선 후기 우화소설 연구	정출헌	12,000
72	총서96	高麗後期 政房 硏究	김창현	12,000
73	총서97	토끼傳·水宮歌 硏究	인권환	16,000
74	총서100	日帝下의 朝鮮貿易 硏究	송규진	10,000
75	총서101	지리산지 농업과 촌락 연구	정치영	20,000
76	총서103	高麗時代 中樞院 硏究	박용운	14,000
77	총서104	조선초기 전세제도 연구	강제훈	13,000
78	총서106	기정진 철학사상 연구	박학래	9,000
79	총서107	조선후기 인성·물성논쟁의 연구	이애희	13,000
80	총서109	서사문법시론	강헌국	9,000
81	총서110	북간도 한인사회의 형성과 민족운동	김춘선	32,000
82	총서111	주자학에서 실학으로	김용헌	35,000
83	총서113	朝鮮初期 性理學과 歷史學-기억의 복원, 좌표의 성찰	오항녕	18,000
84	총서114	조선후기 사회변화와 시가문학	정흥모	20,000
85	총서116	판소리 유파와 명창의 세계	김기형	22,000
86	총서117	조선후기 시가사와 가곡 연행	신경숙	20,000
87	총서119	性理學 受容器 佛敎 批判과 政治思想的 變容 -鄭道傳과 權近을 중심으로	이정주	13,000
88	총서122	조선후기 가집 연구	이상원	27,000
89	총서123	개정판-학교문법교육론	이관규	24,000
90	총서124	근대 동아시아와 한국 자본주의	김윤희	18,000

91	총서125 조선후기 자연학의 동향	김문용	13,000
92	총서127 한국 고전소설과 정신분석학	강상순	25,000
93	총서128 미국의 헤게모니와 한국민족주의	허 은	23,000
94	총서130 한용운과 근대성	김종인	15,000
95	총서131 大韓帝國期 民族談論과 國家構想	백동현	16,000
96	총서132 19세기 문예사와 기생의 한시	박영민	20,000
97	총서136 빈도 효과-코퍼스를 활용한 국어 문법의 기술	김일환	18,000
98	총서137 규방가사의 전통성과 근대성	백순철	20,000
99	총서138 일제 강점기 설화·동화집 연구-우리 옛이야기의 정체성 찾기	권혁래	18,000
100	총서139 신문관의 출판 기획과 문화운동	권두연	30,000
101	총서140 아동문학의 숨은 의미와 가치	노제운	16,000
102	총서142 한국의 자유민주주의와 『사상계』	이상록	24,000
103	총서143 전통연행을 보는 또 하나의 시각	허용호	35,000
104	총서144 조선조 오륜시가의 역사적 전개 양상	하윤섭	24,000
105	총서145 정약용의 철학사상과 체제개혁론-주희와의 비교를 중심으로	전성건	15,000
106	총서146 누정기를 통해 본 한국한문산문사	안세현	16,000
107	총서147 시적 정의와 시의 윤리	여태천	24,000
108	총서148 16세기 후반~17세기 전반 산문 연구	안득용	23,000
109	총서149 검열, 실종된 작품과 문학사의 복원	문한별	22,000
110	총서150 낙하생 이학규의 시문학 연구	이국진	20,000
111	총서151 방각본 영웅소설의 지역적 특성과 이념적 지향	엄태웅	22,000
112	총서152 영체와 행사에서 본 정약용의 종교적 의식	이숙희	15,000
113	총서154 19세기 상·하층 소설의 접점과 문화적 의미	장예준	30,000
114	총서156 한국 근대문학의 형성과 진화론	이만영	22,000
115	총서157 한국 근대시의 형성과 한문맥의 재구성	정기인	23,000
116	총서158 동아시아의 사신영접의례와 공연문화	민태혜	30,000
117	총서159 명사 구성 합성어의 의미 구조	김숙정	15,000
118	총서160 4·19세대 문학과 자기형성의 서사학	고지혜	15,000
119	총서161 한국어 비종결 문말 형식의 탈종속화 연구	박주원	18,000
120	총서162 고려시대 외국인 이주 연구	이바른	24,000
121	총서163 전사 자료를 통해 본 한국어 전설모음의 형성 과정	허인영	22,000

民族文化研究叢書 163

전사 자료를 통해 본 한국어 전설모음의 형성 과정

2023년 3월 6일 초판 1쇄 펴냄

저 자 허인영
발행인 이형대
발행처 고려대학교 민족문화연구원

등록번호 1964년 9월 28일 제6-18호
주소 서울특별시 성북구 안암로 145
전화 02-3290-1610~4
팩스 02-926-8385
http://riks.korea.ac.kr

ISBN 978-89-7155-191-2 94080
978-89-7155-073-1 (세트)

정가 22,000원